数智采购与供应链

从数字履约到可持续发展

金 勇◎著

中国铁道出版社有限公司

CHINA RAILWAY PUBLISHING HOUSE CO., LTD.

图书在版编目（CIP）数据

数智采购与供应链：从数字履约到可持续发展 / 金勇著. — 北京：
中国铁道出版社有限公司，2024.1（2024.9重印）
ISBN 978-7-113-30429-4

Ⅰ.①数… Ⅱ.①金… Ⅲ.①供应链管理—研究 Ⅳ.①F252.1

中国国家版本馆CIP数据核字（2023）第139724号

书　　名：**数智采购与供应链：从数字履约到可持续发展**
　　　　　SHUZHI CAIGOU YU GONGYINGLIAN: CONG SHUZI LÜYUE DAO KECHIXU FAZHAN
作　　者：金　勇

责任编辑：王　佩　　　编辑部电话：（010）51873022　　　电子邮箱：505733396@qq.com
封面设计：仙　境
责任校对：刘　畅
责任印制：赵星辰

出版发行：中国铁道出版社有限公司（100054，北京市西城区右安门西街8号）
印　　刷：河北宝昌佳彩印刷有限公司
版　　次：2024年1月第1版　　2024年9月第2次印刷
开　　本：710 mm×1 000 mm　1/16　印张：20.75　字数：285千
书　　号：ISBN 978-7-113-30429-4
定　　价：88.00元

　　数字经济已经成为社会经济从工业时代迈向数字时代的主要趋势。为了推动供应链的创新发展，数字经济必须与供应链管理实现全面融合，这需要在现有的供应链模式上进行数智化协同创新，以确保各种主体之间知识、信息和数据的共享。

　　中国经济由高速发展到高质量发展，众多企业正在围绕着加强供应链韧性、提升效率和推进可持续发展这三大目标而努力。过去，企业首先思考的是技术、成本和质量，但是在全球本土化的时代，首先要考虑安全问题。金勇先生在塑造供应链韧性章节详细阐述了供应链风险，以及新技术在风险防范方面的应用。

　　数智化转型是供应链发展的必经阶段，也是一个长期的过程。同时，数智化是低碳化的加速器，可以释放绿色发展的无限潜能，数智化和低碳化将会是企业未来增长的双轮驱动器，存在着结构性机会。金勇先生在可持续发展章节中详细阐述了前沿的数智技术和碳足迹的结合，为供应链创新注入新的动力。万人操弓，共射一招，招无不中。绿色供应链的打造需要共享、共创、共赢的绿色生态建设。本书顺应时代潮流，契合数字经济和绿色经济发展的需要，既有理论的沉淀，又有先进的实践，实操性极强，值得社会各界人士阅读。

　　作为中国物流与采购联合会的采购与供应链专家，金勇先生在不同行业和企业的供应链领域有着丰富的实战经验。他目前所在的企业是工业 4.0 标准的制定者和实践者，也是高德纳咨询公司（Gartner）公布的 2023 年度全球供应链前 25 强。相信金勇先生提出的数智化供应链转型方法论将为中国的供应链数智化发展和创新提供有力支持，促进数智供应链的快速发展。

中国物流与采购联合会副会长

推荐序二

　　金勇先生是一位著名跨国企业的高层职业经理人，具有超过 20 年跨国企业的采购供应链与运营管理的经历，他的工作实践弥足珍贵。他还是一位乐于探索本源的学者，几乎每一段实践经历都能让他总结出一部著作，因此他在理论上的探索也极具价值。这次他邀请我为他的新作作序，我是非常愿意的，因为我自 2001 年开设的本科生课程"供应链管理"也讲了超过 20 年了，每年都希望补充进新的内容，金勇先生的新作中有许多实操内容可以纳入我的教学素材中；同时，看到其中基于数智的采购与供应链管理体系，也不禁感叹这几十年供应链理论和应用发展的迅猛。

　　自奥利弗（Oliver）和韦伯（Webber）于 1982 年第一次提出了"供应链管理"一词，1996 年波里埃（Porier）和赖特（Reiter）又提出了现代意义的供应链管理后，供应链及供应链管理变得越来越为重要。

　　一是全球最有影响力的物流专业组织——成立于 1963 年的美国实物配送协会（NCPDM），后在 1985 年更名为美国物流管理协会（CLM），其在 1998 年提出未来的物流将转向供应链，并在 2005 年直接改名为美国供应链专业人士协会（CSCMP），标志着全球物流开始进入供应链时代；金勇先生所在的美国供应管理协会（ISM）也是起源于 1915 年的美国采购管理协会（NAP），从采购管理到供应管理的更名，已经是在狭义供应链管理上突破性的迈进；还有侧重于生产与库存管理的美国生产与库存管理协会（APICS），在 2004 年更名为运营管理协会（AIPCS），2005 年推出"供应链专业人士认证"（CSCP），可见其在供应链管理领域谋求发展的愿景。

二是政府级的供应链考量。我国政府非常重视供应链与产业链供应链韧性与安全。2017 年推出《积极推进供应链创新与应用的指导意见》，重点倾斜四个产业和两个方向；2022 年党的二十大报告中专门强调"着力提升产业链供应链韧性和安全水平"。

从地缘政治的宏观层面，冷战思维和逆全球化思维阴魂不散；但从企业运营的微观层面，数字化技术进一步促进了越来越多的企业在供应链体系架构上持续发力。全球领先的 IT 研究与顾问咨询公司 Gartner 自 1979 年就开始对全球顶流企业进行供应链排名，中国的联想和阿里巴巴入选供应链 25 强榜单。

中国从来没有像现在这样需要关于产业链供应链的理论研究与应用实践，从日益紧张的外部环境到亟待升级再到内部结构，需要产业链供应链的创新与实践；日益变革的技术推动着工业文明向数字文明迈进，供需关系的逆转拉动着产业链开始"全面面向消费者"，同样需要产业链供应链的创新与实践。随着以中国式产业集群为基础的"中国创造"在全球市场竞争中占据强有力的一席之地，中国学者和企业家也得以开始有针对性、有预判性地开展理论研究和实践探索。

此书从采购和物流视角去诠释数智化技术支撑的采购和供应链体系，并辅以实战案例解读其构建的全产业链供应链生态和价值链，我个人认为绝对值得业内人士交流并供企业管理者深度思考。

中国产业发展研究院常务副院长

清华大学互联网产业研究院副院长

中国指挥与控制学会智慧物流与供应链管理专业委员会主任委员

刘大成

现代供应链管理人才必须要有供应链的战略与系统化思维，同时还要熟悉供应链各个细分领域的理论知识体系、拥有运营管理实践，并且具有较强的管理、沟通、执行能力。未来的供应链管理人才还需加强应用流程思维和数据思维进行分析问题和解决问题的能力提升。

金勇先生是在世界五百强外企工作的职业经理人，不仅拥有大量的实战经验，而且特别擅长总结提炼。他把多年工作心得和前沿的采购与供应链管理趋势汇总在一起，于是就有了这本书。本书最大的特色是从企业高管视角出发，并且结合了专业的理论，给读者们带来了战略性的指导意见和可落地的解决方案。

数智化是未来供应链管理的发展趋势，现在的科学技术已经越来越成熟，可以为采购和供应链提供各种解决方案，但如何成功实施是一个难题。在书中，金勇先生通过循序渐进的方式，为读者们介绍了数智化供应链的实施路线图和大量的成功实践案例，这些被验证过的经验，在他的介绍之下，变得更加通俗易懂。金勇先生凭借着他多年的行业经验，从组织、人才、战略、流程、科技等方面对转型提出了自己独到的见解。经过了长期的学习和积累后，他把庞大繁杂的思绪梳理后，形成了本书内容，呈现在读者们的眼前。

　　这本书将为采购和供应链管理从业者提供很好帮助和借鉴，值得我们仔细研读。

　　　　　　北京大学光华管理学院教授　管理科学与信息系统系原主任
　　　　北京大学联泰供应链研究与发展中心主任　中国物流学会副会长
　　　　　　　　　　　　　　　　　　　　　　　　　　　　陈丽华

数智化是供应链、产业链发展到新阶段的必然趋势，也是在当前国内外形势变化下的必然选择。天时、地利、人和，我们所面对的，不仅是数智化带来的机遇，更是一个时代的转型。

"数字化"向"数智化"深入推进的爬坡期，在商业模式和技术两个方面，攫取消费互联网和产业互联网的叠加红利非常关键。从这个角度来说，金勇先生的这本书，来得真是恰到好处！特别是在工业领域，很多企业尚在摸黑前行，亟须优秀企业的数智化和可持续供应链的实践分享。金勇先生所在的企业——西门子是工业 4.0 的参与者和实践者，同时是 2021 年道琼斯可持续发展指数（DJSI）工业组可持续发展表现最佳公司。

我和金勇先生认识多年，他一直坚持在企业从事供应链管理的工作，并把自己大部分的业余时间用来做供应链的研究。我很高兴看到他这些年在国内外各种供应链创新论坛分享数智化供应链和供应链韧性的知识，现如今将自己数智采购与供应链创新的实践和研究成果分享给读者。知识是无价的，分享是无私的。

读一本好书就如遇见一位相识已久的好友，淡茶一杯，沁人心脾。书中不仅有金勇先生的实践分享，还有理论的沉淀，让人身临其境，学有所思。

这本书不仅包含了金勇先生所总结的方法论，还有许许多多通俗易懂的数智化落地的案例。从战略到实践，从采购、物流、质量等全方位的数智化运营进行了阐述，并对供应链数智化转型从组织、人才、流程、技术进行了全面介绍。

在这本书里，我最推崇的是金勇先生总结的"供应链韧性'3P+D'模型"及"供应链数智化转型'4P+E'模型"。此外，尤为难得的是，此书对现在热门的可持续供应链做了系统性介绍，将数智化与绿色供应链有机地结合，并对世界五百强企业最新的实践方法和落地案例进行了提炼、总结。

开卷有益，相信读者一定能够从本书中汲取到许多营养。选择往往比努力更重要，成大事必须顺势而为！我们必须取势＋明道＋优术＋合众＋践行！让我们一起拥抱伟大的数智化时代，把握新一轮科技革命和产业变革新机遇！

阿里云研究院前院长　阿里巴巴集团前副总裁

知行合一创始人兼 CEO

肖利华

我与金勇先生相识于上海的一次供应链峰会中。他在那次演讲中充分展示了自己对于供应链管理独到的见解和思想，从而给我留下了非常深刻的印象。金勇先生现任西门子智能基础设施集团全球价值采购亚太办负责人兼解决方案集团采购总监。他拥有 20 年以上大型跨国集团采购供应链与运营管理经历，结合这些实操的经验，并辅以深入的理论研究和探索，逐渐形成了对于现代采购与供应链发展的理论和实践经验。

近年来，国际形势的变革以及层出不穷的"黑天鹅"事件，给产业链和供应链带来了极大的挑战。这些挑战导致公司对客户的交付能力普遍下降。客户的流失，成本的高涨，销售的疲软冲击了企业总体盈利能力。因此，供应链的稳定性和可持续性俨然成了所有制造型企业的核心竞争力。那如何建立和优化供应链？如何破局？我们所面临的各种"不确定性"已经成为一个新的课题。行业领域中不断推陈出新地涌出新的理念、新的策略、新的方法。而金勇先生从数智化的角度，形成了一套独有的且具有实际操作可行性的新型实践理论。

所谓"数智化"，即数字化与智能化的有机结合。近些年工业互联网和大数据、人工智能领域的高速发展，原有这些似乎在象牙塔中的技术，越来越多地被采纳到不同的应用场景中，以帮助人们实现更为高效的数据处理与分析、判断。在采购与供应链管理领域如何有效采用这些技术，相信大部分人都是比较陌生的。金勇先生从理论到实践展开了详细的论述，并从供应链流程梳理、组织行为学和可持续发展几大维度来阐述"数智化"能够为现代企业管理带来各种价值。

相信通过本书的介绍，广大的读者也能够对数字化和智能化在采购与供应链管理领域能够做出何种变革获取深入的了解，得到启发！

伦茨东亚总裁

谢卫东

供应链管理指的是在满足顾客感知价值的目标下，有效整合供应商、制造商、分销商和零售商，使得产品或服务的成本最小化的管理方法。根据美国供应链管理协会的供应链运作参考模型（supply chain operations reference model，简称 SCOR 模型），供应链管理包括采购、制造、配送、退货及这些活动的计划、赋能六个基本内容。

市场的全球化、产品生命周期的缩短和顾客期望的提高，使得企业面临日益激烈的竞争。为提升企业的市场竞争力，越来越多的企业致力于供应链的有效管理，以降低企业的运营成本并提升顾客感知价值，以取得竞争优势。同时，信息技术和运输技术的进步也为全球供应链的有效管理提供了技术基础。在国际风云变幻、突发事件不断出现的情况下，供应链管理已成为当代企业乃至国家参与市场竞争必不可少的战略武器。

在一个供应链中，采购是其中的重要组成部分，也是制造企业供应链运营的基础。对于大多数制造企业，采购成本占其营收的相当比例，因此采购管理就成为供应链管理的重点活动，需要从供应链管理的视角进行科学的管理。供应链的数智化，即数字化与智能化，作为采购和供应链管理的提升，成为进一步提高供应链效率、降低供应链成本的关键一步。

金勇先生是采购与供应链领域的知名专家，具有丰富的实践经验和专业的学术素养。他拥有 20 年以上大型跨国集团采购供应链与运营管理经历，曾服务于霍尼韦尔、富士康、莱尔德等全球知名公司，担任采购与供应链、价值工程、运营等部门负责人，目前担任西门子智能基础设施集团全球价值采购亚太办负责人兼解决方案集团采购总监。他基于自己的研究成果和实践经验，写出了《数智采购与供应链：从战略到执行实践》《数智采购与供应链：从数字履约到可持续发展》这套书，值得祝贺。

该丛书从数智时代的采购与供应链战略出发，详细讨论了数智化采购与供应链管理中的关键问题，包括：端到端的数智化计划、数智化价值采购、数智化生产与质量、数智化履约等，覆盖了供应链管理的基本活动，并结合当前供应链管理的发展趋势，讨论了数智化赋能供应链可持续性发展这一重要问题。最后，基于金勇先生的实践经验，提出了供应链数智化转型五部曲，值得数智时代的采购与供应链管理人员参考。希望金勇先生在目前的研究和实践基础上，未来对中国的采购与供应链管理进行更加系统和深入的研究，完善供应链管理理论与管理实践的结合，写出更为精彩的著作。

是为序。

上海交通大学安泰经济与管理学院教授

博士生导师　管理学院前副院长

万国华

自　序

【写作缘起】

"以前大多数时间我只关注营销、技术和财务，但近两年来我开始亲自过问供应链管理，不是因为缺货问题，而是供应链的价值在企业中变得越来越重要。"这是伦茨东亚总裁谢卫东先生和我之间的一次对话时提到的，可能也代表了众多企业负责人的看法。

我们现在处于一个供应链撕裂的时代，原因多种多样。各国对国际地缘政治及各大经济体之间贸易矛盾的应对是当前供应链问题的主要因素。这些本来应该是短期的事件，但目前来看，可能会成为一个常态。这个时代变化之快，预测未来也很难。因此，我们应该在确定性中感知不确定性，在不确定性中挖掘确定性，以确定性去应对不确定性，这就是所谓的以不变应万变。

随着数字经济成为我国的国家战略，加快国内大循环为主体、国内国际双循环的新发展格局的到来，产业发展及企业经营需要顺应时势、顺势而为，方能事半功倍。产业链供应链的数智化转型升级，以及如何在复杂环境下打造安全可控、高效柔性的供应链体系，成为未来企业发展的立身之本。

面对百年未有之大变局，供应链面临重构，高层提出供应链要"自主可控"，必须补链、强链、不断链。2022 年，供应链安全与韧性被写进党的二十大报告，供应链成为国家战略。国家制定"十四五"规划，企业制定数智化时代转型战略，都不可避免地提及供应链。供应链管理已经上升到了企业管理的战略层级，数智化供应链更是成为供应链核心能力构建的一个大方向。

在当今时代，企业单靠自身的发展已经无法获得持续的竞争优势，上下游之间供应链逐渐地网络化。打通供应链全流程系统生态，使企业乃至行业的物流、资金流、信息流、商流四流合一，同时也可以实现与工作流、组织流的高效交互，有效地进行跨部门的决策支持。"莫待无花空折枝"，企业需要利用数据反馈不断基于客户需求优化企业的业务结构，更高效地对内对外赋能。

"链"接万物，数智强链

供应链的题眼是"链"，需要各方基于共同的价值观有机地紧密连接起来。现有的观念已经无法适应目前的供应链运作，因此需要重塑新的供应链价值观。未来的不确定性让人担忧，未来无论你是否愿意接受，技术的进步都会深刻改变你的工作和生活，而我们要做的便是主动谋篇布局，迎接变革。

作为采购和供应链行业的从业者，我们都清楚数智化转型是企业建立竞争力的必经之路。而在企业数智化的过程中，供应链数智化成为重中之重。企业采用各种自动化、信息化和数智化技术来提高效率和降低成本。数智化技术包括物联网、大数据、区块链、云计算和人工智能等。供应链管理旨在通过有效地组织供应商、制造商、仓库、配送中心和渠道商等各方，从而实现产品制造、转运、分销和销售的管理，同时满足一定的客户服务水平条件。

在数智化时代，不关注供应链可持续性发展的个人和企业可能会被淘汰。数智化和可持续性发展是这个时代最大的特征，需要与供应链业务结合起来才有意义。采购与供应链管理人员是数据交互的枢纽，负责管理着端到端的价值链。虽然供应链管理博大精深，但当今主流的供应链数智化技术和应用对制造业、零售业、对企业（to b）和对个人（to c）的商业模式都有不同的特点。to c 的零售行业侧重于消费者、消费场景和产品之间的关系，通过快速收集数据并及时做出调整可以提升响应速度和柔性。to b 的制造业则侧重于关键物料的价格稳定和准时交付。

以前，数智科技是"颠覆者"；后来，它成了"赋能者"；现在，它是"同行者"。

各家咨询公司就像江湖中的门派，各自研究不同的武功。正所谓"千江有水千江月"，水中的千个月亮是天上明月的映射。在数智化过程中，各家门派虽然不同，但最终都是数据驱动智能决策映射在各自的池中。各家企业提供了实践场景，实践和理论的融合不断发生，这就是供应链数智化的过程。数智化对于每个人都是机遇和挑战，既让供应链人仰望星空，又让他们脚踏实地。

【本书特点】

虽然市面上有很多有关数智化供应链和数智化采购方面的书籍，但许多人读完后却全忘了。他们表示"有的实在太难了，难以理解；有的说得清楚，但不知道从何入手实践。"我在写作这本书时也感到了巨大的压力。如果侧重于技术架构，或许首席信息官（CIO）们会满意，但供应链人未必能读懂。

由于部分新技术非常前沿，有些即使在互联网行业已经广泛使用，但在制造业的应用仍然很罕见；有些技术在学术界、企业、咨询公司等领域连叫法和定义都没有统一。因此，我决定从实践者的角度出发，尽可能地通过日常工作中的小例子来解释大部分技术的基本概念。

时代在变化，需求也在不断变化，而供应链履约也必须随之变革。我们除了清楚供应链战略和基本职能外，还要深刻认识到履约和可持续发展是供应链管理的核心。

数智化供应链履约对于现代企业来说，是一项至关重要的战略举措。通过数智化技术，企业可以更加精确地预测需求、规划生产、管理库存，提高供应链的灵活性和反应速度。此外，数智化还可以优化运输路线和模式，降低运输成本和提高交付速度，提升整个供应链的效率。通过数智化供应链履约，企业可以更好地满足客户需求，增强品牌形象和客户满意度。

在实践中，数智化供应链履约的成功需要跨部门的协同和紧密的合作。我们必须在供应商、生产、物流和销售等环节间建立高效的信息共享机制，以便快速、动态地响应市场变化和客户需求。

履约不是供应链管理的结束，可持续发展赋予了供应链更多的使命。数智化和低碳化是企业未来增长的双轮驱动器，存在结构性机会。数智化是低碳化的加速器，可以释放绿色发展的无限潜能。而低碳化则是数智技术发展的催化剂，为其提供了更为广阔的应用场景。数智供应链具有数字化、可视化、可追溯、移动化等特点，它能帮助供应链合作伙伴获取实时信息并降低渠道运营成本，有助于减少碳排放。

这些年，供应链韧性的塑造和可持续发展成为热门话题。数智化供应链履约也不仅仅是数智化技术的应用，它需要与企业的战略目标和价值观相一致，注重质量和服务，以客户为中心，实现可持续发展和经济效益的统一。

数智技术日新月异，基于业务建立的数据预判和数据决策，快速应对复杂的国际国内产业链上下游的供需变化，能够更加客观地做出商业判断，最大限度地降低因供应链问题导致的损失。企业高质量的数据资产累积，能够实现数字时代企业的快速增值，成为企业的第二增长曲线。

故而，本书还具体介绍了数智化技术如何赋能供应链韧性和可持续发展。供应链管理涉及管理与供应商、客户和其他利益相关者的关系，并解决潜在的问题，例如供应链风险和不确定性。我们可以通过加强对供应链各个环节的数据采集和分析，以便更好地预测和规划供应链活动。

【结构安排】

本书分为两篇，上篇（第1至4章）数字履约篇，下篇（第5至6章）可持续发展篇。全书主要覆盖数智履约、供应商质量管理、韧性供应链、供应链可持续发展，以及转型需要的组织、流程、人才和技术等方面。主要遵循"是什么，为什么，怎么做"的写作逻辑，通过故事和案例的讲解，让读者可以轻松理解和吸收。无论是新兴的电商零售还是传统制造业，无论 to B还是 to C 消费，在优化和发展供应链的过程中都有各自的特征和使命，关键是要以客户为中心，构建价值供应链，以更好地满足客户需求。

站在客户的视角来衡量供应链，往往以下几个指标会被考量：供货及时性（订单和计划模块）、供货能力（供应链韧性）、产品质量和服务质量（质量模块），以及社会责任（可持续发展）。数智供应链房屋模型，如图 1 所示。

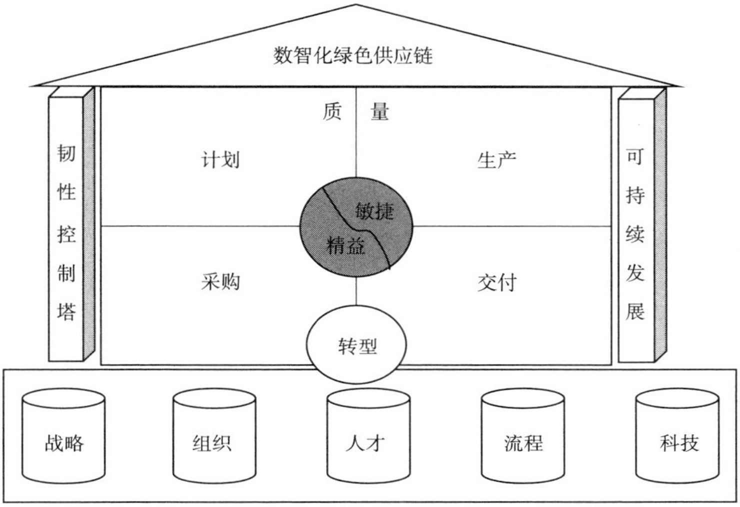

图 1　数智供应链房屋模型

【读者对象】

本书面向的是对采购与供应链感兴趣的读者。例如：企业高层管理者；采购工作人员（采购员、采购经理、采购总监、采购副总裁等）；物流工作者；智慧工厂设计和建设者；仓库管理人员；数据分析人员等。

【延伸拓展】

鉴于很多供应链管理者对于数智化时代下的战略制定依然迷茫，故而我在本书的姊妹书《数智采购与供应链：从战略到执行实践》（中国铁道出版社有限公司出版）一书中详细介绍了供应链战略的制定、计划、采购和生产的数智化演进。从零到一，一步一步向读者介绍了供应链各职能块的数智化本质和先进应用。最后一章节做了升华，详尽介绍了数智化制造。"协同制造，把产能变成产品"，这意味着有研发、分布式可追踪的优质产能和数智化管理的供应链服务，齐头并进才能合力将中国制造力输向全球。技术是一个供应链数智化转型的重要推动力，但绝对不是全部。技术永远是为了解决问题而来的，而组织和流程变革往往是围绕着业务形态和供应链数智化转型同步展开的，单纯通过技术革新就想改变业务形态是不现实的。因而我在创作时，偏重供应链数智化场景配套的解决方案，基于采购与供应链管理的本质思考问题的根源，在重点介绍各种数智化技术应用场景的时候，有侧重地介绍了创新的内在方法和技术层面应用的切入点。图 2 是其思维导图。

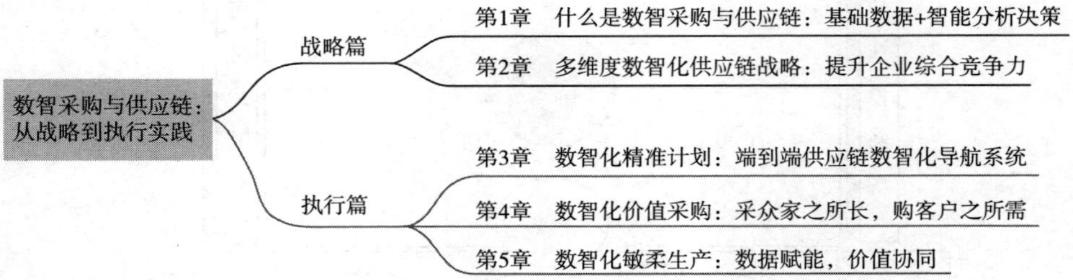

数智采购与供应链：从战略到执行实践	战略篇	第1章 什么是数智采购与供应链：基础数据+智能分析决策
		第2章 多维度数智化供应链战略：提升企业综合竞争力
	执行篇	第3章 数智化精准计划：端到端供应链数智化导航系统
		第4章 数智化价值采购：采众家之所长，购客户之所需
		第5章 数智化敏柔生产：数据赋能，价值协同

图 2 思维导图

【鸣谢】

在撰写本书的过程中，我曾多次组织与行业内头部专家进行商讨与斟酌。三人行，必有我师焉。在写作过程中，我得到了很多老师、好友、同事的指点，还有一些业务专家、供应链专家、IT 专家、企业家和平台创业者，如稽大为、樊鑫、张翚、王美慧、沈斯薇、谭嵘等，皆是我的知音良师。特别感谢中国铁道出版社有限公司的王佩老师，是她的辛勤付出才让本书得以出版。

最后，特别感谢我的妻子崔书珲、女儿金思辰、岳父崔养员，以及我的父母，感恩我所有西门子的领导、同事们在我两年的写作期间，对我的支持和鼓励。

由于数智化先进技术不断迭代更新，我无法面面俱到，书中难免存在考虑不周之处。因此，希望读者在阅读过程中发现问题时，能够给予批评指正。

金 勇

2023 年 8 月

目录

可持续发展篇

第 5 章 供应链数智化转型五部曲：从"4P+E"模型到科技赋能 / 161

数字履约篇

第 1 章

数智化快速履约：一切为了客户，为了客户的一切

扁舟楚水上，来往速如飞。

——《送李舍人携家归江东覲省》韩翃

■ 1.1　从数智化平台到数智化运营：稳、准、快

在供应链管理中，交付履约是核心目标，旨在以及时、成本效益和高效的方式生产和交付产品给客户。对于制造企业来说，履约的"履"讲的是履行、践行，"约"是指客户的要求和期望，而对于供应链管理中的各个环节，从供应商到终端客户，交付承诺的能力和准确率都是关键绩效指标。

然而在实际操作中，履约能力的评估和交付承诺的统计往往耗费大量时间和精力，使改善履约效率的时间变成了做报表的时间。随着数智技术的发展，数据采集变得更加便捷，而算法赋能下的实时结果呈现也使得履约改善变得更稳、更快、更准。数智化供应链平台是基于云计算和大数据等技术构建的供应链管理平台，能够实现供应链各个环节之间的信息共享和协同管理，从

而提高供应链效率并降低成本。在一切为了客户的原则下，数智化快速履约已经成为现代供应链管理中不可或缺的核心要素。

1.1.1 实战案例：数智化如何让希音（Shein）更快

Shein 是一家成立于 2008 年的跨境电商企业，于 2014 年创立自主品牌，可以说这是一家神奇的企业，其 App 在各大应用商店的购物类 App 中，下载量在 56 个国家居于榜首，可见其潜在流量之大；其年活跃用户超过三千万人，揽下了 1.2 亿个注册用户。

一些不可控因素让全球零售门店遭受重创，Shein 反而实现了逆流而上，2020 年的营收接近百亿美元，连续 8 年营收实现超过 100% 的增长，2021 年营收更是接近 1 100 亿元人民币。

在消费者的眼中，"便宜、款式多"是 Shein 的基本特征。在营销端，商业推广模式为火爆的流量立下了汗马功劳。而用供应链的语言来解读，其核心竞争力可以用一个字概括就是：快。究竟有多快？看看下面这几组数字。

上新快：以 2020 年 5 月底的数据来看，Shein 平均每日上新 3 000 多件，注意单位是日，而之前的天花板是飒拉（ZARA），平均日上新约 68 件。Shein 将这个天花板提升了两个数量级。

- 库存周转快：年库存周转次数 Shein 是 4.6 次，而传统服装企业是 1.8 次。
- 从设计到成衣：Shein 用时 5~7 天，最短甚至达到 3 天，传统服装企业需要 6~9 个月。

Shein 的快，甚至超出了"快时尚"原本的定义，于是世界创出了一个新名词来描述 Shein：实时时尚，就像站在珠穆朗玛峰的巅峰，颇有"会当凌绝顶，一览众山小"的豪气和霸气。那么快时尚的演变，Shein 是如何做到的呢？

研发上新数字化

为了提高从设计到打样的速度，Shein 在内外部设计师资源高效整合的基础上，进一步通过 3D 虚拟设计、数字化版型及面料库等数字化工具的应用来加速从设计到打样的流程，这些能力是 Shein 每日均有千件新品上市的一个重要基础。

需求预测与需求计划

以前供应链行业有一句俗语："预测永远是不准的。"在快时尚行业，对于市场流行需求进行预测甚至引领，是直接决定企业生死存亡的核心能力。当年李宁因为库存积压，低价处理了 19 亿元的库存，一些服装企业普遍的库存占比达到了销售的 50%。

能够准确了解市场趋势和消费者需求是快时尚品牌赢得市场的第一步。Shein 准确地预测了 2018 年美国会流行蕾丝、印度会流行全棉材质，并借此大赚一笔，它的核心武器就是数据和算法。

首先，根据各类用户行为数据的蛛丝马迹，用算法推算什么才是当年"夺人眼球"的潮流趋势（流行产品的颜色、价格变化、图案元素），并将之推送给产品研发端，形成洞见。设计师和买手会根据各个渠道收集的线索，再组合元素设计新衣服。

Shein 利用大数据算法从各类大小服装零售网站的产品中抓取时尚信息，广泛搜集第三方数据，通过数据挖掘更隐秘、更真实、更本质的需求信息，它用某搜索引擎的搜索趋势发现器（trend finder）和网页抓取工具，对互联网上各个服装零售网站的产品进行跟踪，把它们的图样、颜色、价格变化、面料、款式等数据抓取以后进行分析；同时，它还跟踪相关的关键搜索词的变化。

其次，在上新或陈列时，Shein 通过算法推荐，就像"抖音式的电商"，App 不停地捕捉用户的动态信息，并进行个性化推荐。

Shein 建立了自己的数字化团队，形成了一套算法逻辑，其能够通过用户的点赞、分享、互动行为，甚至购买行为、购买决策过程及购物车停留的时间，来预测一个库存量单位（SKU）在未来的需求量。具体来讲，在产品上线后，Shein 能够获取一手数据，即用户行为数据，比如多少人浏览了产品细节，多少人将产品加入了购物车。得到这些最真实的用户反馈后，Shein 会自动进行调整产量。对于一些遇冷的款式，它会重新调整细节后，再推出进行测试。就像我们刷抖音一样，系统会推荐更多你可能感兴趣的款式、风格，就这样反复不断地进行，最终 Shein 就变成了一个懂消费者的服装"专家"。

Shein 的数智化制造

早期，Shein 由于其商品种类过多，并没有办法全部备货，只能根据客户的订单去市场购买，从而导致收货时间过长、用户体验差。新用户虽然增加速度很快，但是回头率并不高，与此同时，其营销成本却在不断上升。因而，Shein 决定进行供应链整合，打通上下游。

2014 年起，Shein 开始大力扶持自己的代工厂和基层供应商体系，以建立对快时尚品牌至关重要的"小单快反"体系。从 2015 年开始，Shein 就实施了制造执行系统（manufacturing execution system，MES），而且 MES 已经智能化到较高程度，既能够把前端销售数据与后端各环节的数据充分共享，也能在应用终端实现数据可视化，从而优化排产并且大幅提高供应链各环节的响应速度和工作效率。

供应商亦可以清楚地看到每一笔订单的详细信息，包括 SKU 数、订单量、面料、尺寸比例等，会有专门的人员对生产流程进行数智化的信息收集与更新，包括每一个款式进行的生产环节、订单完成比例、面料消耗情况、工厂产能饱和度等。Shein 的管理系统还可以连接供应链前端，获取测款情况（针对初选的产品进行销售测试）、App 销量信息等，并向后端供应商及时反馈和追加订单，将产能缺口与市场需求进行更加精准的匹配。

可视化呈现

例如，Shein 在给原始设计制造商（original design manufacturer，ODM）供应商使用的"全球商家平台"系统，包含排产管理、图片管理、商品管理、开发管理、订单管理、库存管理等所有供应链环节类目，操作者点击每个菜单进入子页面，都能看到可视化数据和图片。

算法赋能

在某款连衣裙的备货建议中，系统详细提供了 S、M 和 L 码尺码的建议备货下单数。Shein 信息系统有一套自己的公式算法，以"库存可售天数""预测日销量""仅七天销量"作为主要变量，辅以"交货期和备货天数"固定变量，再扣除"库存数量""运输途中件数"和"待上架数量"，最终计算出供应商需要的备货下单数。

Shein 的系统在追踪生产的同时，也完成了对供应商的高效管理。Shein 通过对工厂采购金额、急采及时率、备货及时率、上新成功率、次品率等指标的监测，对供应商由高到低分成了 S、A、B、C、D 五个级别，并采取末位淘汰机制确保供应商质量。

在供应链数智化方面，Shein 更为彻底，也更为敏捷，它打造了一个透明高效的供应链信息系统，其涵盖了商品、运营、生产等多个不同部门与子信息系统，能够使前端销售与后端各环节数据共享。所有的供应商都被要求接入 Shein 自己的供应链管理软件，如此多端联动，大幅提高了响应速度与生产效率。目前 Shein 已与 4 000 多家工厂建立了线上快接合作关系，其中核心工厂约有 200 家。

Shein 强化数据管理和分析能力，建立了一套完整的数据采集、处理和分析体系，通过实时跟踪和分析物流数据、库存数据、销售数据等各种信息，优化供应链决策，提高履约效率。

Shein 的整套供应链体系、物流体系、企业资源计划（enterprise resource planning，ERP）体系以及整套销售预测体系，都是依靠一整套数据逻辑算法来完成优化和统筹的，其独立研发的高效柔性供应链系统在为各部门提供数据系统支持的同时，亦从终端销售和电商平台获取大数据向后端生产厂商反馈，从而使他们调整生产计划，保证 SKU 上新速度。

数智化物流

在强大的数智供应链生态下，Shein 的供应商交货速度远快于同行。

数智化的物流订单管理，由数据决定哪些产品获得跟单，哪些产品停止生产。

在供应链的经典模型—供应链运作参考模型（supply-chain operations

reference model，SCOR）框架中，反向物流是一个重要的环节，但是传统的供应链企业，很少会考虑反向物流，因而在这方面进行创新的供应链设计，往往能够带来意想不到的收益。以新能源汽车为例，蔚来通过设置多个电池更换中心来解决电池的反向物流，极大地提升了消费者体验。无独有偶，Shein 也将反向物流和数智化供应链完美地结合在了一起。

首先，Shein 敢于接受退货，退货条件的宽松提高了 Shein 的客单价，高客单价让它能够用最贵的航空物流，而且它利用数据分析优化物流路线，设计成本最优的配送方案。Shein 的客户遍布全球 200 多个国家及地区，每个订单与包裹都可能有不同的物流配送方案，它将物流信息在线上进行数据化，并利用智能算法决定每一个订单的配送路线，以数据驱动配送效率的提升。在配送方面，Shein 实现物流系统线上数据化，从而提升了配送效率，七天全球必达，日均全球发货商品数量达 110 万件。

其次，在库存管理方面，Shein 仓储部在全球就有超过 4 000 名员工，这几乎占据了整个供应链中心 80% 的人力。目前它在全球有三种仓库类型，分别是国内中心仓、海外中转仓和海外运营仓。Shein 国内中心仓设在广东佛山，周围有几个卫星仓，全球 95% 的商品发自国内中心仓。Shein 全球有多个海外中转仓，分布在沙特阿拉伯、迪拜、意大利、澳大利亚、越南、印度尼西亚等多个国家和地区。海外中转仓只负责接受消费者的退货，不进行发货。另外，Shein 在印度德里、美国东北部和美国西部等地区还设有运营仓，专门负责其辐射区域的配送。

Shein 在自身的给货系统库存结余模块中引入库存条码、覆盖库存、库存状态、外部商品库存四大功能，以提升库存管理效率，实时掌握库存动态，使库存管理可视化，可以实时分析库存情况并解放人力。同时，库存管理系统也能与后端生产系统互通，Shein 便可通过判断库存压力来合理确定补货量，将库存清理压力降至最小。

优化供应链流程和合作方式

Shein 重视资源匹配：款式匹配度，SKU 丰富度和深度匹配，成本和质量匹配，聚焦协同效率，建立供应链利益协同机制，形成多赢的供应链利益分配机制，协同盈利能力和盈利模式。在付款方面，Shein 也从不拖欠供应商款项，还尽力加快与供应商结账的速度，通常 30~45 天就能结款。此外，Shein 有时甚至会借钱给工厂买厂房和升级设备，来帮助志同道合的供应商共同发展。

Shein 在供应商管理、仓储物流和订单处理等方面进行了优化和升级，引入了智能化技术，改善了供应链协同和效率，加强了和供应商及物流合作伙伴的沟通和协调。

数智化组织

Shein 打造了一套数智化的组织体系，其供应链运营组织架构，如图 1-1 所示，其由四部分组成：IT 研发中心（负责系统实现）、供应链中心（负责供应链执行）、商品中心，以及数字智能中心。

数字智能中心是核心驱动部门，该部门是整个供应链的"火车头"，其职能非常简单：通过分析内外部数据，利用算法捕捉时尚趋势、用户行为和趋势，再通过数据和算法驱动产品研发、订单下达、原材料采购及产能分配。

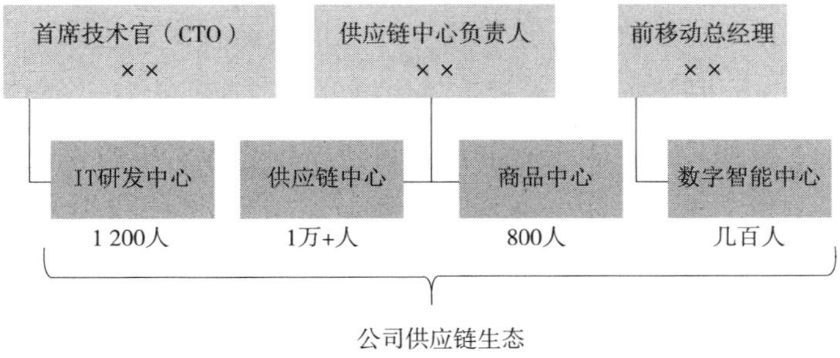

图 1-1　Shein 的运营组织架构

品牌竞争，起于商品，成于流量，决胜于供应链。

- 快：缩短商品从概念到消费者的通路，加快触达终端消费者的速度。
- 准：打通数据垂直链路，直接连通用户，数据直接回流商品供应链，精准定位柔性快反，全面提升商品供应的精准度。

供应链数智化的成功往往是一系列布局和执行后的结果，如今，类似 Shein 这样的依靠数智化供应链打造竞争优势的企业也会越来越多，这些企业正在利用数智化技术、平台、组织和运营打造供应链交付优势。

数智化供应链履约的关键技术

数智化供应链履约需要依托多种关键技术，以下是其中五种主要的关键技术。

（1）物联网技术：物联网技术是数智化供应链履约的重要支撑技术。通过物联网技术，企业可以实时感知物流环节的信息，包括货物的位置、运输状态、温度、湿度等，从而更好地管理和控制供应链。

（2）大数据技术：大数据技术可以帮助企业对供应链中的各个环节进行数据分析和挖掘，从而提高供应链的透明度和效率。通过大数据技术，企业可以进行供应链数据的实时监控、分析和预测，帮助企业作出更准确的决策。

（3）云计算技术：云计算技术可以帮助企业将供应链数据存储在云端，提高数据的可靠性、可用性和安全性，同时也可以降低企业的运维成本。

（4）区块链技术：区块链技术可以帮助企业构建去中心化的信任机制，提高供应链数据的可信度和可追溯性。通过区块链技术，企业可以实现供应链的数据共享和数据交换，从而提高供应链的协同管理能力。

（5）人工智能技术：人工智能技术可以帮助企业对供应链中的数据进行智能分析和挖掘，实现供应链的自动化管理和优化。通过人工智能技术，企业可以实现供应链中的智能预测、智能决策和智能调度，从而提高供应链的效率和降低成本。

综上所述，物联网、大数据、云计算、区块链和人工智能等技术是数智化供应链履约的关键技术，企业需要根据实际情况选择合适的技术实施。

1.1.2　传统供应链履约的挑战及数智化供应链履约的原则

供应链履约是指通过整合物流、采购、生产等环节的资源，以确保产品或服务能够在客户所期望的时间和质量要求下交付的过程。在当今全球化、市场化的竞争环境中，优秀的供应链履约能够帮助企业增强竞争力和提高市场占有率。在今天激烈的市场竞争中，没有产品交付，一切都是无用的。因而，优秀的供应链履约对于企业的成功至关重要。

传统供应链履约时所面临的挑战

履约是企业与客户之间关系的重要环节，而在现实情况下，要完全承诺100% 履约是非常困难的。客户常常遭受订单无限延迟，无法完成交货，漏发、订单错误和物流瓶颈等问题，更糟糕的是，有时候客户拿到的产品质量也会出现问题。针对这些问题，我们需要探究其原因。

首先，全球化的发展导致供应链变得愈发复杂，包括供应商、分销商、承运商等众多参与者，使得供应链履约更加困难。同时，客户需求的不确定性也会导致供应链的不稳定，可能会导致库存积压或供应不足的情况，从而影响履约能力。信息在供应链中的流动也可能会受到阻碍，供应链中的不同参与者可能拥有不同的信息，这也可能导致履约能力的下降。客户通常希望能够在规定的时间内收到订单，并且订单的准确性非常重要。供应链在交付时间和准确性方面的表现对于客户而言至关重要，过高或过低的库存水平可能导致成本的增加或客户需求无法得到满足。而传统的供应链履约可能会存在资源浪费、碳排放等问题，并对环境造成不良影响，也不利于企业可持续发展。此外，由于供应链中不同环节的反应时间不同，整个供应链履约过程也可能不够高效。在一些紧急情况下，如自然灾害或重大事件，供应链的反应时间也需要缩短。

而优秀的供应链履约可以拥有以下优势。

提高客户满意度。在今天竞争激烈的市场中，客户的满意度是企业成功的关键。优秀的供应链履约可以保证客户所需的产品或服务能够及时、准确地交付，从而增强客户对企业的信任和忠诚度。

提高企业效率和利润。优秀的供应链履约可以减少企业的库存成本、生产周期和交付时间，从而提高企业的效率和利润。

增强企业形象和声誉。供应链履约不仅是企业形象和声誉的重要组成部分，而且还可以通过提供高质量的产品和服务来增强消费者对企业的信任、增加好感。

降低风险。优秀的供应链履约可以减少生产和交付的风险，如延迟交货、质量问题等，从而降低企业的风险和成本。

提升企业的竞争力。优秀的供应链履约可以帮助企业在市场竞争中获得更大的优势，从而提升企业的竞争力和市场占有率。

"效率是生产力的基石"，优秀的供应链履约是企业成功的重要基石。以苹果公司为例，该公司非常注重供应链管理，实现了高效的生产和交付，提高了客户满意度和市场占有率，从而成为全球知名的品牌。值得注意的是，优秀的供应链履约管理需要不断进行优化和改进。随着市场的变化和技术的进步，企业需要不断调整其供应链履约管理策略，以适应市场和客户的需求。同时，还需要建立有效的供应链履约管理指标和评估体系，以监控和评估其供应链履约管理的表现，并及时进行调整和改进。

从客户的角度来衡量供应链履约的重要指标

在从客户的角度来衡量供应链履约时，需要考虑几个关键指标，其中，交货准时率是客户最为关注的指标之一。客户是否按时收到产品是重要的判断标准，供应链未能及时交付订单会导致企业声誉和市场份额的损失，客户可能会选择其他供应商。此外，柔性管理也非常重要。客户可能会在订单下达后调整发货日期、需求数量、产品配置或者取消订单，能够灵活响应并及时满足客户需求，将提升客户满意度，从而增强企业的竞争力。在提供透明度方面，客户通常希望了解物流和库存情况，以及订单的处理情况。企业若能提供透明度，并让客户随时能够跟踪订单状态，将会增强客户的信任和满意度。

除了上述指标，产品可用性也是重要的考量因素。客户通常在需要时得到可用的产品。如果供应链中的库存管理不良或缺货率高，将会对客户的信任和满意度产生负面影响。此外，产品质量和服务质量也至关重要。供应链履约不仅涉及按时交付订单，还关系产品质量和客户的满意度。如果产品质量不稳定或无法满足客户的要求，客户也可能会选择寻找其他供应商。客户会关心供应链合作伙伴的服务质量，包括售后服务、技术支持、沟通等方面。

除了以上因素，企业还需要关注可持续发展问题，例如绿色采购和减少碳足迹。采用绿色供应链管理方法和减少环境影响的举措将提高企业在客户心目中的形象，提高客户忠诚度。

数智化供应链履约的原则

什么是数智化供应链履约呢？这主要是指利用数字技术和数据分析等手段对供应链履约过程进行优化和管理，其主要包括订单管理、交货管理、库存管理、物流管理等环节，而从订单全生命周期角度来看，主要是运用电子化合同、线上订单和无接触式的订单信息流自动化处理，从而实现订单全生命周期履约状态可视、履约过程可追溯，高效完成履约全过程，目的是实现供应链高效运转和产品快速交付。而数智化逆向则是对逆向源的识别、逆向业务执行、实物报废和价值恢复过程进行精准和有效的管理。

解决传统供应链履约所面临的主要挑战，需要探索更为高效和可持续的供应链履约方式，在这个过程中，有一些重要的原则需要遵循。

首先，企业需要建立一个稳定的供应链网络。这可以通过优化供应商、分销商和承运商的选择来实现。同时，企业也需要在供应链中建立更加紧密的合作关系，以确保信息的及时共享和沟通。正如著名管理大师彼得·德鲁克所说，"合作是成功的唯一道路。"

其次，企业需要优化库存管理。过高或过低的库存水平都会对企业产生不利影响。在供应链履约中，优化库存管理需要根据客户需求、供应商能力和产能等因素进行精细化的调控。只有在库存管理方面取得平衡，才能提高供应链的响应速度和准确性。

　　然后，企业需要借助数智化技术来改进供应链履约。例如，企业可以利用大数据、人工智能和物联网等技术来实现供应链的可视化和智能化，从而更好地掌握供应链的运作情况，并及时应对供应链中出现的问题。

　　最后，企业需要将可持续性纳入供应链履约的考虑。这需要企业在选择供应商、使用物流等方面考虑环保因素；同时，也需要通过优化物流和降低能源消耗等措施，减少企业的碳排放。正如联合国环境规划署所说，"可持续发展不是一场竞赛，而是一场马拉松。"

　　实际上，有一些企业已经开始采取更为高效和可持续的供应链履约方式。例如，亚马逊的物流系统可以预测顾客的需求，并为顾客提供更快、更准确地配送服务。同时，亚马逊还采用了可再生能源来支持其供应链的能源需求。这些实际案例证明了采取更为高效和可持续的供应链履约方式的可行性和益处。

　　总之，传统的供应链履约方式面临许多挑战，需要探索更为高效和可持续的供应链履约方式，这需要企业在建立供应链网络、优化库存管理、借助数字化技术和纳入可持续性因素等方面不断探索和创新，以更好地应对。另外，一个不可忽视的因素是企业自身的经营管理和文化，也会对供应链履约产生重要的影响。企业需要建立透明、高效的内部管理体系，加强各部门之间的协调与合作，形成完善的管理制度和流程，以保证供应链履约的稳定性和可靠性。同时，企业还需要树立以客户为中心的服务理念，始终将客户满意度放在首位，秉持诚信、负责任的态度对待客户，不断提升服务质量，建立良好的企业形象和品牌声誉。

　　客户的要求没有最高，只有更高。在面对诸多供应链履约挑战的同时，企业需要不断探索、创新，不断完善供应链履约策略和体系，加强与供应链各方的合作与沟通，提高反应速度和应变能力，以适应不断变化的市场需求和客户要求。

1.1.3　实战案例：京东数智化供应链履约全流程

京东通过数智化技术实现了从供应链到配送的全流程数智化管理。通过智能分拣、路线优化和智能调度等技术，京东可以实现最短路径的配送和最快速度的订单处理，从而提高了物流效率和客户满意度。

京东是中国电商企业之一，拥有庞大的供应链体系，为了提高供应链的效率和可靠性，京东利用数智化技术进行供应链履约的优化。

首先，京东利用大数据和人工智能技术对供应链的各个环节进行监控和分析，实时跟踪订单的状态和物流的情况，从而及时发现和解决问题，提高供应链的可靠性和效率。

其次，京东在物流和仓储方面也进行了数智化的改造，通过物联网技术实现对物流车辆和仓库的实时监控，提高物流和仓储的效率和准确性。此外，京东还利用区块链技术实现对供应链中各个环节的可追溯和透明化管理，保障供应链的安全和稳定。

除此之外，京东还利用数智化平台和数据共享，实现供应链各个环节的协同管理和优化。例如，在供应商管理方面，京东与供应商共享订单信息和销售数据，从而实现对供应链的实时优化和调整。

通过数智化技术的应用，京东成功提高了供应链的效率和可靠性，提高了客户满意度和市场竞争力，这也充分说明了数智化供应链履约的重要性和优势。

1.2　数智化物流：龙门镖局，镖镖必达

我曾与某工业企业的物流总监聊天，建议他们搭建一个透明的供应链控制塔，围绕订单实现端到端业务可视化，可掌握订单贯通数据。然而，总监却认为这并不是他们客户所需要的，只有零售快消业才需要这样的服务。2020 年初，该企业物流部门忙于回复客户"货物在哪里""到底什么时候到

达"等问题，还要进行内部沟通协调资源，然而海外发货却无法得到妥善处理，导致许多客户无法等待，不得不取消订单。

供应链的任务是"交付"，如果供应链能力不足，就会导致交付出现各种问题，例如交付速度慢、交付不及时或交付不合格。如果交付不佳，客户就会不满意，甚至可能丧失客户，导致企业倒闭。因此，物流必须确保在正确的时间，将正确的产品数量交付到正确的地点或客户手中，以满足客户的需求，提升公司产品及服务的按时、按质、按量的交付能力，以此维护公司的声誉。

1.2.1 自动化仓储、智慧物流有效简化履约

厂内物流进出要过程稳，对客户要末梢快

仓储业务涉及收货入库、上架、移库、拣料、理货、包装、出库等多个作业环节，其中信息流通过智能化算法进行作业任务排程，并通过线上化系统生成作业指令自动下发，实现高效执行。为了实现仓储实物作业自动化和高效执行，企业可以运用自动化装备和标准化的物流工艺。

如今，运用数智化技术，结合计划和订单需求，可以智能制订和决策运输计划。运输作业涉及运输委托、收发预约、运输执行、送货和收货预约、到货验收、费用结算等流程，企业可以利用数智化技术端到端线上化执行，信息实时同步，履约过程可视，从而让客户及时知道物流信息，并做相应的准备和调整。

作为供应链核心组成的物流行业，在数智化浪潮下，正乘风破浪。记得多年前参观苏州工业园区的某家自动立体仓，让见惯"肩挑背扛"的我感受到了工程和科技的力量。又过了几年，我发现"昂贵"的射频识别（radio frequency identification，RFID）从书中走到了工作中，才真正意识到科技正在改变物流业。十年前，互联网电商的高速增长彻底改变了人类的生活方

式，也催化了现代物流的进一步发展。

与此同时，消费者对物流服务的要求也在不断提升，以前用周来计算物流周期，后来用天，现在用小时甚至分钟来计算，未来的交付只会越来越精确。物流企业通过数智化管理，将全球定位系统（GPS）技术、物联网、二维码扫描技术、传感技术、智能机器人等技术在物流的主要环节，如仓储、运输和配送领域的应用，不仅保障了交付的质量，而且降低了商品流通成本，还可以大幅提升客户体验。

仓储建设及运营管理一直走在物流科技的前沿，通过供应链高度协同，有的高科技企业甚至实现了零库存管理。不管原料仓是在租用的园区里，还是在供应商处，存储什么则是计划员的事情，计划员却往往不能实时了解家里还有多少货，导致生产计划员不能灵活安排。因此，安全、快捷流动和实时统计是自动化和数智化赋能仓库管理的主要方面。

在数智化工厂，物流系统与制造执行系统（MES）、企业资源计划（ERP）的无缝集成程度体现其数智化水平。以西门子成都厂为例，其物流系统能够实现准时、准点、准量、准料的供应原材料。生产线通过电子看板实现虚拟工厂与现实工厂的交互，在生产物料需要补给时，通过系统向自动化仓库发出领料需求，仓库的自动化拣货机会及时启动，从立体化货架中准确拣取物料；它还会及时查询原料的入库时间，确保先进先出。在原材料运至生产车间前，整个过程不需要人的参与。

现在各种自动化技术遍地开花，无人仓、自动导引运输车（automated guided vehicle，AGV）、自主移动机器人（autonomous mobile robot，AMR），还有各种系统，例如仓库管理系统（warehouse management system，WMS）和运输管理系统（transportation management system，TMS）等。具体来讲，履约物流数智化主要有以下三个层面，如图 1-2 所示。

智慧化平台	大数据网络布局 网络规划、 模拟仿真……	行业洞察 数据分析、 最佳实践……	供应链深度协同 库存计划、面板 指标健康……

数智化运营	全链路智能排产 负荷检测+智能匹配+排产算法 + 仓储 智能存储+智能拣选+智能耗材推荐+…… WMS+算法最优布局、定位、最短路径、 设备调度……	+ 运输 智能调度 TMS+算法- 动态规划……	运营规划智能设置 规则建模+模拟仿真+机器学习 + 配送 智能分拣 路径优化 配送管理系统+算法- 遗传、蚁群

智能化作业	入库 存取 拣选 包装 出库 调拨 自动验收 AS/RS 货到人 自动包装 分合流 + 码垛机器人 AGV 拣选机 复合包装 AGV搬运 器人	摆渡 传站 辅助驾驶 无人货车	分拣 派送 自动化 配送员+ 分拣 智能终端 + 机器人 无人 无 分拣 配送车 人 机

图 1-2 履约物流数智化

智慧化平台

智慧化平台是当今企业最重要的战略之一，它包括网络布局、行业洞察和供应链协同等。同时，仓储物流配置也需要智能监控和智能管理结合起来，从而实现仓库库存的实时、迅速调整。因为库存对于企业而言是一种资产，会进入财务平衡表，并按照费用来结算。如果库存不当，将直接影响毛利，因此需要企业关注成本控制并提升灵活度。现金流的管理不止可以依靠供应链金融，还可以利用供应链的库存管理来赋能。库存备得好是金矿，备得不好则需要"骨折式"清理。数智化库存管理可以让库存备得数量准、地点对、时间恰到好处。

不同行业的客户服务水平要求也不同，比如反应速度、灵活度以及订单交付的完整度，这在服务行业和传统制造业中有很大区别。传统制造业大多数都是成品、半成品和原材料，这些企业的仓储物流大多集中在生产制造基地周边，要么是自有的资产，要么全部外包给供应商，例如汽车行业的安吉物流和一汽物流等。

然而，面向消费者的行业需要将仓储物流设置在离消费市场较近的地方，因此，在这些行业设置仓储物流通常需要考虑业务感知，而不仅仅是成本。那么，如何获得这种业务感知？以前是靠人工，但现在则需要大数据和算法。只有具备业务感知和数据驱动的企业，再结合整体战略，才能作出正确的决策。未来客户需求会更多变，而能具备适应快速反应，且能控制成本能力的企业方能生存。

数智化运营

数智化运营（和工业 4.0 结合的智能排产）：以负荷监测、智能匹配和排产算法为基础的全链路智能排产，同时，利用规则建模、模拟仿真和机器学习等技术，帮助企业实现目视化管理，从而实现智能化的运营规则设置。现在越来越多的企业开始投入物联网技术，利用设备信息来实现卓越的运营管理。例如，斯凯孚公司早期就提出利用数字孪生技术在线监控和远程检测阀门，实现常规维护和保养。因此，数智化运营对于企业的转型和升级非常重要。企业应该不断提高自身的技术水平，不断创新，加强数智化转型，实现更高效、更智能、更可持续的运营管理。

智能化作业

智能化作业（入库、派送、分拣、盘库等）：现在采用各种智能化设备，如自动导引运输车、无人货车、自动包装、自动货架、流水线、无人机、视觉盘点等，这些设备大大提高了运作效率和方便性。在仓储环节，企业开始采用智能存储、智能拣选、仓储管理系统（WMS）以及各种布局和定位算法。利用大数据分析历史库存信息，建立预测模型，可以动态调整库存商品。在货物搬运环节，智能搬运机器人采用动态路径规划等技术，可以帮助公司节省劳动力成本、简化搬运流程、减少订单出库时间。这些技术也消除了将人类置于危险角色的需要，从而降低因误工而导致的健康和安全成本。此外，通过加载计算机视觉、自动包装和分拣机器人，可以让机器人学习并识别各种材料，并相应地分类包装和分拣，从而减少低价值且耗时的工作。总之，智能化的物流作业不仅提高了作业效率和便利程度，而且降低了成本和风险，是企业追求高效盈利的不二选择。

包装和仓储

工作场景：产品种类繁多、尺寸不一，对于装箱要求有各种不同的约束条件，应当选择怎样的装箱方案才能实现成本的最优化呢？

答案是快速应对：基于运筹学启发式算法，开发包装优化软件，综合考虑产品的重物 / 易碎品的要求、堆叠面的要求、包装容器容积和重量的限制，以最小化包装成本，最大化容器利用率，让物尽其用。

一些企业通过库存可视化管理，实现对全国仓库的在线管控、动态调拨，为全国范围内的调货提供数据支撑，真正实现全国整合库存管控。德邦快递就使用"物流天眼"系统，利用计算机视觉技术识别车位是否空闲、卸车装车作业是否正常进行，以及场站内堆积度是否饱和、通道是否被堵塞，这些原本需要使用人力现场巡检的工作，均由摄像头实时识别，第一时间智能推送给总台，由总台调集人员迅速处理，这不仅节省了人力成本，还加快了物流运转速度，做到了机械化与智能化的有机结合。

总之，企业需要进行物流工艺标准数字化设计，联合物流合作伙伴应用和部署物流技术标准，引入或开发先进的自动化、智能化物流装备，在仓储作业和物流增值服务业务中集成应用并持续优化，提升物流业务自动化和智能化水平，让企业处于主动地位，从而更好地把握市场机遇。

运输环节与配送环节的数智赋能

运输环节和配送环节是物流行业的重要环节，企业可以运用智能调度、运输管理系统（transportation management system，TMS）、路径规划、仓储运输波次管理和算法等数智技术来提升运输和配送效率。例如，智能调度可以结合外部市场和社会资源进行智能计划，并与下游客户的发货信息系统对接，实现预先计划、过程可视、可控；而流程机器人自动化则可以计算出最佳的成本、担保价格和运输时间，提供决策支持；此外，运用区块链技术来追踪货物信息，可以方便快捷地获取货物位置、数量、批次等信息，减少人力成本，提高运输效率。

在运输过程中，公司如 G7 物联可以利用物联网技术监控运输过程的环境，保障运输安全，同时利用先进的跟踪方法和分析可以提醒运输环境不佳的情况，及时将包裹改道到更靠近的配送中心，减少货损；同时，利用车联网技术来保存物流车辆的实时地理位置信息，实时监控所有物流车辆的运行状态，对在途异常的订单进行精准追溯，提高物流各环节精细化、动态化、可视化管理，提升物流系统智能化分析决策和自动化操作执行能力，提高物流运作效率；此外，内置摄像头可以捕捉司机的疲劳驾驶情况，利用集成算法进行判断和警示，提高行车安全，降低交通事故的概率。

对于消费品来说，物联网和互联网的融合可以让供需双方实时监测产品流向，掌握真实的市场需求。某大型连锁超市与物联网企业合作开发运输管理系统（TMS），打通内外部系统，实现预约承运车辆、装载进度可视，车辆在途动态追踪等信息实时可控，轻松做到随时随地获取商品的位置和到达时间；同时，通过对物流配送的可视化，提升销售部门、生产部门和客户对物流进度的了解，强化部门间协同，提升客户满意度。

配送环节

在配送环节中，随着无人机、智能机器人技术的日益成熟，配送网络将会越来越分散，能够更快速、更高效地配送商品，同时交货提前期也变得更加灵活。以天猫为例，它的配送时间已经从三天缩短到当天，甚至一小时内送达！阿里巴巴的数智化供应链平台基于人工智能技术和大数据，构建了销售预测、品类规划、动态定价、库存分布等模型，可以通过算法计算引入／替换商品的时间点，确定引流爆品和时间节点，预测商品销量和销售爬坡速度，以此来指导生产商备货，从而为顾客带来更优质的购物体验，同时也"化险为夷"，促进供应链管理的降本增效。2020 年天猫"双十一"，阿里巴巴在浙江大学打造了全球首个纯机器人送货点位，由机器人承担浙江大学菜鸟驿站包裹的送货上门服务，每天可送达 3 000 件包裹。菜鸟也推出了末端配送机器人小 G，后台协调所有机器人的揽派任务，机器人识别后会到小邮局装上包裹，全自动地进行路况识别、场景识别、精准定位、自主导航。此外，自动驾驶车辆将来可能会与人类一起工作，以确保产品和材料的安全运输。就像亚马逊推出的试图用飞行机器人实现商品配送自动化的计划一样，商品配送环节的新技术应用真可谓是"日新月异"！

小结

通过自动化仓储、智慧物流可以事半功倍，提升履约效率，降低履约成本，实现客户满意度并追求极致的客户体验。从供应链视角看，物流需以精准满足用户需求为出发点，从单环节执行走向整体运营，关注点从"效率"向"效益"转变。

当然，企业也要注意不要为了技术而技术，正如一些企业使用的立体仓。例如有一家重工企业建了一座立体库，托盘进去，每一个托盘拉下来后都要进行分拣，送货效率很高，盘点效率也很高，但分拣效率却一直跟不上，反而成了瓶颈。因此，企业在推进物流智能化时需要注意拉通价值链，避免为了技术而技术，上线不实用的物流设施，使智能化成为一纸空谈。

1.2.2　实战案例：西门子开关智慧工厂——智能仓

随着仓储自动化水平的不断提高，机器人、无人叉车、穿梭车、堆垛机、机械臂、分拣机等智能装备纷纷登场，它们在仓储场景中如同熟练的舞者，优雅地完成着各种任务，这些智能装备需要通过集群的方式协同工作，才能更好地满足业务需求。而数智技术则在这个过程中默默发挥着作用，实时动态调整策略、路径优化，让整个系统不断进化、不断修正。它能够指引每一个机器人、叉车等智能装备在仓库中高效自如地行动。

以下是一个全场景机器人应用案例。西门子开关工厂利用全链路物料信息化管理，配合机器人拣选和配送，运用人工智能（AI）算法，达到了规划最优拣货路径的目的，从而实现了从进料检验到生产车间物料上线自动配送。

西门子建立的智能仓能够实时响应更新计划，一旦发生变动，自动化系统就可以捕捉整个链条上的所有计划优先顺序，并结合 AI 进行实时调整，不会像过去人工排计划时存在滞后性。例如，刚刚入库的一批物料，按照先进先出的原则排在第十位，但是车间临时换线生产导致这颗物料成为最紧急的需求，这时系统会实时收集信息，将原本排在后面的这颗物料按照紧急程度排在前面，机器人会将其最优先送去进料检验，再越库配送上线，大大减少了车间因缺料和等待带来的浪费，从而提高了客户的满意度，提升了供应链的敏捷性，锻炼了公司应对市场变化的能力。

在此项目中，极智嘉提供了创新的智能仓组合方案，包括货到人拣选机器人 P800、货箱到人拣选机器人 C200S、四向穿梭车和智能搬运机器人 M1000，以及 AI 算法和智能系统，解决了库内 20+ 万 SKU 原材料的收货、分区存储、齐套发运、产线领料等流程问题，打破了行业瓶颈。

西门子成功实现了库存精益化智能化管理、7×24 小时智能理货、反向拣选、机器人作业帮助员工减少搬运清点负担，最终，其存储能力增加了 2~3 倍，提升了仓库使用率，供料及时率达到 100%，入库效率提升了 2.5 倍，出库效率提升了 2.15 倍，同时还节约了厂内人力需求 30%。从"人找货"到"货找人"，"货找机器"这是数智化赋能的功劳。

以上这个案例展现了数智时代许多企业进行数智化物流升级的缩影。库存管理员实际上可以被称作"时空管理者"，他通过借助数智化技术对信息和数据流动进行管理，从而实现以时间和数据换取空间。因此，许多工业企业的数智化往往从仓库和运输等数智化运营、数智化作业升级开始。企业购买各种智能化设备，这些不同技术的硬件和软件带来的数据可以被分析，通过建立网络化的连接，实现人与人、人与机器、机器与机器之间的连接，最终构建端到端的数智化供应链。

为了让系统带来相对科学的智能决策建议，而不仅仅是看到一个好看的报表，企业需要物联网设备实现数据的处理和采集，并将数据上传到云端，通过与云平台协同进行大规模的计算。云端一体化能发挥数智化、网络化和智能化的能力，让万物互联、万物皆有算力。

交付产品也不再是单向输出，而是供需双方互动的真正开始，这将直接影响供应链的供需关系，并影响供应链的创新驱动。交付产品的同时也在交付数据，在客户使用产品时，客户体验变成了数据反馈。产品实时收集用户行为数据，客户关系管理部门的职责定位将要发生改变，客户关系管理系统（customer relationship management，CRM）也将进行相应的调整，极有可能客户服务将由机器执行。供需实际上是相对的，相对于客户来说，供应商就是客户；相对于供应商来说，客户也可能是供应商。在数智化技术的加持下，供应链上的各方数据交互将变得更便捷，反馈更及时。

在传统供应链时代，一切都是以看得见的物流为先，眼见为实。但是，未来得益于以物联网为代表的信息革命，将把人和物、物和物沟通的便利提升到前所未有的高度，可以实现一码扫天下。以数据和信息为基础的网络协同是智能商业的终极目标。

▣ 1.3　从自动化到智能化，订单管理蜕变升级

数智化订单管理

在当今激烈竞争的市场环境中，能否精确预测销售需求变得至关重要。然而，由于各种不确定因素的影响，如季节性需求变化、新的竞争对手出现及宏观经济形势等，销售预测往往难以准确，这导致企业在供应链管理中面临各种风险，例如库存积压、生产计划混乱、生产过剩或不足等问题。

数智化订单管理为解决这一问题提供了可行的解决方案。通过采集和整合销售目标和历史进单数据，系统可以利用机器学习算法进行数据分析和预测，从而更准确地预测销售需求。

例如，在美国的一家知名食品加工企业中，他们使用了一款基于云计算的数智化订单管理系统，通过分析过去几年的销售数据、市场需求趋势及经济指标等数据，预测未来销售趋势并将其转化为生产计划和供应链策略，最终，该企业在减少库存积压、提高生产效率、满足客户需求等方面都取得了

显著的成效，可谓"事半功倍"。

　　在数智化订单管理中，数据的质量和准确性也至关重要。因此，在进行数据分析和预测之前，需要对订单数据进行标准化和清洗，以确保数据的准确性和一致性，这是万事开头难的重要一步；此外，还需要针对销售目标和历史订单数据进行适当的数据转换和纷繁琐碎，以便算法能够更好地理解和学习数据，做到"知行合一"。

采购订单

　　采购订单是企业与供应商之间正式的采购交易确认单据，一般对应实际业务中双方签订的采购合同、采购协议等正式文件。订单一般是将企业内部需求和供应商报价进行匹配，详细记录了该次交易的供应商、物料、数量、单价、需要日期等信息，作为未来供应商备货、发货，企业接收、检验、入库、付款的重要依据。

　　众所周知，采购员日常的基础工作除了开发、维护并评价供应商、合同谈判、价格评估之外，还有一个核心且高频的工作，即：下单。传统采购模式下，采购员会耗费大量的精力在此环节，甄云数智化采购平台的自动下单功能代替采购员完成自动匹配推荐供应商、自动下单等操作，使采购人员从这些烦琐的传统工作模式中释放出来，提高下单效率。那么，究竟是如何做到这一系列自动化的呢？数智化采购平台转单引擎功能要点如图 1-3 所示。

订单引擎的核心功能

　　不同的采购模式或场景，下单的模式不尽相同，在下单频率、申请与订单字段的对照、供应商和价格选取原则、并单规则、按交期拆行、转单后是否需要审批等关键场景下往往存在很大差异。基于这些复杂多变的业务场景，数智化采购平台将转单逻辑的"黑匣子"打开，将这些核心业务场景提炼为业务模型，借助业务规则引擎去匹配不同的业务场景，最终实现下单全过程可自动化执行。

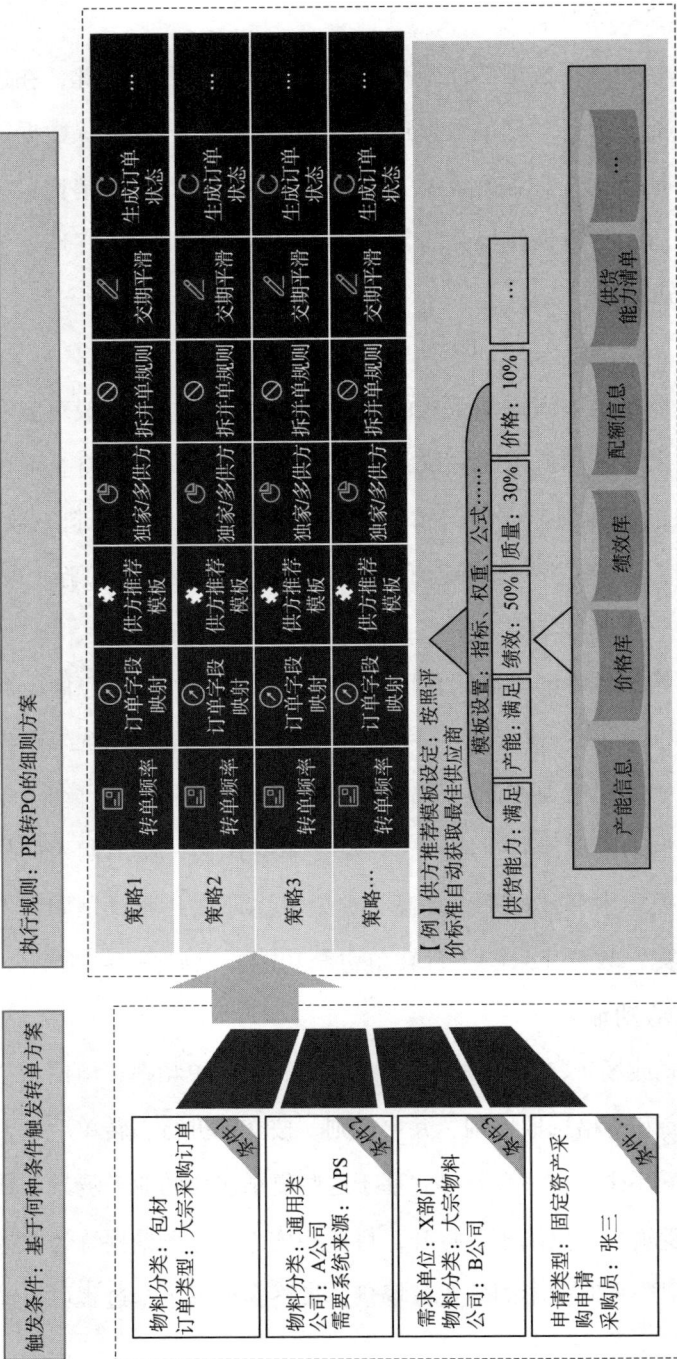

图 1-3 数智化采购平台转单引擎功能要点

订单引擎的两大模式

实现自动转单的关键，就是要确定订单上供应商和价格，订单引擎内置下单推荐供应商模板，通过算法智能匹配目标供应商。系统推荐供应商的过程如图 1-4 所示。

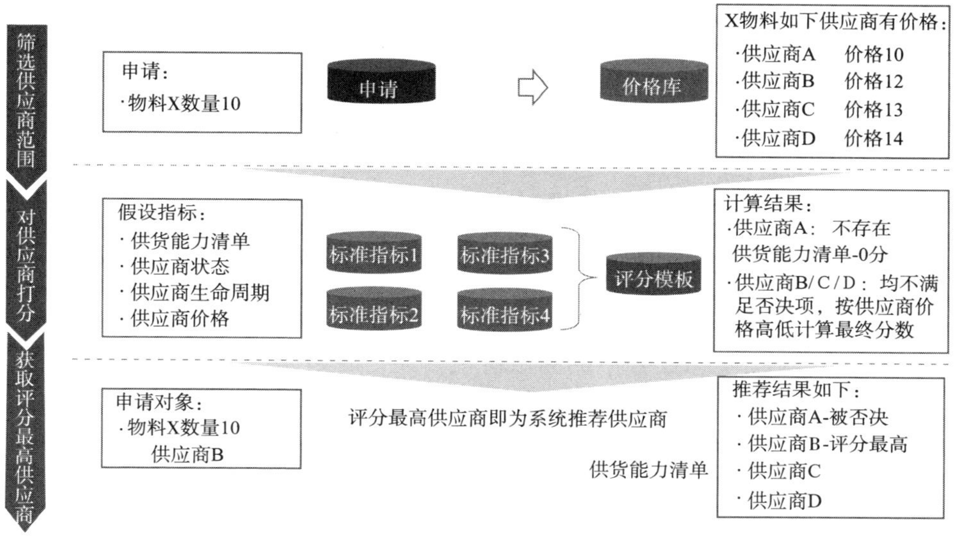

图 1-4　系统推荐供应商

模式 1："否决式 + 推荐式"指标组合确定唯一供应商和价格。

例：A 公司采购一项生产线所需的核心生产物资，对质量要求较高，对此类物资的供应商选择策略为半年内质量评分在 80 分以上且价格最优的供应商。为实现此场景，需配置如下：

● 指标 1，质量指标。指标类型——否决项，公式——半年内质量评分在 80 分以下的排除。

● 指标 2，供应商价格指标。指标类型——打分式，公式——价格最低的评分最高。

● 评分模板，质量与价格最优组合推荐。模板类型——下单推荐供应商——独家，下挂指标 1 和指标 2。

模式 2："否决式 + 推荐式 + 选取规则"确定多家供应商。

例：B 公司采购一项物资，有 A、B、C 三家供应商可供，为了让供应商之间有序竞争，同时分散供应风险，选取原则——如果三家供应商都没有经营风险，B 公司每次的采购需求会按照 4∶3∶3 的配额比例拆分给三家供应商下单。为实现此场景，需配置如下：

- 指标 1，对接第三方企业大数据风控平台，获取供应商实时工商风险分数，高于预警值则达标。
- 指标 2，按配额推荐多个供应商，指标类型——打分式，公式——存在配额比的供应商评分最高。
- 评分模板，按配额推荐多个供应商模板，模板类型——下单推荐供应商——多供方，下挂指标 1。

订单引擎在实际业务中的应用价值

从大量人工作业，转变为系统自动执行，省心省力。

就非目录化申请而言，采用传统下单方式，采购员收到申请后到下达订单，纵向来看中间需要维护以下内容：①将申请按照并单规则分组下单；②参阅合同，选择下单供应商；③匹配订单价格；④补充税率、币种等其他信息；⑤提交订单等待审批。借助订单引擎，整个过程完全可以自动化执行，其在高效准确执行的同时，可以真正让采购人员从低附加值的事务处理中逐步解放出来。

结合供应商评分模板，让下单过程变得量化且透明，更满足合规性要求。

录订单可以说是采购过程中最核心、最敏感的节点之一，尤其是多供应商供货的场景，下给谁、下多少、多少钱，采购有较高程度的裁量权，具体选择时需要综合考虑供应商产品的价格、质量、产能、交付周期、配额等因素。而借助数智化采购平台，事实上这些因素都可以结构化、数智化，借助订单引擎输出供应商和价格等关键要素。

具体来说，针对不同的业务场景，需要与之匹配的推荐策略，数智化采购平台利用了供应商模块的评分模板功能。首先，将衡量供应商是否作为推荐的标准作为评分指标，这些指标可以是一票否决的排除式指标，例如供应商状态指标，冻结状态的供应商不能下单；其次，可以按照系统打分计算的推荐式指标，例如价格指标、质量指标；然后，将指标下挂到评分模板中，可以建立多个评分模板；最后，再结合业务规则定义，配置不同场景下需要使用哪一类的评分模板。系统在执行匹配供应商时，会根据评分最高的供应商作为下单推荐供应商。通过以上的自动化匹配，真正让推荐供应商的选择变得合规且透明，可以用最少的人为介入，实现更好的采购管理效益。

借助智能化，采购下单再升级

依靠业务经验建立的数据模型，可以帮助企业实现基于规则的采购自动转单，不过由于采购各环节、各目标关联性强，有相互制约性，仅考虑单一目标最优则会陷入"木桶效应"。

随着数据科学和人工智能技术的发展，系统基于"数据 + 算法"可以在决策中实现越来越重要的价值，企业端诉求、技术变革与基础设施的完善共同推动智能决策时代的到来。

数智时代，越来越多的企业正在携手国内领先的数据智能基础软件合作伙伴，依托先进的统计机器学习算法和运筹优化算法，深度挖掘海量转单数据，快速构建多目标决策模型，对相关数据进行建模、分析并得到决策，综合约束条件、策略、偏好、不确定性等因素，全面评价候选采购方案，实时为每个采购订单推荐最佳供应商与下单数量等关键信息，自动实现最优决策。

相较于依赖专家经验的固定转单规则模板，智能决策可以全局优化为目标，打通各部门、各生产环节之间的"信息孤岛"，利用全局优化的视角，综合考虑采购各个环节中的成本，达到降低总成本的目标，防止陷入"木桶效应"的短板制约，实现企业综合收益最大化。智能转单方案架构如图 1-5 所示。

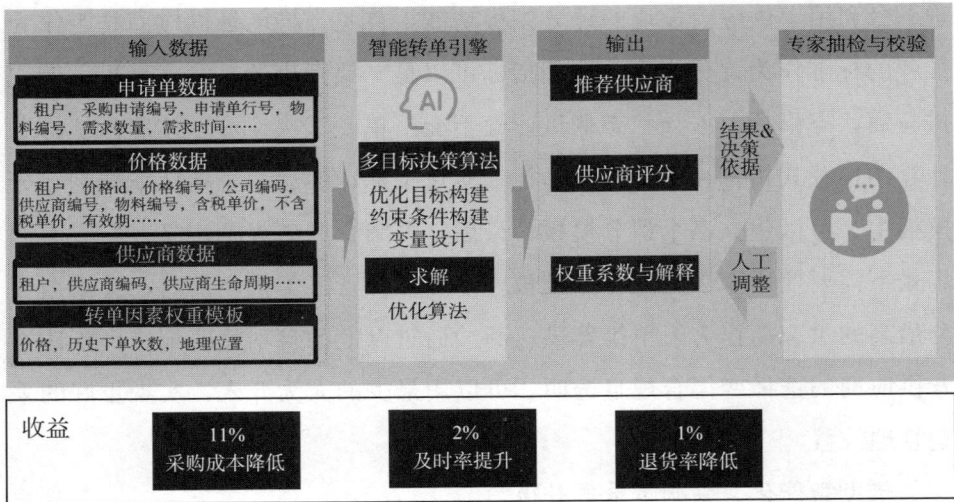

图 1-5　智能转单方案架构

案例小结

　　自动转单是采购自动化的关键方案之一，也是采购智能化的一个重要实践。毫无疑问，转单引擎是建立在采购业务数据的积累之上。反过来看，随着采购业务规范化、采购流程线上化的建设，数据的威力逐步迸发出来，其带来的管理价值的提升不可估量。企业亟须建立一站式的采购线上化、数智化平台，用技术驱动管理，用数据创造价值！

1.4　数智化供应链赋能客户

　　近年来，越来越多的企业通过使用前置仓、移动仓等多种基础设施，为了确保"最后一公里"的交付质量，并以此提升客户的交付满意度，这种趋势不禁让人想到热门的全渠道供应链。从供应链的角度来看，全渠道和供应链的端到端是两个相互穿插的维度，很难单独分开讨论。全渠道的整合和协作，有助于优化库存结构，加速商品流转，实现降本增效，具体而言，体现在优化商品结构、精准预测产品销售量、改善订货管理、提高供应链效率、降低库存和损耗、降低成本等方面。

全渠道供应链是供应链管理中的一个重要概念，涉及从产品设计到生产、物流、销售以及售后等各个方面的协同和整合。通过全渠道的优化和协作，企业可以实现更高效、更灵活、更可靠的供应链管理，提高客户满意度，创造更多的商业价值。

1.4.1　全渠道供应链：提升客户满意度

O2O，也就是从线上到线下（online to offline）或者从线下到线上（offline to online），是近年来出现的一种新型商业模式。在国外，全渠道销售（omni-channel）则是通过数据和信息解决不同渠道之间的平衡问题。虽然全球范围内都在充分地利用数据，但毕竟不同地区的发展侧重点不同，中国的 C 端消费者行为和海外 C 端消费者行为也不完全相同。例如，国内有许多夜宵市场，但海外却没有。

而全渠道则是在各个维度打通上下游，更多关注"人、货、场"这些元素，它是指多个销售渠道协同一致并融合交汇，从客户了解商品到体验商品、购买商品，再到商品送达全过程，满足客户各种零售需求。传统的线下零售只有单一渠道，而多渠道则指既有线下零售又有线上零售，但二者是完全独立的。相比之下，全渠道则是线上线下渠道融合连通，顾名思义，它就是所有的场景都有货，无论消费者在何种场景进行选购、消费，企业都能用一种服务水平去满足消费者的需求，这是全渠道的终极目标。

举个例子，你在网上订购某品牌的衣服后，你可以到该品牌的实体店并在现场试穿。如果你觉得衣服合适，但又不想带回家，你可以直接在店内付款，然后当天晚上就可以收到快递送到家中。即使你想要退货，也可以轻松办理，这种全渠道的服务可以极大地提升消费者的购物体验。

全渠道的特征

以零售为例，从全局上来看，全渠道要求供应链覆盖从供应商（渠道商或品牌商）到仓库，从仓库到门店，从仓库到客户（快递），从门店到客户（最后一公里送货上门，比如外卖、外送、到家服务）；而以前的线下零售的供应链覆盖是从供应商（品牌商或渠道商）到仓库，再从仓库到门店这两段。相比之下，全渠道零售的供应链服务不仅服务于 B 端门店，也服务于 C 端客户。

从需求管理（激发需求、销售预测、影响需求、需求计划）的角度来解读，全渠道与传统线下零售有较大不同。传统线下零售的客户消费痕迹难以获取，因此企业通过分析客户分布的区域，有针对性地投放广告或通过实体门店的广告和实物商品、促销等方式来激发需求；而在全渠道零售中，客户在线上购物的所有痕迹是易于获取的，企业通过数据分析可以知道客户在哪里以及客户的购物偏好，从而实现一对一的个性化推广，这需要使用大数据分析和人工智能技术，以贴合客户在某一刻的需求，并提高成交概率。

京东和宝洁等企业对上下游企业进行线上协同，在供应链新产品的孵化上做了越来越多的尝试和创新。在线下，宝洁与麦德龙、山姆会员店、大润发等卖场打开了数据共享，让整个信息流跑得更快，开展与卖场之间促销信息的协同。通过供应链项目协同，宝洁的订单满足率得到逐步提升，同时实现货架一直有货卖，真正优化了供应链响应模式和周转模式。不管是从微商到电商，从线下卖场到线上直播，宝洁有一个统一的业务中台，使得它整个生态系统的数据都能够得到充分挖掘和利用。虽然宝洁有很多品牌，但却只有一个统一的计划中心，也就是说整个计划的数据是一致的，是全量的数据。

全渠道在销售业务中扮演了重要角色。业务拓展对供应链提出了新的要求，需要将所有信息打通，物理货物和虚拟信息都要完美结合，以实现一盘货的业务目标，这样一来，无论何时何地，都能够满足消费者不同场景的需求，无论是线上还是线下。当然，这也为消费零售行业的仓库和仓网布局带来了更高的要求，因为时效性非常重要。许多时候，货物会被放在城市的消费者聚集地，周边设有城市仓进行快速补货和供货。智能补货和前置仓实时补货都是为了提高补货效率和响应消费者需求变化的速度，智能补货能够以最快的速度、最准确的量和最准确的 SKU 到达需求地点。

例如，新能源车企的城市展厅、售后服务、备用车辆、App 服务和人机互动之间的关系已经成为线上与线下融合的场景，在融合过程中，需要开放性的平台来实现车与生活、车与车之间的关系，以及主机厂、上游配件厂和物流伙伴之间的联系。从门店到修理厂，从整车厂到零配件厂精品店的结合也非常重要。尽管蔚来、小鹏和理想等电动车头部企业在国内主要城市都有展厅，但它们并没有 4S 店。在展厅里面，客户可以亲身感受和体验产品，但真正的决策并不一定在展厅里作出，客户可能会在线上或者看评论、阅读各种测评文章和测评视频后作出决定。通过线上、线下的融合，整个信息形成了一个完整的闭环，消费者是信息体验的中心，而供应链的目标是在保证产品质量的前提下，实现完美的交付。以蔚来为例，当车出现故障的时候，车主可以打电话给蔚来，对方会马上开一辆同款车型的车来替换，以确保车主的出行不受影响。在供应链中，这被称为离线方案。对于故障车到底去了维修厂还是原厂，并不是客户真正关心的点，他们只关心能否使用一辆官方授权的，已经做过全面检测的车。

其实，供应链是一个服务于线上和线下的体系，它不仅仅提供实物的运输，还包括在线信息的服务，在这个过程中，物流是供应链的关键交接点。客户和快递员的服务可能影响客户的满意度，从而影响整个产品和服务的质量。因此，在供应链的升级过程中，线上线下的融合已不再是单纯的物流执行，而是整个供应链的运营。在货物流转的过程中，我们需要将供应链从单纯地追求效率转变为体验最优的目标，这样才能满足消费者不断变化的需求。

零售客户的需求多变、互联网的实时在线和广泛传播性，使得一个热点事件很可能会在一夜之间点燃全国各地，这也就意味着产品的爆款情况十分常见。针对爆款商品，供应端需要更快地交付产品。全渠道供应链是数智时代交付能力的赋能，它依靠数据的打通和系统的交互。以上情况看起来很美好，但在实践中，我们会面临复杂的管理问题和技术难点，如果企业想要提高数据利用度，就必须将这些数据放在统一的数据库中进行共享，以促进企业决策。精准的需求规划来自零售商掌握的有关消费者的数据，但很多消费数据却被零售商据为己有，造成了数据链的断裂。如果不能打通供应链的上下游，全渠道供应链和数智化供应链也就无从谈起。

全渠道、供应链和数智化三者息息相关，全渠道的供应链管理主要从下面三个融合出发，如图 1-6 所示。

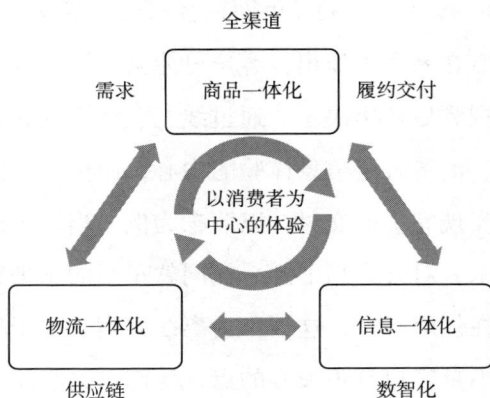

图 1-6　全渠道、供应链和数智化融合

①需求管理与营销管理的融合。消费者的需求是多变的，从线下体验到线上交互信息，需求管理需要整合消费者信息，并实现与精准营销结合，将消费者的需求与企业的营销策略相结合。需求与营销两者相得益彰，共同促进企业的发展。

②供应链库存、分销及供应管理。为了更好地服务于消费者，企业要打破原有渠道库存割据，将公司库存资源整合在中台，所有库存盘货实时共享，与需求匹配并精准推送，推进库存管理与互补协同的新模式。众志成城，共同整合各方资源，形成供应链的联动和协作，从而提高供应链的效率和服务水平。其实，在很多工业品的销售中，由于传统渠道库存信息的不透明，叠加过去几年缺货的影响，在需求和供应市场的快速变化下，全链路的库存管理也已成为燃眉之急。

③末端物流与服务。关注最后一公里，全面重塑客户体验，精准满足不

同消费主体的个性化需求，更多体现物流的服务价值。末端物流与物流网络的服务，全方位提升整体服务质量与客户体验，这就如同追求"尽善尽美"，企业通过物流服务的优化，提高自身的服务质量，同时也满足了消费者的需求。无论是全渠道还是其他方式，不外乎自营和联手，我们可以理解为连接电商或者旗舰店，这个时候产品跟制造商去对接，服务跟平台对接，品牌跟物联网对接，都是为了互联互通。如果是通过电商和直播带货发展起来的企业，它的互联互通可能会做得特别好，但是往往会忽略后勤部分，物流和制造品质部分有时会差强人意。但不管是哪一种企业，都需要打造自己的产品品牌和服务，利用数智化技术和平台赋能客户的交付，对于企业最终目标的支持才是供应链管理赋能企业的主要方向。

1.4.2　实战案例：数智化售后服务改进产品、优化供应链

物流领域不仅仅是将货物交付给客户，而是涉及更多方面，其中逆向供应链是一个重要的课题。逆向供应链包括售后服务等环节，是企业供应链管理的关键之一。在数智化时代，一个做得好的供应链企业一定不会在售后服务方面落后，因为数智化技术可以赋能售后服务，提高整体效率和服务水平。我们来看看 J 公司是如何利用数智化赋能售后服务的。

J 公司是国内领先的客车制造企业，公司具备年生产大、中型客车 1.5 万辆，轻型客车 5 万辆的能力，产品系列齐全，涵盖 4.5 米 ~19 米，2 座 ~82 座各类型客车，包括客运、团体、旅游、公交、校车及特种车，覆盖传统动力、压缩天然气（compressed natural gas，CNG）、一般液化天然气（liquefied natural gas，LNG）、混合动力及纯电动、氢燃料动力等多种动力平台，以及自动驾驶开发平台，满足各个细分市场和场景的用车需求。

客车产品非常复杂，部件众多，生产方式一般是按订单设计和生产，同一车型在销往不同客户时往往会基于客户需求做个性化的配置，因此带来的挑战不仅是整车物料供应和产品质量管理，还在于产品售出后的备件

供应链管理。

针对以下问题，J 公司建立了如图 1-7 所示的多级备件库存架构。

- 如何对总部、区域、服务站的库存进行监控，以确保及时响应服务需求；
- 如何对近万种备件进行计划和备货，以确保满足需求的同时不会产生大量呆滞；
- 如何收集售后备件质量问题，对供应商进行评估以不断优化供应商体系。

J 公司非常注重售后数智化平台的建设。售后平台一方面打通 ERP、SRM（供应商关系管理系统）来实现端到端的业务协作，确保服务的及时、高效处理；另一方面则能基于数据来实现产品质量和供应链的持续改善。

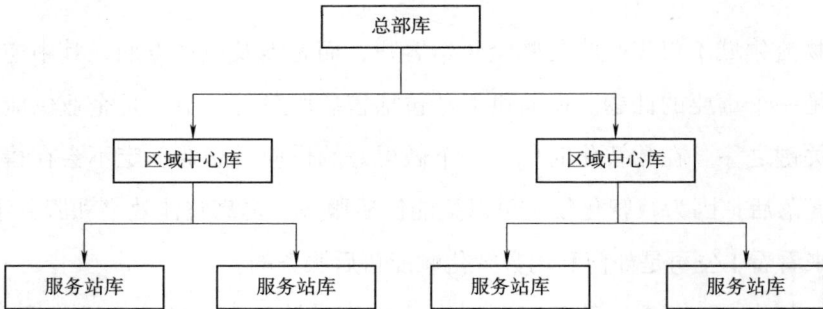

图 1-7　客车行业的多级备件库存

如图 1-8 所示，J 公司建立了售后服务数智化平台，其建设重点主要体现在以下三个方面：

1. 售后服务业务在线化

平台实现了客户、售后服务中心、服务站间的连接。客户可向 J 公司发起服务申请、厂家派单给服务站，也可以直接联系就近的服务站，受理、派单、维修 / 保养处理、服务完成后的回访 / 评价全部基于平台进行管理，每个节点都可进行跟踪和预警，确保售后服务的高效性和及时性。

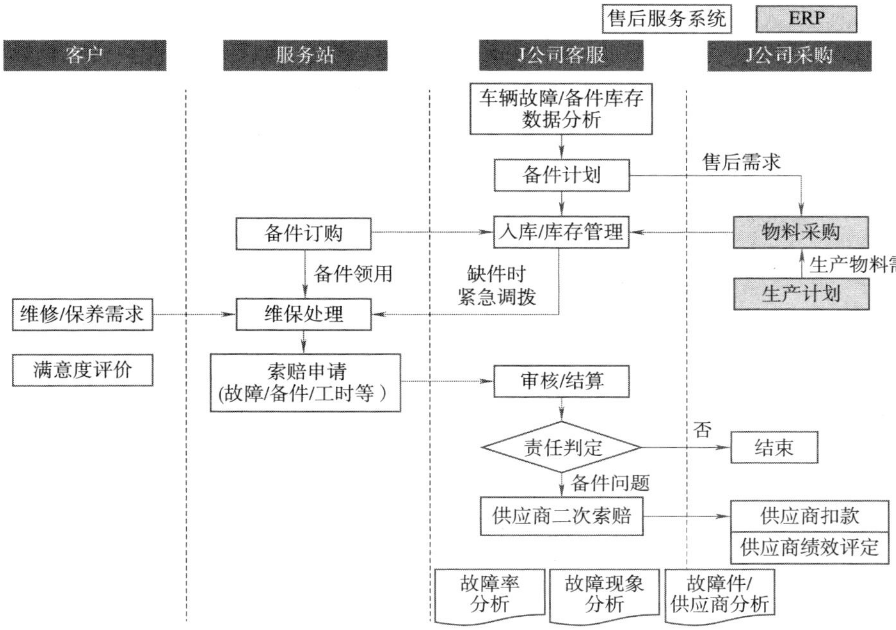

图 1-8　J 公司售后服务数智化平台

2. 数据驱动产品和供应链改进

使用售后平台后，每辆车的故障时间、故障模式、故障备件、故障供应商等系统都能及时获得，因此可进行多维度的故障分析，包括以下内容。

- 在保车辆维修率。实时了解在保车辆的维修率，为公司产品改进提供依据。
- 平均首次故障里程。了解不同车型的平均首次故障里程。
- 故障模式统计。不同车型、不同地区的故障模式分布。
- 三包责任统计。根据索赔责任（装配、设计、配件、政策）统计当年产生的备件数量和费用。
- 供应商故障统计。按供应商来统计故障次数、故障比例及索赔费用。

针对部件质量问题，不仅可以追溯和分析所属供应商，对供应商进行二次索赔，还可以基于此数据来对供应商进行评价，不断优化供应商体系。

3. 构建备件计划体系。

构建数智化的备件管理系统，基于前三个月发货、当月发货、安全库存等数据来辅助服务站 / 中心库进行备件预测，备件人员基于备件预测、缺料需求来制订计划订单并传给采购人员，采购人员结合库存 / 生产需求来下发采购订单。如图 1-9 所示，J 公司建立了完善的备件管理体系，将整个流程全部闭环打通以确保预测、计划、采购、入库、发货的闭环。

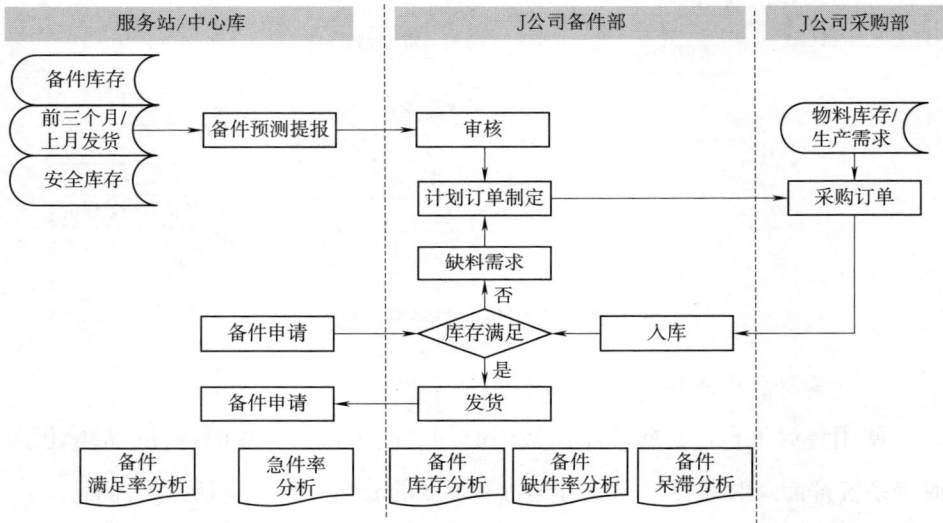

图 1-9　J 公司备件管理体系

同时，系统可提供数据来分析各个库存点的备件库存合理性，透过服务站备件满足率、急件率分析能看出服务站的备件库存合理性和备件预测准确性。总部库备件库存量、缺件率、呆滞率等分析能分析出公司的备件计划和备货合理性。

售后服务是一个企业与客户联系最紧密的环节，对于企业品牌形象的建立和维护至关重要。一个供应链管理做得好的企业，必须将售后服务作为重要的环节，通过数智化技术赋能，实现售后服务的精准匹配和个性化需求满足，这样的企业才能够赢得客户的信任和忠诚，取得在市场竞争中的优势。

过去，产品售前和售后各管一段，而现在有了数智化平台，产品即服务成为可能。数智化技术的应用不仅提高了企业的售后服务水平，也为逆向供应链的快速实施提供了保障，它同时也改变了商业模式，这往往取决于产品的智能化程度或智能化平台。可重复、可再生的业务成为多数公司的期待，而数智化技术则让企业的产品在售出后具备了感知能力，能够与原有制造商实现交互。除了故障监测和运维，通过对现场场景的监控挖掘，也可以找到开发新产品的思路，让服务转化为新的收入。只要数据流动回环，产品就有可能实现增加收入或让客户更加满意。

本章总结

供应链管理的数智化将不断发展如图 1-10 所示，供应链履约的重要性也不言而喻，它是企业客户关系、声誉、生产和经营活动的关键，同时也反映了企业的管理水平和文化理念。在如今复杂多变的市场环境和激烈竞争中，企业需要以客户为中心，不断探索和创新，构建更高效、可靠、可持续的供应链履约体系，为客户提供更优质的服务和体验。

像西门子这样的世界五百强公司，其物流部往往分为进厂物流和出厂物流两大块，同时承担仓储管理和订单管理的重要职责。传统意义下，人们对供应链履约的理解是订单全生命周期履约的执行过程，然而，在数智化时代下，它正在被赋予越来越丰富的内涵。

	预数字化	数字化功能	数字供应链	数字价值链	数智生态系统
订单接收	二级销售支持	订单呼叫中心	外包订单呼叫中心	用于简单订购任务的聊天机器人	一般订购任务的聊天机器人
备件管理	位于客户处的备件库存	全球48小时运输的集中备件仓库	预防性维修备件运输	正常运行合同下的预防性备件	专业供应商现场3D备件打印
拣选	按领料单领料	拣选订单的智能构建	路线优化静态拣选	实时/动态拣选路线优化	自动拣选和包装
配送	第三方物流卡车运输	越库配送	实时跟踪和路线优化	长途自动化卡车运输	

图 1-10　物流数智发展

　　首先，供应链履约的全过程必然要实现与供应链计划、生产、采购、物流等全供应链运营和管理要素，以及伙伴协同链接，这是数智化方向的必选之路，这样做的目的是能够实现信息在整个供应链中的快速传递，再通过嵌入智能化的分析处理，以实现更高效的订单履约。本章重点阐述了仓储、运输、逆向供应链等要素的变革路线和数智技术，并分享了 Shein、西门子、宝洁等先进企业的宝贵经验。

　　越来越多的企业借助数智化技术不断发力，例如亚马逊开发的接力货运平台系统（RLB）和网络容量管理系统（FBA）。RLB 平台不允许竞价，使用机器学习和优化技术的组合来动态确定最佳市场价格。更多的承运商能够访问亚马逊的即时市场货运，承运商的体验得到了显著改善。而 FBA 的设计目标不是为亚马逊最大化收益，而是优化对额外容量使用效率高的客户的价值。通过结合先进的预测技术、复杂的优化模型和创新的市场机制，亚马逊不断推动其物流网络的效率和灵活性达到新的高度。这不仅展示了跨学科融合的力量，更重要的是凸显了数据驱动决策的重要性。通过深度分析数据，企业能更好地预测市场趋势、优化运营流程，并提供更加优质的服务体验。

　　其次，供应链履约不再只是传统意义上的被动执行过程，数智化供应链已经与商品管理、市场营销及渠道管理进行融合。在数智时代，"人、货、场"这三大独立要素必然要整合为一体，订单也不再是被动接受的过程，更多的是与客户互动及主动服务的结果，这不仅将为企业供应链效率带来极大的提升，同时也将大幅影响客户的体验。数智化进程不仅体现在 C 端与客户的互动上，B 端也有同样的趋势，缺乏数智化履约服务的企业将成为未来竞争中的短板。

　　最后，逆向供应链管理是企业供应链管理中不可或缺的一环，售后服务更是其中的重要组成部分。只有通过数智化技术赋能，才能实现售后服务的高效、智能、个性化，从而实现企业的可持续发展。

第 2 章

数智化稳准质量：构建数智质量生态，不再守株待兔

> 取法乎上，仅得其中；取法乎中，仅得其下。
>
> ——《易经》

▊ 2.1　数智化质量管理

"质量是企业的生命"，这句话可谓是字字珠玑，然而，在传统的供应链管理中，质量管理往往被忽略了。尽管履约交付所需的是保质保量的产品和服务，但这种管理不仅涉及企业自身，还牵扯企业上游的供应商，因此，在许多大型企业中，供应商质量管理这个职能便应运而生。有趣的是，有些企业将其归为采购部门，有些则归为质量部门，其实都不为过，这取决于它在不同组织、不同时期的价值。在笔者所在的全球价值采购团队中，供应商质量管理便扮演着重要的角色，它是对寻源和供应商问题解决的重要赋能者，而且这方面的人才非常稀缺且紧俏，特别是在全球化、区域化的过程中，供应商质量管理的价值愈发凸显。

在数智时代，质量数据贯穿了产品的全生命周期，成为供应链上下游数字交付的重要载体。因此，介绍供应商质量管理，不仅要从质量管理开始，还要考虑数智化的影响。随着数智化的发展，质量数据成为企业管理的重要组成部分，而供应商质量管理也必须与时俱进，不断探索和创新，只有这样，

才能确保产品和服务的质量以及客户的满意度。

本章旨在探讨供应商质量管理在数智时代的变革和创新。无论在哪个部门，供应商质量管理都应该扮演关键角色，它不仅能够帮助企业提高生产效率，还能够增强企业的竞争力，因此，在未来，企业必须不断加强对供应商质量管理的重视，才能在激烈的市场竞争中立于不败之地。

2.1.1　质量管理的发展

春秋战国时期，《物勒工名》的记载可谓是工匠们为了追责而留下的一种印迹，在那个时代，产品质量控制还显得相对"浅薄"；德国的学徒制更是代表了那个时期手工业阶段的"手艺人经验至上"。不过，随着泰勒制的出现，质量科学化管理的先声隆隆，科学计量也开始占据劳动力管理的重要位置。

20 世纪前半叶，世界笼罩在两次大战的阴影下，为了保证军需物资的可靠性，美国军方开始推广统计质量控制技术，在这个过程中，出现了许多代表性的人物和方法，如休哈特的统计过程控制（statistical process control，SPC）理论、道奇和罗明的统计抽样检验方法，以及美国贝尔电话公司的应用统计质量控制技术等。数学统计的方法不断被工程师们应用于制造过程中的缺陷捕捉。休哈特的 PDS（计划、执行、检查）在 1950 年被戴明博士挖掘并加以演化，成了 PDCA 循环（计划、执行、检查、处理），该环循环无止境，如螺旋般上升，揭示了持续改善的真谛。

在质量领域，"得标准者得天下"早已广为人知。1958 年，美军正式提出了"质量保证"的概念，并在之后，北约以 MIL-Q-9858A 等质量管理标准为蓝本制定了 AQAP 系列标准，首次引入了设计质量控制的要求。此外，戴明、朱兰、费根堡姆的全面质量管理理论也逐渐被日本普遍接受，并为日本企业的全面质量控制（total quality control，TQC）贡献力量，这一方法在二十世纪七十年代极大地推动了日本经济的发展，也为全面质量管理的理论在世界范围内的推广起到了重要作用。1979 年，英国将军方使用的质量管理方法开始在市场环境中得到推广，包括中国、美国、欧洲诸国在内的许多国家也设立了国家质量管理奖，以激励企业通过质量管理提高生产力和竞争力。全面质量管理作为一种战略管理模式，被引入各行各业。

质量管理从互换性、一致性的探索开始，到后来插上了统计学的翅膀，形成一门自由翱翔的质量科学。统计科学与制造工程的结合，让质量缺陷暴露在数学精确计算的世界之中。

1987 年，ISO 9000 系列国际质量管理标准问世，质量管理终于步入了今日大家所熟悉的质量标准体系时代。各行各业要生产符合自己市场、行业和不同国家标准的产品，对标准条款和细节的掌握对于专业质量人而言，可以说是干活的金刚钻。

1994 年，新的 ISO 9000 标准更加完善，为世界绝大多数国家所采用。ISO 9001 对质量的定义是："一组固有特性满足要求的程度。"从定义可见，质量具有三个要素：固有特性、要求、该特性满足该要求的程度，忽视其中任何一个，质量好坏就不好确定了。以下是笔者对"质量"定义的理解。

（1）"固有特性"是指某特定事物内在的，不是外加的特性，它是具体、特定事物"质量"中"质"的表征，也叫性质。从质的方面来区别于其他事物，所以叫"特"性，特性都可以用某种指标来表述和测量，它可以是定性的，也可以是定量的，有物理的（机、电、化学、生物）、感官的（味、嗅、触、视、听）、行为的（礼貌、诚实、正直）、时间的（准时性、可靠性、可用性）、人体工效的（生理特性或有关人身安全）、功能的（飞行速度）等，不同的固有特性对于不同的产品和服务有着不同的重要性。

（2）"要求"是明示的、通常隐含的或必须履行的需求与期望，针对产品，可以分顾客的使用要求和组织自己根据客户要求转化的各种规定。如果转化正确，这些要求也就成了内部的顾客要求。正是因为我们所提供的产品或服务具有这些符合规定要求的特性才能满足顾客的使用要求，因此，也只能由顾客确定他们的要求是否都得到满足。

（3）"满足的程度"。它是具体、特定事物"质量"中"量"的确定。同样的产品，虽具有同样的特性，但由于顾客要求不同，满足程度也就不同，得出质量好坏的结论就有区别，这就是我们常说"质量是由顾客说了算"。

质量标准体系是构建质量生态的基础

很多时候，我们提到工业品的质量，就会想到德国，联想到汽车行业的VDA6.3，这个标准在产业链上起到了核心的引领作用，各个企业也以此为基础形成了一种生态式的质量管理模式。时至今日，各种质量标准经过数轮改版升级，质量管理的理论和方法也在不断丰富，这种模式在各个行业都得到了扩展和应用。比如，汽车行业的 IATF 16949、航空业的 AS 9100、食品行业的 HACCP、医疗行业的 ISO 13485，信息技术的 ISO 20000 等，还有外延的各种管理体系，比如环境的 ISO 14001、职业健康安全 ISO 45001、信息安全的 ISO 27001、社会责任 SA 8000 等。近一个半世纪以来，质量从单一的检验阶段，经历了统计控制阶段、全面管理阶段，最终到达数智质量阶段。人们通过实践不断探索和突破，让质量管理模式得到了极大拓展和发展。

2.1.2　质量管理工作的内容和挑战

质量管理（quality management，QM），标准定义是"在质量方面指挥和控制组织的协调的活动"。质量具有典型的两面性，既有工程科学综合性的实践特征，又有管理者的艺术特性。质量管理者精益求精，见微知著，总想在问题发生前有效预防。

以下是众多企业对质量工程师的工作要求清单。

1. 处理生产质量问题

通过质量管理和追溯系统，找出导致生产质量频发的问题点，对工艺工位进行改进，或者利用自动化或人工智能视觉检测等方式提高产品质量。

2. 处理原材料质量问题

通过来料检测和供应商管理来加强原材料质量，避免生产过程中发现原材料质量问题而影响生产加工。对供应商来料检测通过系统化进行管理，明确检测频次及抽检规则等；通过大数据分析来优化和调整供应商来料检测的范围和频次，并对频发问题产品和供应商进行有效管理和改善。

3. 将质量追溯和返工系统与生产排产系统对接

当发生客户退货或返工等情况时，及时将特殊情况状态反映到生产计划系统中，以便灵活调整生产计划安排；同时对返工零件或更换零件进行标注和冻结，以免将其误发到其他客户而引起的麻烦。

4. 负责报废控制和质量成本改善

明确报废的清晰流程及规则，及时在生产执行系统中进行报废和返工操作，并将不良品粘贴红色标签或放在单独的报废区域，以确保报废和返工数量及时录入系统，提高库存的及时准确性，并避免不合格品再次使用的风险；通过对质量管理系统和生产追溯系统数据进行分析，找出报废频发的原因并进行及时有效的改善，以此提高生产效率。

这些都是质量工作者的岗位职能，也是每天都会在工作中需要着手处理的质量问题。不仅治标还要治本，质量工作者职能在于解决质量问题，让产品达到更高的水准，然而，在处理过程中，常常会遇到一些痛点，这些痛点像沙砾一样妨碍着我们前进。

- 源头数据质量不高。这也是导致很多质量问题的根源。虽然有着进料质量检查（incoming quality control，IQC）、制程质量检查（in-process quality control，IPQC）和成品质量检查（final quality control，FQC）等检查机制，但不同检查人员的记录并不能跨部门流通，这使得检查结果被固化在纸张上或者局限在单一部门内，这样数据的完整性和时效性就无法得到保证，而数据的不完整和错误更是导致了很多质量问题的发生，这也使得质量工作者在问题的调查和改进上面临巨大的难度。

- 数据广度。质量"断链"，上下游质量数据脱节，导致了数据的广度问题，质量的管理范围无法达到整个供应链的层面，从而影响整个生产过程的质量水平。

- 时间维度。时间就是金钱，每一分钟的延迟解决都是大量的质量成本，然而，很多企业往往是为了纠正而不断救火，预防能力不足，这也导致了质量问题的不断重复发生。

- 质量数据处理能力不足。传统工厂中，数据采集、汇集以及计算费时费力，导致质量管理工作本身的质量和效率都不高。品质部需要处理的数据量很大，品质部就算有三头六臂也依然无法完成惊人的测量工作量，只能通过抽样的数据进行问题分析，这使得质量工作者无法全面了解产品的情况，无法快速识别问题并及时采取措施。为了解决这个问题，我们需要借助算力和科技手段，提高质量数据处理能力，加速问题的处理和改进。

- 质量的范围逐步加大。在生产质量管理中，质量问题是设计、物料、工艺、加工能力等主要要素汇集之后的表现，要在整个供应链的层面管理产品质量，这也就要求我们必须跨越部门、跨越企业、跨越行业的范畴，进行更加全面、深入的质量管理。

2.1.3　数智化质量管理：制造的带剑护卫

质量体验：好质量不等于好产品

举国欢庆的春节，孔总带着小孩到超市购买牙刷，不料，这家全球品牌超市却缩减了一半的规模。小孩要求选一把既硬且软的牙刷，这使得可选的范围立即减少了一半。孔总建议选硬刷丝的牙刷，小孩却回答说，既硬且软的牙刷会有利于齿龈间的清洗。身为专业供应链出身的孔总，随即拿出手机，调查了一遍牙刷的供应链，结果发现，牙刷之乡江苏扬州杭集镇占据了国内80%的生产份额，然而，大多数牙刷的竞争都只停留在造型、颜色和成本等方面。而"贝医生"则从护理健康概念入手，抓住了现代口腔护理的关键——

齿龈间的清洗，该品牌重新定义了牙刷的体验，将刷丝设计成既硬且软的，让它既能深入齿龈，又能提供舒适的刷洗感受。长期以来，牙刷的理念一直是以刷白为主，而硬刷丝也成了根深蒂固的标配，但是，如果离开了体验质量的设计，就算质量再靠谱，也只能是矮子里拔将军，不能满足消费者的新需求。

这个道理不仅适用于消费品，还适用于其他领域。在数智化时代，众多工业品开始在各互联网平台销售，利用大数据分析客户体验非常重要，这有助于改善设计的质量。

几年前，笔者所在单位的一个国外领导来中国考察，有一天在一起聊天的时候，他发现我们消防产品的安装环境和他们想象的有些不同。于是，他回去后发起了一个项目，对市场客户进行了调研，然后专门针对中国市场，开发了一款成本更具竞争力的产品，以提升市场销售。最后，根据市场环境开发的新产品在国内销售得非常好。离开客户和市场的质量是"小质量"，只有与客户和市场相结合，才能达到真正的质量。在数智化时代，众多工业品开始在各互联网平台销售，利用大数据分析客户的体验非常重要，能够改善设计的质量，是"大质量"。以前的质量成本强调质量预防成本和售后成本，再多也就是质量总成本最低的概念，再好的设备也生产不出新的创意。倘若有了"大质量"概念，质量创新的金点子就会越来越多，质量管理对业务的价值也会随之增长。

此外，质量的显性化也是至关重要的，可谓"细节决定成败"。某一天清晨，张总在吃早饭时发现，家人准备了水煮鸡蛋，但碗里却留着一个没有"有机"标识的鸡蛋，其他的都被吃完了。或许这个留着的鸡蛋品质也不错，也是有机的，但就是这个细节让它留到了最后。同样，在工厂的质量环节中，我们经常会发现有一些工厂生产的产品看起来很不错，但却有一些毛刺没有处理好，或者包装不太好看，这样的问题虽然不是很大，但是客户可能会因此感到不舒服。当我们和工厂负责人沟通时，他们往往会说："等量大一点，我们再添置设备，再开模具……"但是客户真的会义无反顾地等到那一天吗？这不就是一种显性的客户体验吗？

关于质量的几个维度的理解。

P——质量管理是关于标准的管理。

- 与质量法规的符合度
- 设计导入
- 供应商评估和选择
- 质量管理计划
- 失效模式及后果分析（failure mode and effects analysis，FMEA）
- 质量标准的传递
- 变更管理
- 质量管理的颗粒度

D——质量管理是关于执行的管理。

- 质量培训 / 操作培训
- 生产、包装、运输
- 人员、工具、测量
- 质量记录管理

C——没有规矩，无以成方圆（what gets measured，gets done）。

- 七大质量工具
- 验证与验收
- 数据采集、传递和统计
- 制程能力工序能力指数（process capability index，CP/CPK）
- 目视化和预警

A——行动选择，标准化，抑或迭代。

质量管理正在从传统走向先进：不再守株待兔、不再"个体优秀而整体堪忧"。

长期以来，质量检验是企业对产品质量的最后一道把关口，这种事后介入质量的方式，无疑就是守株待兔。

但也不能不说这是百年来的无奈，而现在的数智化技术让现场的大量数据复活了，可以实时检测和决策。工厂现场机器微不足道的异常，数据分析就成了显影剂，完全可以实时捕捉缺陷的痕迹。

数智化质量管理成为当下越来越被大家津津乐道的话题。作为各产业特别是制造业转型升级的重要助推力，将是未来发展的必然方向。如果能利用新一代的数智化技术，来实现质量管理相关业务活动的在线协同和自动处理，那么从某种程度上来说，这就是质量管理的数智化。

得益于网络技术、传感器技术、大数据、人工智能的发展，让原本超大量数据实时采集、实时统计分析逐步成为现实。如果没有这些技术，我们依然只能围绕休哈特 SPC，抽样检验兜兜转转，完全跟不上时代的发展需要。

以消费电子安克推行的品质关键点（critical-to-quality，CTQ），即找到真正影响产品决策因素中的核心点，得到改善质量的关键点，将客户的问题转化为产品初步改良的质量标准。利用大数据，通过自己和竞品之间的优劣势分析，在普遍都有五星好评的过程中，进一步分析为何没有得到更多的好评，或者在差评中，分析原因。安克通过重要的客户之声——功能和使用感受，提升了客户的满意度。

六西格玛是多少质量人的追求，但是当我们在学习六西格玛的时候，会发现瓶颈和无法逾越的障碍，因为传统的六西格玛教材与案例，统统都是在讲抽样统计及分析，几乎没有提到大数据分析，要做到真正意义的六西格玛就必须配合大数据的应用。在质量领域有句名言：无法测量就无法管理，测量数据的量，或者换句话说测量的颗粒度决定了质量水平。

流程质量和产品质量

流程质量的关注对象是过程，产品质量的关注对象是结果。结果是过程决定的，只有好的过程质量，才可能有好的质量结果，因而实施质量控制的自动化和端到端的质量管理迫在眉睫。

以前都说质量是设计出来的，很多时候只是讲时机的把握和参数，而在数智化赋能质量管理之下，更多讲的是在研发阶段的数据流转，在虚拟世界的模拟，以及在过程中的质量可视化和质量决策的智能化。此外，还要及时分析出原因，减少问题再次发生，这就需要在生产过程中对生产设备的制造过程参数进行实时采集、及时处理，防患于未然，这也是数智化赋能质量管理的重要手段。

纵横捭阖，才能收放自如

数智化质量管理的高级技术形式是通过流程质量数据和产品质量数据的有效管理，形成以"关键质量特性"为中心的质量数据中台，从而实现基于质量数据中台的互联、智能、自主型数智化质量管理。以联想合肥工厂为例，他们一方面将车间绩效建立业务模型，另一方面为机器加装了大量的传感器，并完善了数据采集端口，部署了 500 个数据采集站，提供 750 个不同数据。每分钟，数据会更新一次，并送往数据中心；每五分钟，会自动进行一次分析，提供监测分析报告。这些分析数据，会自动推送到班组长的平板电脑中，各种异常，都记录在案，并且自动分析了可能的原因，可谓"一切尽在掌握"。

数据石油被挖掘出来的时候，一座车间就犹如变身成了实时车间。当数据每五分钟提供一次机器状态的"心电图"时，机器的世界瞬间全面开放，企业员工可以轻松掌握良率、节拍、单机设备表现等精细颗粒度的信息。例如，在西门子成都工厂的两个屏幕上，其中一个是质量看板，借助西门子的 MES 系统，可以实时显示，产品在生产过程中所经历的百余个信息采集点所收集的产品状态和质量问题，通过深入查询，也能查找出质量问题以及各个方面的质量统计信息。不只是大屏幕，还可以通过工厂内的多个操作台来查看和调取信息。而另一个屏幕则显示了制造和装配过程的仿真情况。

全链路的质量管理问题采集的主要考虑点如下。

- 设计验证；
- 供应商质量数据接口；
- 进料质量检查；
- 实验室检测数据；
- 制程质量检查；
- 出厂质量检查；
- 安装质量检查；
- 远程监控预警；
- 售后质量统计；
- 备件使用统计。

数智化质量管理可以提高产品的合格率，实现全流程质量管理。以流程行业为例，采用数智化质量管理系统，从配方、批次、物料、生产控制过程、检验参数实现单位产品的原始数据的链路记录，可以提高研发能力、产品开发效率和产品质量。

人工智能大显身手

以供应链物料过程检验的质量为例，华为现已开始应用人工智能（AI）技术，旨在提升物料检查效率，降低差错率。华为 AI 质检通过工业相机对每道工序严格把控质量，并在过程中道道检、道道拍照留案，在保障质量的同时降低产线工人的能力要求，做到工序防错。2022 年，东莞因一些不可控因素导致华为南方工厂许多二线员工和工程师需要上生产线工作，由于缺乏熟练度，经常犯错，但他们在 AI 机器视觉的帮助下，仍然能够保障产品出厂质量的良率。

数智化质量管理的典型场景

让我们通过以下几个场景了解数智技术如何发挥超能力。

场景 1：特殊工艺过程。对于焊接强度、铆接强度等指标的测量，采用破坏性抽样检测的方式进行，不仅造成产品报废损失，而且还可能导致缺陷产品流出工厂。

为了解决这个问题，工厂可以将工业机理模型与统计分析技术相结合，找到焊接强度、铆接强度等指标的表征因子，对其进行 100% 监控和测量，实现对最终结果的全检控制，并逐步降低破坏性抽检频次，减少报废损失。在过去，全检的成本很高，因此质检存在看连续七个点变化趋势的经验公式，但随着计算机视觉技术的发展，这种自动化检测系统已经开始让海康威视的产线和西门子的成都工厂受益匪浅。这种自动化检测系统通常包括自动检测系统、读码器或摄像模组、显示屏和报警装置等。

场景 2：模具成型工艺。某产品一次通过率较低，带来许多返工损失和二次浪费，如何对关键过程因素进行控制来提高一次通过率？

利用模拟仿真技术，建立物理实体对应的数字化模型，通过调整多个过程变量的输入组合，定量分析最终缺陷的产生情况，并从中找出最优的过程参数设定范围，有效降低质量缺陷率。目前仿真技术的应用已逐步扩展到多个工业领域，例如注塑行业的模流分析，譬如金属铸件行业的迈格码软件（Magmasoft），锻造行业的 adviser for metal forming process design expert，智能化金属成型模拟软件（AFDEX）等。有了这些仿真技术软件的加持，产品质量水平又得到了一个质的飞跃。

场景 3：非量化检测。产品外观质量缺陷（良莠不齐），始终是大家最头疼的问题，因为很难量化描述，而且与检验人员的主观判断有很大的关系。各企业尽管已经重金部署了机器视觉检测方案，但依然存在缺陷漏检的问题，同时还伴随过检率高的困扰，如何解决呢？

将传统机器视觉检测方法与基于深度学习技术的 AI 检测方案有机结合，

取长补短，对外观质量缺陷进行类人化的智能分析和判断，大幅提高检测准确度和精度，可有效消除缺陷产品流出的风险。

场景 4：客户投诉问题。关于产品相关问题的客户抱怨与投诉信息，一般需要很长一段时间才能反馈到后端工厂，如何能够更快速、更直接、更准确地收到客户反馈？

我们总是会把精力放在客户抱怨声音最响的地方，俗话说，会哭的孩子有奶喝。对于那些不怎么抱怨、默默无闻的客户，我们反而忽视了他们的感受，这样的客户往往更容易流失，他们走了，悄无声息，不带走一片云彩，不留下一句抱怨，也不会再见。而那些碰到一丁点问题就哭天闹地的客户，却始终牢牢地跟随着你。为了留存客户，保持复购，如何挖掘这部分的用户满意度，成了新的挑战。

笔者认为，可以利用网络爬虫及自然语言处理技术，自动抓取电商平台及 CRM 平台上的客户评论和反馈，自动分析、总结、提取其中的语义信息，并第一时间反馈给后端供应链使他们能够采取及时措施进行改善，从而提升客户满意度，这种方法不仅能够更快速、更直接、更准确地收集客户反馈，而且可以减少客户的抱怨声音，还能及时发现默不作声的客户的问题并解决。

场景 5：产品全生命周期建模技术的应用。现如今，数智化制造技术已经在汽车行业广泛应用，不断在完善生产工艺和提升产品质量，其中，建模技术成为一种重要手段，它通过计算机的支持对汽车的整个生产链条进行线上模拟，以及早发现和消除潜在的质量隐患，这样，可以在汽车还未投入生产之前，就消除隐患，能够显著降低成本，并最大限度地提高产品质量。具体而言，建模技术的应用步骤包括以下几个方面。

（1）做好数据的收集工作，收集汽车生产过程所涉及的所有数据。这些数据对于制造汽车配件以及完成总装生产都是至关重要的。

（2）通过计算机系统对这些数据进行整理，完成三维建模工作。通过建模技术的支持，我们可以更好地理解和掌握汽车生产的全过程。

（3）需要进一步的研究和分析，以消除潜在的质量隐患。三维数字模型能够模拟生产的全过程，发现生产环节的各种问题，从而为生产流程的完善提供支撑。

通过应用三维建模技术，汽车的实际设计和生产都能够得到优化，可以降低生产成本，清除质量隐患，生产效率也能够显著提高。

案例：全程可视的质量在线监控系统

以远东线缆为例，远东线缆通过基于互联网技术的质量在线监控系统，建设全员全过程质量诚信体系，以期解决电线电缆在生产过程中质量信息难以全程可视，难以获得客户信任的问题，这一问题实际上是流程性产品所共有的痛点之一，产品每经历一道工序，就有可能掩盖部分质量信息，使得客户很难放心使用这些产品。

针对这一问题，远东电缆在电力电缆和导线的生产工艺流程中，梳理出了包括拉丝、绞线、绝缘、护套和试验等在内的 10 个主要工序，通过生产线监测模块和出厂试验监测模块，从各个工序采集监控数据，并与 EBS（ERP 的一种）、MES 系统计划订单打通接口，实现了电缆生产全程质量监控和全过程质量信息追溯，这些工作可谓"事无巨细"。

从某种角度来讲，"机器比人更可靠，一致性更好"，只要设备程序不出错，产品就不会出错。通过数智化，远东电缆不仅实现了电缆生产数据的全程可视，还通过在线智能监控，减少了检查盲点，更好地引导员工依规作业，起到了提升产品质量、降低废品率、减少质量损失的作用；同时还将原来隐性的生产过程实现了显性化，具备了向客户展示不用到现场就可以通过视频或数据确认产品质量的能力，进一步提升了客户的质量信任。

此外，该系统还能促进工艺优化，提升过程控制精准性，实现厚度精准控制，可降低材料消耗 5%；通过实时在线监测与电缆工艺要求进行验证，结合人、机、料、法、环、测多个因素进行对比分析，打造最优现场工艺参数，实现知识管理沉淀。这些工作不仅要求远东电缆具备高超的技术能力，更需要在团队精神、创新意识等方面注重全员的质量诚信。

2.2 数智化质量管理在供应链的衍生

工业 4.0 的双重战略涵盖了供应商领先战略和市场领先战略，而供应商领先战略则从设备供应商的视角挖掘数智化的潜能。众所周知，很多企业实现卓越的质量管理并不是只关注自身，而是注重与供应商的协作，特别是对于整车厂、手机厂等消费电子领域的厂商来说更是如此。在现代经济中，质量风险前置的理念已经深入人心，企业致力于从起点、各个过程点来消除质量隐患。然而，在供应商方面还存在很多挑战，若前期质量规划不好，供应商可能会面临生产中断或者质量不达标的风险，这会对企业造成不可估量的损失。因此，在关注自身质量的同时，我们还需要聚焦重要合作伙伴的质量管理，重视供应商质量管理（supplier quality management，SQM）的重要性。

在 SQM 中，需要将质量管理融入整个供应链中，从而形成完整的质量管理生态圈，这意味着，我们需要对供应商进行认证审核，对供应商的生产能力、技术能力和质量管理体系进行评估，以便更好地了解供应商的实力和潜在风险。在审核通过之后，还需要建立完善的质量监控体系，包括质量标准制定、质量过程控制和质量数据分析等，通过实时监测来降低质量风险。同时，我们要与供应商保持密切的沟通和协作，通过共享信息、技术和经验，实现共赢和共同发展。

在实践中，SQM 可以帮助企业提高质量标准，减少缺陷率和废品率，降低成本和风险，并提升客户满意度和品牌价值。因此，对于企业来说，SQM已经成为实现可持续发展和获得竞争优势的重要手段之一。

2.2.1 企业实践视角下的供应商质量管理

从履约的角度来看，供应商的质量是产品和服务交付的重要组成部分，是履行合同的基石。井井有条、有效的供应商质量管理可以让供应链无懈可击，让整个生产过程一帆风顺。因为质量问题导致的交付延迟和客户产品的质量问题，不仅会铸成大错，而且会让企业付出巨大的代价。

那么，什么是供应商质量管理呢？它是指通过一定的方法对全生命周期的供应商进行全方位的系统管理的行为集合。简言之，就是对供应商的前期开发、量产管理、战略合作或逐步淘汰等各个阶段进行审核和评估、合同与谈判、沟通与协调、绩效和改进、战略策划等方法的全方位管理。在供应商质量管理的实践中，风险也是必须要重视的方面，包括采购合同、物流交付、财务成本、质量管理、社会责任等各个方面。

从采购的角度来看，初期的采购可能是凭感觉选购物品。但从质量的角度来看，初期的质量可能无法得到保障。然而，在市场对质量管理和采购管理的需求不断提高的背景下，供应商质量管理的需求也越来越迫切，因此，有效的供应商质量管理不仅可以提高企业的采购效率，还可以保证产品质量，让企业的发展稳步上升。

SQM 存在的意义

供应商所提供的零部件质量直接决定企业产品"一荣俱荣、一损俱损"的质量和成本，不仅直接关系企业生产经营的利益，更重要的是影响顾客对企业的满意度和信任度，可谓"质量是生命，信誉是灵魂"。因此，加强对供应商的质量控制已成为企业质量管理创新的重要途径，也是维护供应链稳定的重要举措。而在互利共赢的合作原则下，企业要通过对供应商全流程、各环节的关注，不断查找产品质量不达标的主要原因，利用质量工具和数据技术，推进供应商持续改善，最终实现产品质量稳步提升的目标。

SQM 的管理对象是供应商。供应商的类型不同，管理风格就会有明显差异，这主要取决于产品类型差异、行业差异以及地域差异等。

产品类型。比如，对于电子材料的质量管理，企业更多地依赖设备系统的保障和工艺合理性。设备不到位，技术和质量就难以保障。此外，生产环境保障、设备参数和工艺保障、设计合理性等因素也都是需要关注的。电子材料质量相对稳定，不容易出问题，一出问题通常就是批量问题，零星问题则更多的可能是生产后续问题，如包装搬运不当、使用不当等原因。

机械结构类产品的管理中规中矩。机械结构类产品的管理是质量管理系统发展的基础类型，它相对有更多需要关注的控制点，这类产品也是众多跨国企业在中国进行本土化过程中首先开展的，首要进行本土化和质量保证。从材料和加工工艺来讲，机械结构类产品还能分很多风格各异的类型，比如自动化程度高的企业，更多地依赖设备和系统保障；自动化程度低的企业，人、机、料、法、环都很重要，但说到底还是对人的管理。

但在数智时代，加了"数"和"算"，企业更需要注重数据的采集和分析、算法的先进性，以此提高产品质量、生产效率和经济效益，满足市场需求。以前看数控机床（CNC）多不多，现在看数据有没有通，有没有用，因此，无论是电子材料还是机械结构类产品，都需要不断创新、不断提升质量管理水平，以迎接市场的变化和挑战。

成型件的模具管理、生产工艺管理非常重要，可谓是成败的关键。组装件的员工技能和过程管理更是至关重要，毕竟好的员工和管理可以大大提高生产效率和产品质量。化工产品散装材料的生产工艺、运输储存过程、生产安全也是不能忽视的重要环节。而针对不同类型的产品，如塑料件、金属件、重工业和轻纺产品等，需要采取不同的管理方法和策略。

贴牌供应商和代理商。拥有品牌和创新的企业，为了聚焦核心竞争力，代加工成了重要选项，其管理精力的投入着实不小。由于直接代产贴牌产品有时都不经过甲方直接进入市场，所以其本身要具备足够的质量管理能力，其自身以及其产品厂家的资质、合规、供应链安全都要有保障，各环节都要经得起不定期飞行检查（包括源头企业），要对甲方的质量和品牌效应负责。以消费电子头部的手机厂为例，代工厂的很多设备由链主提供，在数智时代，这些设备产生的数据正在被实时监控和处理，以有效控制最终产品的质量。除了以上比较典型的产品类型，材料类还可进一步细化，不同材料特性、生产加工工艺、产品特点、提供方式都会影响具体的管理方式，在五百强企业，都是有严格的体系审核和过程审核的，其程序文件和现场都由专业的供应商质量管理人员把关。

对于软件类产品，需要考虑在人员能力、设计工具、逻辑合理性、可靠性和效率、纠错水平，以及开发流程等方面介入管理。而对于服务类产品，需要考虑在人员能力、场地和设备条件、服务流程、服务内容、服务效率、安全和健康、投诉管理、客户或市场反馈等方面进行考核。所有这些方面都需要进行细致的管理和考虑，以确保产品和服务的高质量和良好口碑。

满载老经验的旧船票能否再登上那个前行的船？笔者以前去工厂参观，先看厕所是为了通过 5S 侧面看管理。现在，笔者去参观张江的元宇宙公司，也看厕所，看的是地上的文化创新，一个厕所让人记忆犹新。以前看整洁，现在看创意，看年轻人多不多，看看有没有"数据重地"的保密间……

产品类型与行业差异有着强相关性，因此，当管理方式落实到具体产品上时，能够更多地体现产品特点。但行业层面的差异则是气候型的，主要体现在行业体系标准、技术标准或法律法规要求。此处以汽车行业为例。汽车行业的质量管理是最具典型的模式，主要原因是汽车的普及性最大、市场范围最广、社会关注度也自然最高。掌握好"不落窠臼"的管理策略，对于不同的行业也有不一样的管理方法。

汽车制造有两大特性：一个是安全性要求，一个是寿命要求。其次，才是舒适性、美观性等要求。2002 年 3 月，国际汽车特别工作组和日本汽车制造商协会在 ISO/TC176 质量管理和质量保证技术委员会的支持下，以 ISO 9001:2000 版质量管理体系为基础，结合美国 QS-9000:1998、德国

VDA6.1:1999、法国 EAQF:1994 和意大利 AVSQ:1995 等质量体系要求，对原 ISO/TS 16949 第一版进行了技术修订，并于 2002 年 3 月 14 日颁布了 ISO / TS 16949:2002 质量管理体系要求（技术规范）第二版标准。如今，该体系已升级至 IATF 16949:2016 版本，未来还会不断迭代，为汽车行业不断提高质量管理水平保驾护航。

该标准是汽车供应链企业进入门槛的重要准则，可避免多重认证的烦琐程序。在汽车行业中，最具特色的质量管理手段是质量核心工具五大手册。目前，工业领域的供应链通常要求 ISO 9001：2015 质量体系要求，这一标准运用相对灵活，但在不同行业会有不同的行业标准。有些企业对供应商不仅要求具备质量体系，还要求其遵守社会责任和企业行为准则，实现可持续发展，越来越多的企业开始强制要求这一点。在医疗、食品、航天等领域，质量管理通常基于 ISO 9001 的基础，但也会有针对性地设定本行业的体系要求。总之，不同行业的质量管理标准并没有绝对的最高标准，只有最符合自身要求的标准，对供应商的质量管理也是一脉相承的。

2.2.2　供应商质量管理之发展

20 世纪后期，供应商质量管理最多还只是"瞪眼检验"，其只是由质量部下属的一个小组负责。这个阶段的质量保证（QA）更多的是通过在线检查的方式识别企业内部生产的质量问题。如果发现问题与来料有关，也会向 IQC 和采购人员反馈。IQC 要严加检查，采购人员负责退换货和索赔处理。质量控制还是要严重依赖检查的过程识别，所谓"质量是检查出来的"，然而，这种方法的弊端是冤假错案相对比较多，对于一般问题的根本原因没有太多人去关注。

随着价值量和成本压力的持续增大，这个弊端也越来越明显。于是在 2000 年前后供应商质量保证（supplier quality assurance，SQA）的形式逐渐出现于人们的视野。IQC 成为 SQA 一部分，SQA 还是 QA 的一个小组，这样除了来料检查之外，SQA 增强了对发现问题的分析能力，内与公司 QA，外与供应商的 QA 进行质量问题的分析、澄清、排除、挖根。同时 SQA 也将采购的沟通职能整合，还要处理如索赔、报废、退换等作业。

随着专业性要求的不断提高，SQA 逐渐被供应商质量工程师（SQE）所取代。除了执行 SQA 的任务之外，SQE 还需要具备制定规则或参与制定规则的能力，例如编制入厂检验指导书、样件封存和维护、参与生产检验指导书的编制、新零件认可、供应商审核和评估等工作。在这个阶段，管理层越来越认识到源头控制的重要性，例如供应商能力，也能对内部投诉的合理性进行怀疑和甄别，此时，大家都开始认同"质量是制造出来的"这个理念。许多公司为了强调采购责任制，把 SQE 纳入采购部门，让 SQE 与供应商开发和发展（SD）和战略采购（SP）等部门一起组成采购部门，而日常采购订单的职能则由独立出来的物流部门（LD/LOG）负责。

2005 年前后，随着供应商质量管理的日益丰富，各种形式应运而生。以笔者所在的德国公司为例，他们将 SQM 分为前期（SQM D）和后期（SQM M）。前期 SQM D 主要关注项目的早期介入，包括参与供应商战略规划、供应商开发和认可、供应商定点、领导供应商考察审核、新品导入等，同时还需要考虑研发、工艺特性要求、可行性、产品质量先期规划（APQP）及生产件批准程序（PPAP）认可等。后期（SQM M）则从 PPAP 认可开始，负责后期维护工作，包括投诉管理，供应商绩效管理，参与例行评估、持续改进以及过程和产品审核等。

在这个阶段，人们已经深刻认识到"质量是设计出来的"这个理念，并采用多功能小组的系统化作战方式进行工作，这种 SQM 发展模式相对成熟，后来的改变主要是为了适应不同组织架构的需要，或者是为了跟上信息化发展的步伐。类似的管理布局也在全球其他地区的企业中普遍存在。

从行业角度来看，汽车和航空工业一直是标准化和规范化改革的领头羊（军需物资除外），并对供应商制定了最低要求，而医疗、食品、工业和消费电子等领域则稍晚一些。从供应链的角度来看，下游消费端较早形成了机制，推动行业上游供应端进行改革。

2010 年以后，SQM D 被供应商项目阶段的质量管理（supplier project quality management，SPQM）所替代，这标志着供应商质量管理进入了一个更加前沿的时代。企业开始更多地注重项目和研发，为了拉近上下游的距离，供应商联合开发模式也变得更加紧密和早期化，这种理念对产品的竞争力、研发效率以及成本的降低等方面，都带来了质的飞跃。SQM M 则变回了 SQE 的名称，并归属于 SQMP（SQM Plant 工厂的 SQM），与总部供应商质量管理（SQM HQ）相对应。在跨国大公司中，这已成为常态。这种方式的好处在于利用集团优势，实现上下游的联动，实现跨区域资源的横向调配，使企业上下游之间可以规则统一，实现不同层级的垂直管理，节约成本，提高效率，形成集群优势，提升供应商的影响力和管理能力。

供应商质量管理是一门理论与实践相互融合的学科，需要具备交叉专业能力和职能要求。质量管理和采购管理是最关键的两大相关职能。从最初单纯的采购，到简单的入厂检验，再到预防式的质量保证，前期介入的演化过程不断发展，在方式上，从最初的察"颜"观色，到后来的生产控制，再到先期质量策划，这种发展从简到繁，从浅到深，从传统到现代，从手工控制到大数据处理，各种工具的迭代演进，让供应商质量管理更加精益求精，也让产品更加高效优质。

如图 2-1 所示，供应商质量管理活动和供应商的归类分级密切相关，而数智化技术的应用将进一步赋能智能决策和供应商的持续改善。而从管理者的角度来讲，要想成为一个合格的供应商质量管理者，并保持满足市场要求的能力，若不能及时更新自己的知识结构和能力体系，实时了解行业发展动态，快速适应日新月异的管理理念，将很快被没入时代洪流，遭行业淘汰。

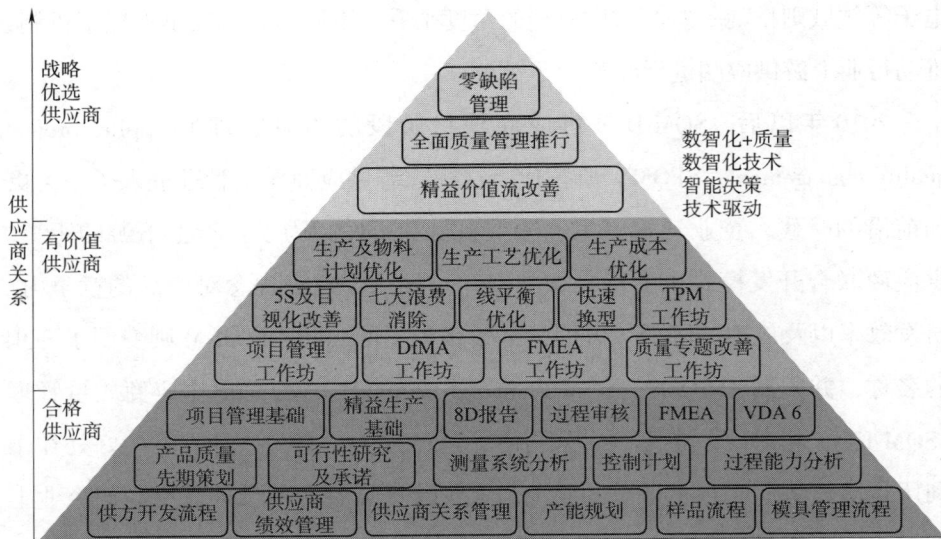

图 2-1 供应商质量管理

2.2.3 供应商质量管理之挑战与应对

当今供应链质量管理主要面临以下挑战和机遇。

- 信息化、虚拟化、数字化、智能化，如同一匹烈马破浪前行，迎来质量管理的新蓝海。随着计算机技术的飞速发展，计算机视觉、人工智能、大数据等工具也给质量管理注入了新动力。软件质量人员将因此备受青睐。
- 远程化。远程化其源于信息化和数字化的推动。
- 本地化与全球化。本地化与全球化在国际形势的影响下，成了质量管理中不可忽视的话题。贸易摩擦、技术壁垒、供应链布局、逆全球化、区域化、地缘政治冲突等因素，使得全球供应链的稳定性和可持续性面临更多的挑战。
- 汽车四化（电动化、智能化、网联化、共享化）的迅猛发展，使汽车行业不仅涌入了一批新造车实力和信息通信技术，也给汽车及零部件的设计和制造带来了更好的技术支撑，这对其他行业的质量管理模式也会产生重要的借鉴作用。

- 安全是质量管理的最高要求，随着电气化的不断推进，信息安全、网络安全等要素也将成为关键领域。此外，功能安全也将成为重要领域之一。
- 社会责任和企业行为准则已成为企业可持续性发展的重要方向。各大行业协会、政府、终端客户都对此越来越重视。企业的社会责任和行为准则也将对质量管理产生积极的影响。

如果要挑选一个最贴切的词汇来形容全球供应链管理的未来发展，那绝对非"变革"莫属！我们可以基于数智化发展这一关键维度，展望未来发展的近期、中期和长期，实现质量管理的跨越式发展。

现状及近期发展

在科技不发达的年代，老一代质量人最习惯使用的质量监控工具是"纸"与"笔"，他们用纸和笔记录下无数的质量事件与质量参数，过程是低效且艰辛的，然而，勤奋的质量人仍然坚持不懈地使用这些工具，不断地记录、检查和改进，最终实现了优质的产品制造。

随着科技的不断进步，以 Excel 和 Word 为代表的众多 MS Office（办公软件套装）工具得到了广泛的应用，质量人员开始将传统的纸质表单整理到电脑中，并利用这些工具绘制出柏拉图、控制图等质量分析报表，这些工具为质量人员提供了更高效、更精确的质量分析方法，使他们能够更快地找到质量问题，并及时采取措施进行改进。

然而，随着生产技术的不断发展和客户需求的日益严苛，善于事后记录分析的 Excel 工具已经不能完全满足现代化生产的质量管控需求。为了更好地管理和控制供应商质量，各专业软件公司进一步开发了各种专业性很强的综合应用工具，如企业软件公司（system applications and products，SAP）、金蝶、用友等信息流系统工具，以及诸如项目及研发管理软件、生产和质量管理系统、供应商管理系统、财务管理系统等针对性更强的专业管理软件，这些软件可以实现单元内数据的高效收集、抓取和运用能力，从而更好地控制供应商质量。

数智化技术可以为供应商质量管理带来很多优势，常用的数智化手段包括：供应商评估系统、供应链追踪系统、供应商质量数据库、质量报告系统和供应商问题解决系统，这些系统可以大大提高供应商的质量和可靠性，帮助企业更好地管理和控制供应商质量。下面是一些常用的数智化手段。

- 供应商评估系统。通过在线评估系统来评估供应商的质量，包括客户满意度评估、生产效率评估等。

- 供应链追踪系统。通过数智化追踪系统来监控供应链上的产品质量，提高产品质量的可靠性。

- 供应商质量数据库。建立数智化质量数据库，以方便收集和分析供应商的质量信息。

- 质量报告系统。建立数智化质量报告系统，以更有效地管理供应商质量信息。

- 供应商问题解决系统。通过数智化系统来管理供应商问题，并寻找解决方案。

这些数智化手段可以帮助企业更有效地管理供应商质量，降低风险，提高效率。以供应商开发源头为例，数智化供应链系统可以建立供应商管理门户，通过供应链平台轻松导入或邀请注册申请供应商入驻，维护企业信息，帮助企业制定严格的供应商入驻原则，自定义制定质量审核机制，从源头上斩断假冒伪劣零配件的流通，提前防范风险。供应商评估，或者称之为供应商审核，是供应商质量管理中非常重要的一个环节，因为这个过程的实施质量直接决定了未来供应商量产后的质量水平。传统的供应商质量管理（supplier quality management，SQM）全国跑的模式受到一些不可控因素的影响，使得工作开展遇到了很大的阻碍，基于此，国家适时推出了《认证机构远程审核指南》（T/CCAA 36—2022），这样的远程审核，同样可以用于供应商质量管理过程中。

远程审核可以让 SQM 利用互联网技术来实施文件评审、访谈和现场参观。

远程审核保持了现场审核的高标准，同时为企业提供了灵活性。远程审核的益处如下。

- 快速且灵活，审核日期可以灵活约定，不受交通差旅政策的影响，能够最大程度减少对供应商现场的干扰；
- 全球的参与，跨国公司的全球技术专家也可借助远程审核一起参与，这在传统模式下实施成本极高，利用互联网技术，一切变得更加轻松省事；
- 可持续性，随着人们对减碳的倡导，减少差旅可以减少碳足迹，为可持续发展增添一份贡献。

最近几年，越来越多的企业开始有意识地开发（或在原有系统工具的基础上拓展）具有跨系统整合功能的集成工具，这些集成工具如一支支利箭，穿透了不同系统之间的障碍，甚至打通了供应链上下游的不同环节，让信息在各系统之间畅通无阻。而这些集成工具不仅仅是数据的搬运工，它还会进行自动分析，可以快速直观地展现各种报表，并提供一定程度的决策建议和参考，让决策者得以更加明晰地判断当前局面，以作出最终决策。

质量管理模式在现代化生产之路上早已大步前行，而很多企业的质量工具却仍在数智化之路上步履维艰。高效数据采集、实时预警监控、多样化报表分析、完备的供应链管控……这些要素在质量管理者面前就像如画的美景，而传统质量工具却因天生的诸多短板而举步维艰，甚至直接拖住了质量管理模式前进的步伐。

只有借力于数智化的质量管理，才能真正从纠正走向预防，助力企业在时间维度上不断提升生产效率。质量数据不仅可以用来提高生产质量，还可以被研发部门用于改善产品性能，提高下一代产品的性能；动态实时的供应商质量能力，成为评估和选择供应商的重要参考依据；高质量的产品口碑，是市场和销售的利器。

数智化的供应链质量管理，向上游可以溯源到供应商本身的质量能力和产品的设计质量，向下游可以延伸到用户使用体验的数据收集，向上游可以细化质量数据的颗粒度和采集的时效性，这种全方位的质量管控，如守护神一般贯穿于企业的生产运营中，助力企业在激烈的市场竞争中获得更大的成功。

例如，在消费电子行业，联想打造了一套四维认证的体系，借此深度提升供应链的质量能力。围绕"智联质量生态"体系，联宝建立了供应链质量云，其功能之一便是为了更好地查找来自供应链链路上的质量缺陷，让问题的根源不再隐藏。例如，当出现电脑外壳喷漆脱落的问题时，要想查清质量缺陷的根本原因，往往需要借助多级供应商，费时费力，甚至因推诿而耗尽精力，制程质量缺陷很难追溯。而在供应链质量云上，联宝使用了数字化喷漆系统，实现三个等级供应商的层层监控。最上游的原漆供应商的数据被导入，二级供应商塑料件的调漆配比参数也得以监控，而一级供应商机构件所使用的批次，也建立了单一源的关联匹配。如此一来，当再次出现脱漆的问题时，四家企业都可以同步追查到相同信息，无须层层追查，使问题迅速得到解决，这正是质量成本 10 倍法则所描述的情形：供应商的品质问题在供应链中不断放大，每经过一个节点，处理成本就会扩大 10 倍，而在智联质量生态的支持下，供应商质量问题得以实现可视、可控、可追踪，使得联宝等企业能够更好地维护其供应链的质量稳定。

中期发展

随着 5G 技术的逐步普及，物联网的概念也愈加深入人心，工业 4.0 的模式也在广泛推广，这个高度自动化的时代，由于互联网云技术、大数据和人工智能融合在一起，逐渐形成了一个初步的框架，各种基于数智化的网络协同也初现端倪。为了应对供应链风险管理的挑战，现今已有众多先进的软件和系统可供使用。例如全天候灾害预警系统，能够在面对自然灾害时作出快速反应。而可适应性网络计划，则可以实时对各类供应链突发事件进行定义、监控和响应。盈飞无限公司（InfinityQS）的企业级质量管理中心，则能够帮助制造企业打破时间与地域限制，实现供应链质量管理随时随地进行，以将供应链质量风险降到最低。

目前，越来越多的公司，特别是电子物料供应商，已经在生产线各个节点布置了传感器和可视化探测头，以实现自动收集各过程的质量数据，这些数据会自动汇集到数据中心，供客户端和供应端质量人员进行数据合流。质量管理人员也能够通过手机终端随时获取质量信息，掌握整改进度，分发和收取任务。甚至在质量管理人员不进厂的情况下，通过远程处理大部分质量问题。

在基于数智化的网络协同方面，虚拟现实近年来也有了重大的进展。许多公司都在开发自己的虚拟现实眼镜，例如"奥克卢斯——里夫特"虚拟现实眼镜、HTC VIVE 虚拟现实头戴式显示器或 Google VR 眼镜等，这将推动增强虚拟现实的应用发展，可以将虚拟现实覆盖在所需要的环境中，让人在增强虚拟场景中走动时，能看到周围人、物、环境的各种参数和信息。

这里有必要介绍一下 XR、VR 和 MR 技术。

- 扩展现实（extended reality，XR）是一种将真实与虚拟相结合的计算机技术，可打造出可交互的虚拟环境，从而让人们身临其境，享受沉浸式体验，其中包括虚拟现实（virtual reality，VR）、增强现实（augmented reality，AR）。

- VR 技术可以将虚拟世界中不存在的物体通过计算机图形技术和可视化技术准确地放置在物理世界中，从而构建出沉浸式的环境，这一技术可以用于物流设计和工人培训等过程，能够形象逼真地展示场景。

- MR 技术则是 AR 技术的升级版，它在现实环境中引入虚拟场景信息，从而在现实世界、虚拟世界和用户之间搭起一个交互反馈的信息回路，形成虚实交织的混合世界。MR 技术可以用于智慧物流规划布局方案的评估等。

元宇宙在质量管理中的应用曾在过去启动过好几次，但败绩累累，一蹶不振，犹如晦暗的星星失去了光芒，但随着数字孪生技术的应用和推进，就会有足够的临界质量让它起飞。总的来说大多数来自虚拟现实的应用是积极的。在新版的多人手机云视频会议软件（Zoom）中，人们可以召开 3D 会议，而这对于需要大量现场工作的供应商质量管理的从业者们来讲，特别在其面临各种社会安全不确定的形势下，无疑具有极大的启发性和现实参考价值。

但以上案例不是整个市场形态的主流，所以笔者更倾向于将目前的他们描述成一些具有先进思想，走在时代前列的少数。而目前的总体表现还不够成熟，主要体现在以下方面。

（1）性能还不够高级，稳定性还不够可靠，不能满足更高的管理运用需求。

（2）各企业之间良莠不齐，所以分布范围还不够全面，阻碍了产业链数据的进一步整合。供应链管理不能是一个企业单打独斗，只有整个产业链上下游可以进行全面系统一体化提升，才能最大化升级带来的效果。

（3）基于颠覆性科技的运作模式正在酝酿当中，这限制了一些新思维的展现。所以总体而言，目前乃至今后一段时间的状态，还是一种从传统手工操作向自动化和数智化过渡的状态，但是，这确信无疑也是整个市场发展的方向，这个方向是积极而又值得让人期待的。这些科技发展带来的模式变革，若能在未来五至十年内趋于成熟，则能够让供应商质量管理受益良多。

长期展望

未来，社会的发展可谓一派繁荣昌盛之景，充满了无限可能，人们充满了期待和憧憬。预想未来，产品个性化、服务人性化、信息数据化、产线自动化、供应链一体化、管理智能化，应该成为其主要特征。

- 每个人可以定制自己需要的个性产品，人工智能会迅速完成设计，并通过多感官虚拟体验让客户进行直接确认。同时，人工智能将用于自动化常规任务，如数据分析和供应商评估，为更战略性的活动腾出时间。
- 系统根据所设计的个性化产品迅速完成对不同责任区的任务分配。
- 整个供应链通过云计算、物联网、人工智能等技术迅速联动，根据交期完成各自物料就近配给。
- 供应链各层级产线获取任务，通过 3D 打印技术或超柔性生产线按时按量生产所需产品。

- 整个生产过程工艺、设备参数、产品参数均有人工智能算法控制。

- 另有一套独立平行的质量控制设施、流程和算法对产品和过程进行全方位监控。

- 所有产品赋码，所有过程数据（生产工艺、质量状态）都按照规定记录储存，可追溯。广泛使用区块链技术：区块链技术将用于创建安全的、不可篡改的供应链记录，以确保产品和材料的质量。

- 供应链通过数智技术迅速联动，半成品自动汇集总装，成品检测、包装、交付。供应商质量管理将涉及供应商和客户之间更紧密的合作，以确保质量标准得到满足和维护。

- 更加关注可持续性和社会责任：供应商质量管理将越来越关注确保供应商遵守可持续性和社会责任标准。

为什么不提质量管理人员？答：很大程度上不再需要。

为何？答：

- 设计阶段，AI 会提供最佳方案，避免可能出现的潜在不合理问题；

- 生产工艺自动化，最大限度地确保了制程的稳定性；

- 质量监控的自动化高效地实现双重保障，避免了漏网之鱼；

- 高可靠性的数智化技术，能够准确安全地将产品交付给它的下家或终端客户，交付产品的同时，生产过程和质量数据在云端已经同步交付了；

- 即便发生客户抱怨的情况，也能迅速通过大数据追溯到交付时的状态（合理规避责任）或问题发生的准确过程（积极承担责任，概率极低）；

- 各种设计问题、材料问题、制程问题都消灭在萌芽状态，确保产品在设定的有效期内，规范使用状态下不会发生问题，实现了真正意义的零缺陷质量管理愿景，也实现了真正质量人的终极理想：我将无我，天下太平！

真的没有质量相关人员吗？答：有！

- 负责整个过程总体质量布局和策划的高级质量管理工程师。
- 软件程序、系统算法、质量设备测调工程师。
- 必须人工参与的质量服务，包括软件处理和服务人员。一是解决复杂问题，二是体现人文关怀。

2.2.4　实战案例：某整车厂的数智化供应商质量管理

在过去，Y公司和众多车企一样，其供应商的质保工作更依赖于专家，质量验证程度受限于个人业务水平、经验，犹如盲人摸象，无法保证产品稳定性。

然而，随着数智化发展的浪潮越来越强劲，Y公司率先发起了质量管理的数智化转型，借助新技术、新思维和新方法，助力企业全面升级。他们引入年轻的团队，不断将最新的数字技术应用到质量保证工作中，借助数据判断好坏对错，从而获取更高的精准度。在过程质量管控方面，质保部与制造部联合打造智慧质量基地，打造全流程敏捷质量管理平台，实现过程质量的稳定控制。同时，他们还广泛应用智能检测等新技术手段，替代过去线下人工的装配控制和质量检查方式，节省大量人工成本，实现了产品质量的有效提升。在质量数智化方面，他们大力推进实施"用户导向的预防式质量管理体系"，开展生产过程全工位绿化，全过程数智化。

Y公司的供应商体系极其庞大，涵盖了超过800家生产材料一级供应商、超过20 000家二级供应商以及超过2 000家一般材料供应商。为了实现供应链高效运转，Y公司建立了"点（变革项目）、线（企业架构）、面（数据治理）"数智化转型体系，采购开展两项数智化转型重点工作，这些措施不仅有效提升了供应商质量，也为企业的长远发展打下了坚实的基础。具体来讲，其主要体现在以下两个方面。

（1）"10.0采购管理"。为了促进供应链的全面转型，需要组织、流程、IT

以及相关业务人员协同开展企业架构梳理与业务重构，识别核心价值场景，厘清并规划供应链业务、IT与数据关系，形成系统的变革规划，这样，才能够让采购管理系统在数智化发展的大势下，焕发更为出色的表现。

（2）"采购数智化转型项目"是Y公司为了提高生产效率和产品质量而开展的一项重要工程。生产材料采购数智化打造以零件BOM全生命周期管理为核心，以零件、供应商和模具为三条主线的智采家系统，而一般材料采购数智化平台则实现了对一般材料的产品深度管理和供应商全生命周期管理。Y公司还采用了"双芯战略"、供应链建储等举措，同时加强对全供应商链的管控及帮扶，使得整个采购体系链条更加牢固。

Y公司还带领供应商蓄势突破，运用数智化质量平台和自主开发等手段进行过程质量自动监控，开展供应商"三化"工作，不断提升供应商的产品检验能力和过程质量控制能力。比如供应商Z公司在链主的辅助下结合自身工艺特点，积极推进Y公司倡导的供应商工位绿化工作，对生产过程中的关键参数进行实时数智化监控，使得问题能够被及时发现，并将问题苗头消除在初始环节，从而保持产品的稳定性。

通过Y公司的"预防式质量管理系统"，供应商Z公司整体投入成本较行业平均水平降低80%，最终实现了重点产品参数和过程参数的自动化监控和预警功能，工位绿化率达到100%，产品一次合格率由98%提升到99.6%，同时生产线用工人数降低10%，这表明了Y公司在采购数智化转型方面的成功经验，同时也彰显了Y公司与其供应商之间良好的合作关系。

本章总结

当今供应链已呈现网络化趋势，越来越多的市场主体涌入其中，因此，企业需要借助数智化技术，打造平台式、网络化供应链，将信息流、资金流和物流紧密连接起来。在这个过程中，企业需要加速创新供应链模式，协调各利益主体，形成共享资源、创造价值、共同分配收益的生态系统。

　　将数智化融入生产经营的各个环节，对于企业实现生产透明、成本清晰、质量可控、质量改进的目标至关重要。为此，企业需要加强产品质量管理，综合运用智能感知与控制、边缘计算、数据可视化管理、大数据分析、物联网、数字仿真等技术，围绕全流程质量管控，打造互联网＋全面质量管理模式。

　　在这个模式下，实时数据和分析的更广泛使用是必不可少的。实时数据和分析将用于跟踪供应商表现，识别潜在问题。基于 ERP/EBS、ERP/CAPP、ERP/SRM、ERP/MES、ERP/TMS、ERP/CRM 等系统，企业可以通过从大数据库中采集数据，实现从客户需求、设计研发、原材采购管理配送、生产制造到产品交付全流程的数智化管理，将质量管理覆盖到每个环节，最大限度消除质量隐患，保障生产安全。

　　质量意识和质量文化也是企业家必不可少的修养和特征，唯有企业家的质量意识领先，质量才能有希望提高。在数智时代的供应商质量管理中，企业要有敏锐的嗅觉，深邃的洞察，才能先人一步抓住机遇。质量管理要从传统的抽样检验思维转换为大数据思维，借助仿真技术降低新项目开发中不断试错的成本，利用 AI 提升非量化测量的检测，让产品质量无死角。

　　从人到人（man to man）到机器到机器（machine to machine），再到数据到数据（data to data），质量管理的语言和沟通方式正在发生数智化的变革。质量数智化就是使质量管理过程都通过数智化手段来实现；数智质量化，指积累的数据反过来给质量带来新的价值。因此，供应商质量管理人需要利用数智化技术的应用帮助企业提升运行效率，构建数智质量生态，获得供应链的整体竞争力。

　　供应商质量管理人的能力总结为三个字就是"新能源"。新：掌握新技术；能：新技能；源：溯源，越早越好。供应商质量管理人需要利用数智化技术的应用帮助企业提升运行效率，构建数智质量生态，获得供应链的整体竞争力。只有从实际出发通过不断变革自觉保持自我提升，才能适应不断变化的市场和社会需求，才能让企业基业长青。

第3章

塑造供应链韧性："3P+D"模型化解风险，提高韧性

千磨万击还坚劲，任尔东西南北风。

——《竹石》郑燮

▪ 3.1 供应链风险管理

供应链管理牵涉管理与供应商、客户和其他利益相关者的关系，旨在解决潜在的中断，例如供应链风险和不确定性。风险一词的起源可追溯至渔民，他们渴望风平浪静，因为风是最大的不确定性，也代表着险。近年来，供应链从业者深刻认识到，全球供应链正在经历历史性的破坏性变革。在过去三十年中，高度整合的现代全球供应链系统曾运转顺畅，但目前的混乱局面是前所未有的。由于供应风险和贸易合规等问题的影响，企业面临很多挑战，这些风险就像体内的潜藏嘌呤，随时可能引爆。因此，加强供应链管理对企业而言尤为关键。

3.1.1 供应链风险复盘

几十年来，全球供应链的设计出发点一直是成本效益，而韧性却往往被忽视。二十世纪六十年代以来，集装箱海运日益流行，导致大多数货物的供

应链变得越来越漫长。随着跨洋和跨洲航运的低成本和可靠性，制造业逐渐向工资较低的地方迁移，形成了所谓的全球价值采购。然而，当涉及由原材料制成零部件、组合成子组件，最后组装成制成品的复杂流程时，货物需要在全球各地流转数次，智能手机和电脑就是一个例子。

这些产品特别依赖全球贸易的三个特点，如下所示。

- 原材料总是廉价和广泛可获得的；
- 航运成本一直只占所运输货物价值的一小部分；
- 航运通道将一直是可靠的。

尽管这些特点曾经被认为是理所当然的，但现在它们正在遭遇前所未有的挑战。

全球贸易预警机构报告显示，2016 年全球范围内新的贸易壁垒措施如补贴、关税、配额、许可要求和其他壁垒等是采取开放贸易措施的两倍。到 2018 年，新的贸易壁垒恶化为开放贸易政策的三倍，自由化步伐明显放缓。2019 年，这一比例更是增至四倍，并最终导致全球货物贸易额下降了 3%，这也是 2015 年以来的首次下降。

同时，航运成本不断上升，特别是离岸生产的成本。以上海出口集装箱运价指数为例，在 2020 年前运价指数不到 1 000，到 2021 年突破了 5 000，翻了近五倍。

最令人担忧的是航运可靠性的急剧下降。海洋情报网公布的 2021 年准班率分析显示，全球船期整体准班率从 2019 年的 78% 下降到 2020 年的 63.9%，到 2021 年的 35.8%。误点船舶的延迟天数也同样在增加，2016 年的延迟天数最低为 3.1 天，而 2021 年则达到了 6.8 天。

稳定产业链、供应链，成为一个高频词，成为各个国家一个重要的战略。2004 年，克里斯多夫（Christopher）和派克（Peck）教授定义供应链韧性为受到干扰后能够恢复到原状态或者更加理想状态的能力，简单而言，韧性就像那竹子，被大风刮过后还能恢复如初。我们把突发事件发生时，供应链能在极端（高压）状态下保持运行的能力叫作供应链韧性。

从牛鞭效应到涟漪效应，从 3A（agile 敏捷性、adaptable 适应性、aligned 协作性）到具备 FAA（flexibility 柔性、adaptability 适应性、agility 敏捷性）的韧性（resilience），这些无不说明供应链理论研究者们都在关注供应链的韧性。2014 年，美国密歇根州立大学的 Steven A·Melnyk（史蒂夫·梅尔内克）在其文章《了解供应链韧性》中把供应链韧性分解为"抵抗力"和"恢复力"两种子能力。实践中，已经有越来越多的人认识到供应链是企业的核心能力，甚至关系国家的经济安全，需要企业能够具备应对意外灾难的能力（供应链韧性）和满足客户多变的需求的能力（供应链柔性），"多、快、好、省"已经升级为"柔、韧、好、省"。疾风知劲草，当企业面临巨大冲击时，其供应链仍旧能够不掉链子，才能扛过危机，穿越周期。全球供应链重构后的明显趋势是供应链从效率优先模式转向了供应链安全模式，供应链从全球价值采购到全球多元化采购。如图 3-1 所示，从 2000 年开始，供应链风险可谓你方唱罢我登场，几乎无时无刻不在，但与此同时，宏观变化带来的对治方法也在增加，尤其是数智化带来的改变。

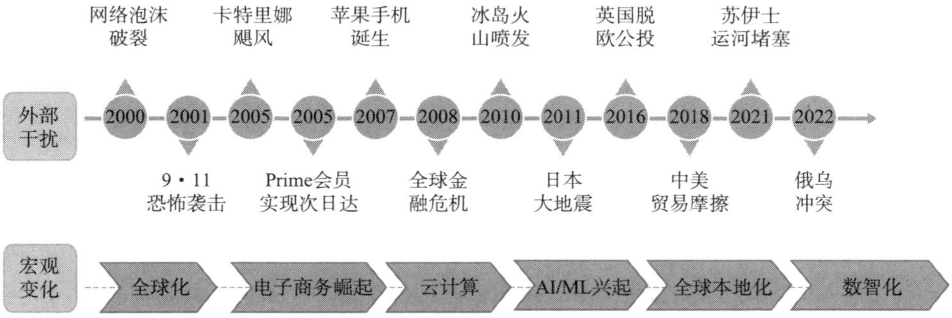

图 3-1　供应链风险复盘

3.1.2　供应链风险种类

供应链的风险源自采购、物流相关的不同领域，涉及供应端、需求端、生产端和物流运输过程。需求端的巨大波动不仅来自大家熟悉的"双

11""618"等节日促销,更多来自突发事件引发的消费需求激增。而在供应端,仅仅逢年过节备货已不足以应对意外事件对人力、产能和材料的影响。

除了物料流动相关的风险,金融和信息流也会产生风险。例如,网络攻击和金融危机可能会导致供应链中断。此外,供应链还面临宏观环境的影响,例如气候变化导致的关键资源短缺,环保要求对废物处理、生产设备和能源消耗等方面的要求等。供应链主要的风险,如图 3-2 所示。

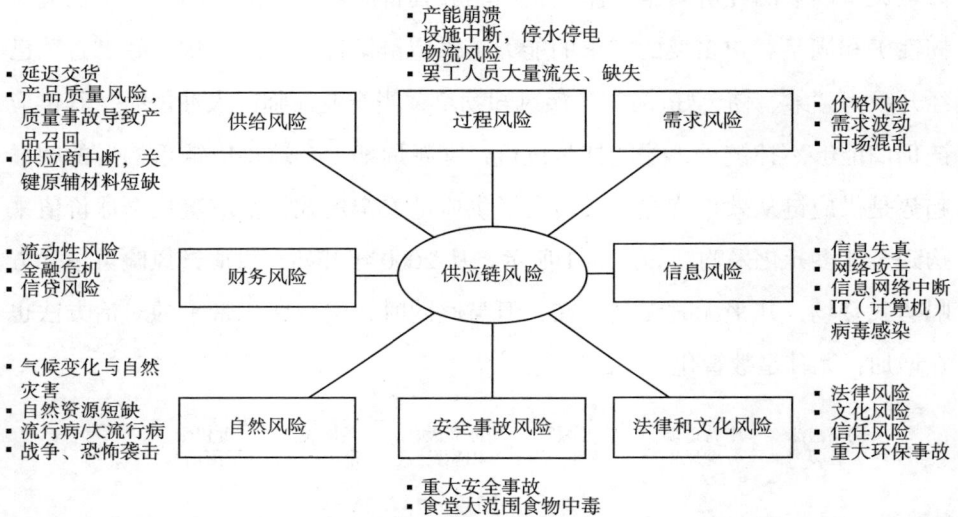

图 3-2　供应链风险种类

供应链风险往往是高度交织的,一种风险可能诱发另一种风险。在过去两年中,供应链遭受了前所未有的一系列破坏。据供应链监测机构 Resilinc 调查显示:2021 年的供应链中断比 2020 年增加了 88%,中断的因素包括个别工厂关闭、持续的航 / 海货运拥堵导致的交期延误、缺乏熟练的工人。当然,也包括已经席卷诸多行业的半导体缺货。Resilinc 在 2021 年向其跨国客户发出11 642 次潜在的供应链中断通知,这一比例较 2020 年增加了 88%。2021 年,该机构还统计出中断数量最多的按地区排名,前三名分别为北美、欧洲和亚洲,供应链中断次数分别是 5 417、2 838 和 2 128。

具体来看，导致 2021 年供应链中断的前六大原因分别是：工厂火灾、并购、业务销售、工厂生产中断、领导层过渡和行业自身供应短缺。

技术革新带来的风险日益突出

2020 年 9 月，保定乐凯新材料股份有限公司发布了一份公告，宣布该公司股票发生较大风险警示。这份公告指出，该公司最主要的产品热敏磁票销售收入占比高达 70.59%，然而，在 2020 年 6 月，国铁集团及其下属企业突然停止采购该公司的热敏磁票产品，导致该公司的"热敏磁票生产线"长时间处于停产状态，预计至少三个月无法恢复生产；更糟糕的是，随着客票电子化的推进，国铁集团及其下属企业有可能永久停止采购该公司的热敏磁票产品，这对该公司的营业收入、现金流和经营性利润产生了严重的不利影响。因此，该公司可能将持续亏损，持续经营能力存在重大不确定性。

随着新兴技术的涌现，类似这种技术变革所带来的颠覆性影响只会越来越多。企业如果无法持续创新，就有可能被技术上的革新所淘汰。未来，企业甚至可能无法确定自己的竞争对手是谁，因为新兴技术的出现让市场的竞争变得更加激烈，因此，企业必须密切关注市场变化和新技术的发展，才能在激烈的市场竞争中立于不败之地。

供应链网络风险依然很大

供应链是现代商业运作中的重要一环，可以借助现代技术开展业务和简化运营，但是，管理供应链风险是一项艰巨、耗时且昂贵的工作，对于那些未能妥善管理供应链风险的组织来说，他们更容易成为网络攻击的目标，从而造成严重中断。

法国航运巨头 CMA-CGM 法国达飞海运集团遭到了勒索软件攻击，这种情况仿佛是常态。就在过去几年中，全球四大航运公司都曾遭到网络攻击，马士基在 2017 年被佩蒂亚（NotPetya）勒索软件劫持了数周。2020 年 4 月，地中海航运公司遭到了一种未命名的恶意软件的攻击，导致数据中心瘫痪数天。中远海运在 2018 年 7 月也曾被勒索软件攻击，网络被关闭了数周。

CMA-CGM 的中国分公司在上海、深圳和广州遭到勒索软件的攻击后，甚至不得不临时关闭全球海运集装箱预订系统，可谓损失不菲。

知识产权，全球化的达摩克利斯之剑

根据商务部的一项调查，我国每年约有 70% 的出口企业遭遇到国外技术性贸易壁垒的限制，而其中大多数壁垒都涉及知识产权，可见，知识产权保护已经成为中国企业全球化进程中的"达摩克利斯之剑"。

近年来，随着知识产权在国际竞争中的作用越来越受到重视，越来越多的国家已经制定并实施了知识产权战略。2019 年 6 月 19 日，国家知识产权局网站发布了《2019 年深入实施国家知识产权战略加快建设知识产权强国推进计划》印发的通知，明确推进国家知识产权战略实施的五大重点任务和 106 项具体措施。

随着我国向知识产权强国的加速迈进，知识产权保护必将成为企业合规运营的重要组成部分。在供应链领域，企业必须时刻警惕知识产权侵权行为，并做好保护工作，以避免自身被侵犯。供应链管理中的"守门员"作用将变得越来越重要。

3.1.3 数智化供应链风险管理成熟度

企业在供应链管理或规划建设中，要考虑风险管理的重要性。古人说："生于忧患，死于安乐。"供应链风险的成熟度，如图 3-3 所示，从风险基础、可视度、可预测性、韧性逐步进阶，最终达到可持续性，越往左侧，相对的风险越大。由于供应链由多个伙伴企业组成，链条越长，流程越复杂，风险管理的难度也就越大。企业可以从领导力、敏捷度、需求管理、物流、产销协同、柔性制造、采购、风险计划、集成供应链、优秀实践等方面进行风险能力评估。

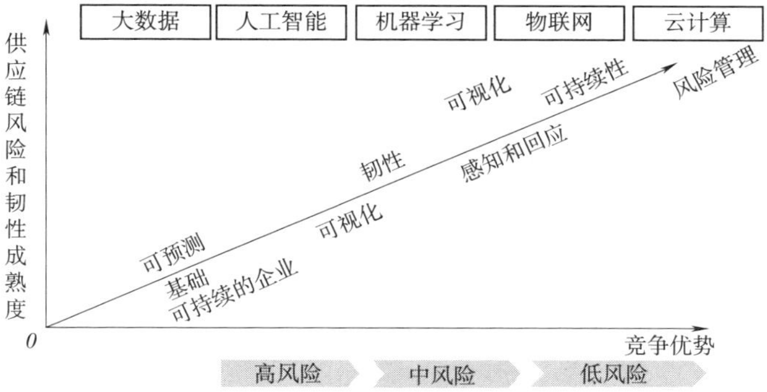

图 3-3   数智化供应链风险管理成熟度

从数智技术角度来看,大数据分析有助于实现供应链可视化,工业 4.0 提高了供应韧性,增材制造则降低了供应链结构的复杂度。

供应链风险管理的核心在于管理、监督和控制供应链伙伴关系。从上游供应商的供应商到下游最终客户,每个节点的风险都应逐一列出,整理成一张风险清单,有了清单,就可以讨论如何进行风险管理。

风险管理是一种管理不确定性结果的方法。与技术系统不同,一个供应链风险管理的特点是人们并不追求 100% 的结果保证,而是接受存在一定的可控风险。客观风险是通过定量科学手段确定的,而感知风险包括管理者的观念。这两种风险之间存在矛盾。实际上,供应链管理活动中,在应用数智技术之前,95% 的值作为一个供应链的定位是基于经验建议的。不同的管理者对风险的感知程度不同,同一位经理由于环境的变化,对风险的感知也可能会发生变化,因此,建立供应链模型时,不应争取一个唯一的最优解,而是允许形成多个具有不同程度潜在经济效益和风险的替代解决方案。

3.2   构建完整的韧性供应链体系

达尔文曾说过,适者生存。这句话同样适用于现代供应链管理。在中美贸易冲突和极端天气来袭之前,全球供应链一度处于稳定状态。产品按预期上市时间推出，生产过程有序进行，国际物流畅通无阻，末端配送也运转良好。消费者下单后，厂商可在高水平服务下满足全球消费者需求。

但是在 2020 年，突发事件暴露了全球供应链的脆弱性，严重阻碍了全球经济的发展。从最初的"芯片荒"到多个国家因供应链问题出现消费品短缺，供应链危机在生产和消费领域全面蔓延。汽车工业作为一个"风暴中心"，其全球供应链的脆弱性暴露无遗。

3.2.1 构建供应链韧性之必要性

韧性供应链体系建设，是每一个全球化企业的必修课。每一个企业，都需要重新思考在未来如何从短期、中期、长期建立一套新的供应链体系来应对不确定性。

过去数年，各个产业、各大公司主要采取的是"成本导向"的供应链策略，慢慢形成了庞大的离岸生产体系及相对单一的采购体系，同时对"准时交付制"愈发依赖，这大大增加了全球供应链的脆弱性，令其缺乏灵活性，更易受到地缘政治、气候变化等复杂因素的冲击。

上至国家层面，下至企业越发重视供应链韧性

中共中央政治局 2021 年 7 月 30 日召开会议指出，"要强化科技创新和产业链供应链韧性，加强基础研究，推动应用研究，开展补链强链专项行动，加快解决'卡脖子'难题，发展专精特新中小企业。"

从准时生产（Just In Time，JIT）到以防万一（Just in Case，JIC）

当供应链中断频发甚至成为常态，旧有模式的三个特点将无法支撑成本导向的全球供应链模式。以丰田为例，其全球供应链模式一直遵循"效率"指引，丰田以首创"准时生产"（JIT）概念而闻名，即供应商在需要零部件的几天甚至几小时前进行交付，并在很长一段时间内成为精益供应链的标杆，精益供应链模式也成为全球供应链竞相效仿的模式。但在 2011 年，一场大地震和海啸袭击日本，给丰田 JIT 的负面影响上了一堂速成课。日本汽车制造商的主要供应商停产数月，仅丰田一家就导致全球延迟交付约 76 万辆，公司花了 6 个月的时间才使产量恢复到正常水平。在此之后，丰田优化了执行几十年的效率供应链模式，对整个供应链进行了风险评估并发现超过 1 200 个零部件或材料的供应链可能受到影响，丰田为此拟定了一份优先库存物品清单。持有库存不再被视为精益生产的失败，而是为不确定性做准备的一种方式，为不可预见的中断做提前计划。"台上一分钟，台下十年功"，丰田在受地震影响过后持续对各种风险进行模拟，不断优化流程和风险体系，修补漏洞。

当全球车企在为芯片危机焦头烂额时，丰田有一个关键部件四个月库存计划，这个混合系统结合了 JIT 和库存计划。在这场危机中，丰田的库存管理系统不仅令人叹为观止，更是让人刮目相看。这个庞大的系统对丰田供应商、供应商的供应商以及二级供应商的库存情况一清二楚，发挥了新模式供应链的巨大价值。当福特等汽车公司因芯片短缺全球减产 40% 以上时，丰田的表现比同行出色很多。

传统的唯效率至上的精益供应链缺乏韧性，无法应对不确定性。在如今的商业环境中，企业必须重新定义"效率"，兼顾效率和韧性，以避免供应链中断事件的发生，只有做到韧性才能确保企业的可持续发展。要韧性不要"任性"，是许多企业的期盼。

在实现供应链韧性的过程中，数智技术发挥着越来越重要的作用，这不仅因为数智技术增强了供应链的可视化，还因为描述型和预见性的数字分析能够更好地预测供应链运营状况，及时有效地采取各种措施以应对可能产生的风险。数智技术已经成为企业实现供应链韧性的关键支撑。

供应链韧性战略

冰冻三尺，非一日之寒。风险与突发事件常常会突如其来。然而，聪明的企业可以主动防御，从危机中寻找机遇，将危险转化为竞争优势。

在数智化技术的赋能下，多层次网状供应链引入风险平衡机制，以柔性工作流在多种运营模式之间灵活切换，实现高效、低成本与稳健并存的供应体系。而具备韧性的供应链不仅仅意味着企业能够有效应对风险，更意味着企业具备了从战略、运营、技术到组织多个层面的规划与布局，实现了供应链效率、强度和韧度的最佳组合。

在制定韧性战略方面，企业需要考虑多维度的因素，例如在华外企可以制定本土化的战略，成为本土具有竞争力的公司，从而形成区域级的上下游合作伙伴生态系统。至于中国本地企业，应该尝试跟着客户一起走出去，在东南亚乃至全球布局供应链。近三年来，不少国产化率高的企业顺利度过了危机，家乐氏公司便是其中之一。家乐氏公司从内部韧性、可预见性、数据分析以及合作伙伴等四个方面全面提升其供应链的抗风险能力，特别是强调内部韧性对于非常时期供应链维稳的重要性。

此外，站在企业经营的角度，企业若能提早形成多元化经营的意识，做好产品和市场的多元化，利用风险对冲或许能转危为安，不至在一棵树上吊死。因此，企业要在动荡的市场环境下需要具备创新意识，不断尝试新的市场和产品，以提升企业的抗风险能力。

3.2.2　提高供应链韧性的四个关键步骤

供应链管理，一方面要"掌握先机"，一方面要"应对挑战"。供应链中断在需求侧往往表现为"水涨船高"或"无水可用"，而在供应侧则表现为"短缺供应"或"生产设施中断"等问题。无论是内部供应链链条上的中断风险，还是外部环境如自然灾害等导致的中断，早期都有苗头可查。按照周期理论，企业越早越有能力感知中断，那么遭受的影响就会相对较小。例如，2020年，有一家生产传感器的公司根据其核心芯片供应商的潜在合并信息，结合市场供需与投产周期的判断，形成了敏锐的洞察，果断地启动了战略库存决策，把原本备货三个月的芯片备了整整两年。在"芯片荒"的时期，该企业成功避免了后续的缺货危机，同时其竞争对手由于缺芯片导致不能交付，最终该企业赢得了巨大的市场份额，销售额和利润连续两年实现了历史上从未有过的巨大幅度的增长，为下一步成功上市迈出了坚实的一步。

当供应链中断发生后，企业应该构建自身的风险能力，以增加其供应链的韧性。以密歇根州立大学的史蒂文·阿梅尔尼克 Steven A·Melnyk 的研究为例，他提出了韧性管理历经"避免——抑制——稳定化——恢复——回顾——避免"的闭环过程，企业在面对灾难或中断之后的恢复速度尤为重要。企业能够以多快的速度从灾难中恢复，这就是恢复时间。恢复时间越长，说明企业的恢复力就越低；反之，时间越短，恢复力就越高。因此，恢复能力与恢复时间和中断时间之间的差值成反比。韧性管理闭环过程如图 3-4 所示。

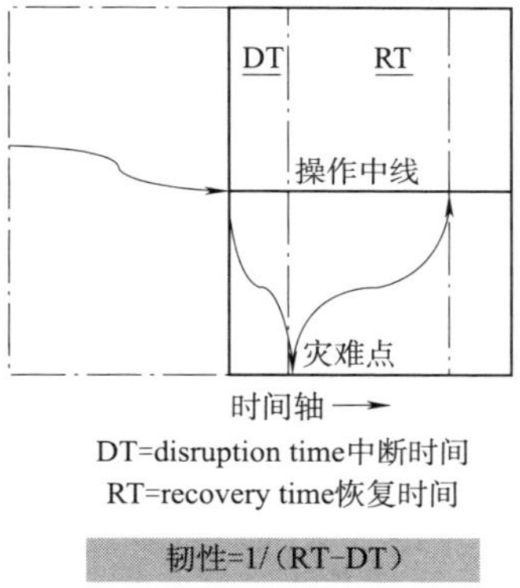
DT
RT
操作中线
灾难点
时间轴 ⟶
DT=disruption time中断时间
RT=recovery time恢复时间
韧性=1/（RT-DT）

图 3-4　韧性管理闭环过程

业务连续性管理的 6R 模型，展示了企业在经历一些关键中断事件的事前、事中和事后的处理过程。在事前的预防阶段，我们要开展风险的管理，尽量减少风险的可能性或影响，以免后悔莫及。

事中，也就是在重大的风险事件发生的时候，我们首先要开展应急响应，像是工厂着火了，在第一时间要开展现场的施救工作，尽可能地降低人员的伤亡。应急之后，就要开始考虑业务的恢复，恢复关键功能，重启业务运营，为业务的顺利恢复打下坚实的基础。当恢复预案执行完毕后，事件会逐渐稳定，进入重建和返回阶段，业务也会逐步回到正常状态。

企业的供应链风险管理，作为管理工具，也是供应链韧性建设的基础手段

当企业经营过程遇到了突发的、高风险断供事件时，企业是否能够快速地洞察风险、及时干预、果断处理并快速恢复正常经营秩序，将成为判定企业韧性的关键指标。在供应链风险管理中，提高供应链韧性的四个基本关键步骤，通常被概括为四个"关键 R"：风险识别（recognition）、风险量化（risk quantification）、风险响应（response）、风险缓解（risk mitigation），如图 3-5 所示。

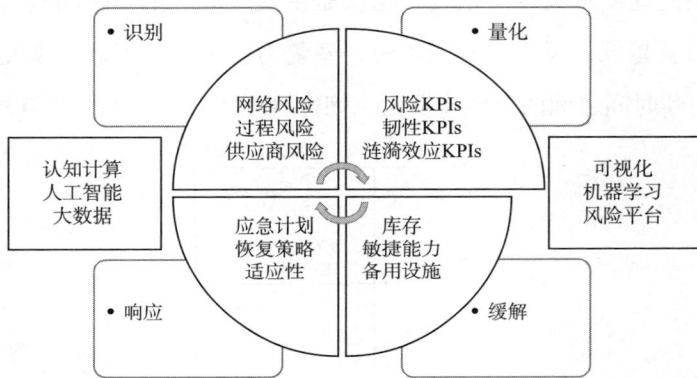

图 3-5　提高供应链韧性的步骤

1. 风险识别

"没有预见，没有预防，就会冻死，谁有棉衣，谁就能活下来。"这句话生动表达了风险管理的重要性。在企业供应链中，风险识别是最重要、最难的一环，它需要对供应链中可能出现的各种潜在风险进行归类分析，并加以认识和辨别。正确的风险识别是任何对风险评估、控制和管理的正确行动的基础。

要正确识别风险，我们需要了解风险的定义和相关因素。例如，对产品的安全风险进行评估时，主要考虑产品本身存在的潜在缺陷和产品接触人群的机会，其计算公式是：产品的安全风险 = 产品本身的缺陷 × 产品接触人群的机会。即使产品本身存在的潜在缺陷很微小，但如果产品在市场上销量巨大，产品本身很微小的缺陷也就被放大了，其风险依然值得引起注意。

在数智时代，提升供应链风险识别能力需要建立信息共享和信任关系。

通过与供应商战略合作，进行信息共享，企业可以减少库存和交付风险。优秀企业通过绘制供应链地图展现风险能见度，应用认知计算和人工智能等技术构建敏感性分析模型，从而更加准确地预测供应商对企业成本和风险的影响，帮助筛选优质的合作对象，并结合第三方数据源集成整个供应价值链，应用大数据分析和高级可视化仪表盘，实时监测、识别与控制供应商风险。例如，在财务、诉讼、舆情等方面，企业可以与天眼查、企查查等公司合作，实现实时在线监控预警；在地质灾害等方面，可以与 Resilinc 等公司合作，通过事件监视（Event Watch）工具进行实时监测，这些新闻事件会实时推送到手机终端。在经济下行时，供应链压力加大，但企业倒闭也不是没有任何征兆的，从交付表现、服务水平、催款频率等方面都有蛛丝马迹可循。笔者的下属曾经通过一个供应商的库房运作情形，顺利预警了风险，提早进行了模具转移，而友商没有及时反应，导致损失惨重。当然，透明的财务报表和监控也是最好的方式之一。

一些领先的企业，如思科系统公司（Cisco）、IBM 等利用数智化的工具绘制供应风险地图，提升能见度，从而更加主动地管理风险。

在采购合规与成本管理方面，借助强大的计算能力，同时利用预测分析技术，企业实时分类和管理系统支出数据，快速预测支出类别和结构，定位关键支出，提供成本节省和风险降低的可行性洞察。在某工业企业，通过采购仪表盘，企业实时了解与特定供应商的历史交易价格、各区域价格差异和竞争对手采购比例，实现成本预警。

供应链的复杂性导致协调管理成本上升，权变计划虽在一定程度上降低了复杂性的挑战，但其设计和制定难度依然存在。而先进的追踪与追溯系统能够实现实时的协调，有利于权变计划的制定、实施，工业 4.0 技术更能够解决供应链复杂沟通协调问题。

数智化技术赋能了供应链风险的可视化，风险的分布可视、地理位置可视、成本和合规可视，步步记录，使企业能够做到心中有谱；风险的影响路径可视、关联关系可视，缩短了定位时间，从而有助于主动预警。

2. 风险量化

运用定量分析法对特定风险发生的可能性和损失范围及程度进行估计与度量。

如图 3-6 所示，企业可依据风险分类，分别赋予相应权重，进行风险计算和评估；此外，借助第三方风险机构提供的评级分数也可作为参考。

图 3-6　风险量化

在数智时代，来自不同地域和供应商的风险信息的收集更加便利。通过建立风险雷达，企业可以将风险级别可视化，以便不同层级的风险触发不同级别的响应。例如，Resilinc 能根据突发事件对物料的影响给出提示，快速识别受影响的供应商并评估风险得分，估算可能遭受的财务损失及受影响的物料等。通过实现供应链网络的可视化，企业能揭示链条中最脆弱的环节。

3. 风险响应与风险缓解

临危不乱。面对不同的风险，企业需要采取相应的风险响应措施。针对突发风险，企业通常都会制定应急计划和恢复策略，以确保企业能够在短时间内恢复正常运营,此时,在供应链中增加战略库存、采取备用措施等,也是非常必要的应对方式。

制作一份供应链风险管理手册,可以让企业明确预防风险的措施和应急处理方法,并且明确责任分配,确保风险管理体系的有效性。在这个过程中,责任的分配是非常重要的一环,只有责任人落实到位并定期跟踪,风险才能够被有效控制。

现在,随着数智化技术的快速发展,越来越多的供应链风险平台开始出现,其原理如图 3-7 所示。例如,用友的风险管理平台不仅能够将突发事件以地图的形式进行展示,还能够生成风险事件的报表,并实现风险闭环管理,这种平台的出现让企业能够更加高效地管理风险,并且做到风险的可视化和闭环管理。

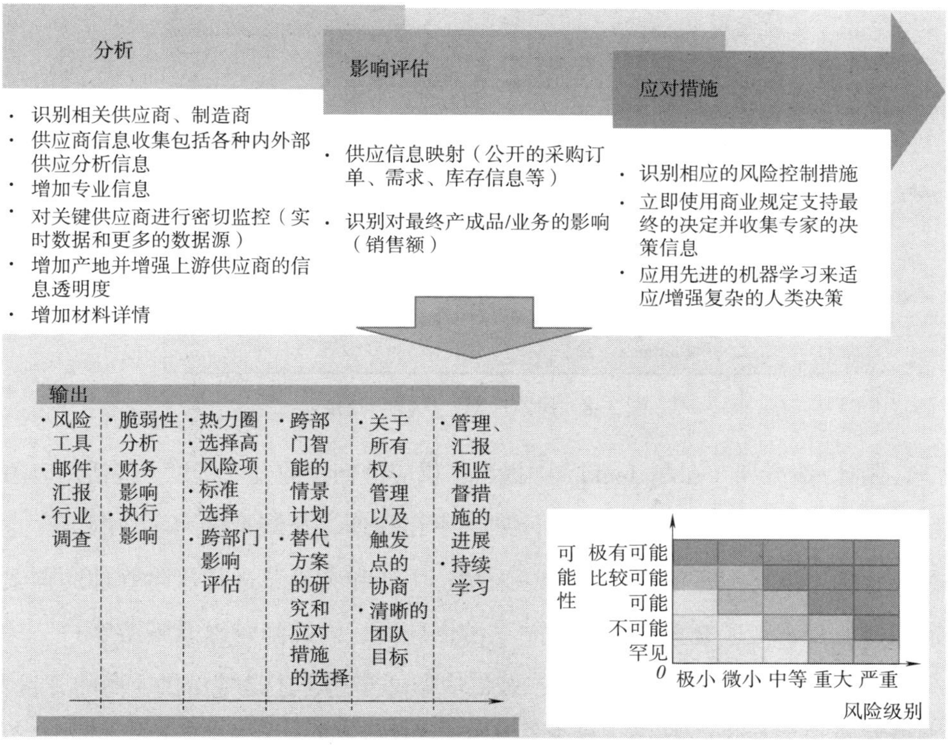

图 3-7　风险评估与应对

3.2.3　风险应对和韧性提升策略："3P+D 模型"

看透风险，是为了作出明智的决策和应对。在风险管理的过程中，企业应选择适当的工具并优化组合，以规避、转移或降低风险。不同的企业根据自身情况和风险偏好，可能采用不同的应对策略，例如接受风险、减缓风险或转移风险等。如图 3-8 所示，对于那些影响大但规避成本低的风险，应该优先进行处理。对于那些必须面对但处理成本高昂的风险，例如员工人身伤害和医疗等，可以通过购买保险来转移风险。

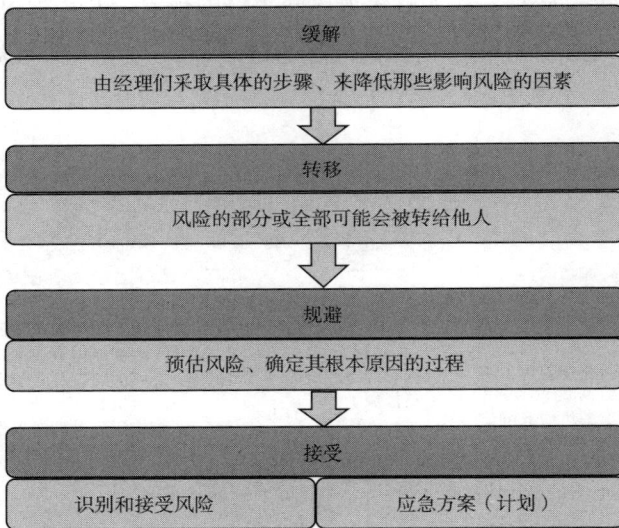

图 3-8　风险应对：从缓解到接受

阿比·詹金斯（Abby Jenkins）提出了供应链韧性的七个维度，包括供应关系、备用方案、需求规划、制造计划、库存管理、仓储策略和客户服务，这七个管理维度可以理解为围绕着"采购、生产和营销"进行风险管理的预案措施，但真正考验企业的是对于"上游供应商、内部经营以及下游客户"三个层面的管理能力水平。不管是二级供应商的穿透，还是备份供应商的开发，在没有数智化技术的时代，许多企业往往是头痛医头，脚痛医脚。过去，企业只能在风险方法论层面探讨解决方案，但是，如果将风险处置方法与供应链业务和数智化技术相结合，就可以得到新的供应链风险应对和韧性提升的策略。在企业实际供应链运营层面，可以从"3P+D"的角度来考虑，如图 3-9 所示。

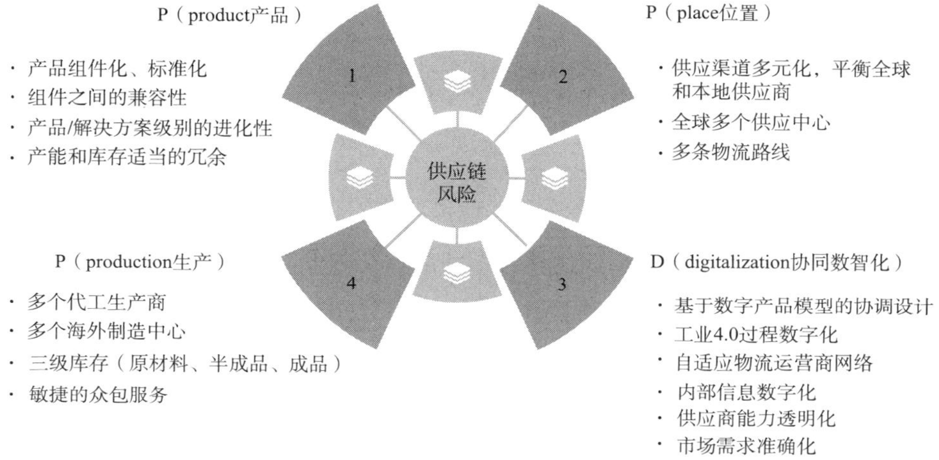

P（product 产品）
· 产品组件化、标准化
· 组件之间的兼容性
· 产品/解决方案级别的进化性
· 产能和库存适当的冗余

供应链
风险

P（place 位置）
· 供应渠道多元化，平衡全球和本地供应商
· 全球多个供应中心
· 多条物流路线

P（production 生产）
· 多个代工生产商
· 多个海外制造中心
· 三级库存（原材料、半成品、成品）
· 敏捷的众包服务

D（digitalization 协同数智化）
· 基于数字产品模型的协调设计
· 工业 4.0 过程数字化
· 自适应物流运营商网络
· 内部信息数字化
· 供应商能力透明化
· 市场需求准确化

图 3-9　3P+D 模型

P（产品）

产品组件化、标准化，是工业领域控制复杂性的关键。如同一架飞机有 300 万个零部件，而制造商需要控制 SKU 以便减少生产周期和缩短上市时间。多品种少批量是提升韧性的一个巨大障碍。相反，对于许多公司而言，提供成百上千种产品需要成千上万种零部件。即便是大批量生产也需要控制复杂性，一辆汽车大约有 1 万多个零部件，而领先的汽车厂年产量可以达到 100 万辆。

为了控制复杂性，笔者建议采用"二八原则"定期审核销售收入的 80% 来自哪些产品，以及利润的 80% 由哪些产品贡献；结合市场趋势和销售预测，确定需要确保哪些产品及其所需的零部件；在开发新产品的同时，每年减少 10%~20% 的冗余产品；即便是共用的装配的印制电路板（PCBA）也可以实施标准化以提高组件之间的兼容性；同时，改进产品的工艺流程也是非常重要的。

如果企业计划将制造基地从成本较高的长三角地区搬迁到成本更低的中西部地区或东南亚，可以借机全面审核现有的生产工艺、设备布局、人力资源和物流，发现现有流程中的不足提出并实施新的改进；另外，开发第二供应商也是一个机会，在发展业务或成本压力加大的情况下，可以了解新供应商的工艺流程并与他们讨论优化；冗余策略，例如库存和容量缓冲，也应该制定，以确保供应链的顺畅。

P（位置）

供应渠道多元化，平衡全球和本地供应商；区域化布局，平衡风险；近岸服务，靠近终端市场；运输伙伴：多式联运，多条物流路线。以中兴为例，为了构建多元化能力，开展全球化的资源布局，中兴致力于与全球优质的合作伙伴开展长期合作，其三大保税仓和五大生产基地，包括深圳、南京、西安、长沙等，通过多基地的布局实现生产资源的共享，产能相互备份。例如，如果一个工厂发生火灾，产能可以迅速转移到另一个工厂，以保障公司整体运营不受影响。

一种是单一供应来自迫不得已的卡脖子供应商，这种危害众所周知；另一种是企业出于战略联盟的考虑或为了获得价格折扣产生的单一供应，以前主要（关键）原材料通常从单一供应商处采购。虽然这样做的好处很明显，但由于近些年面临的各项挑战，其后果可能也是比较严重的。

毫无疑问，一品多供虽然会一定程度地增加项目组的工作量、模具夹具的投资，但是选择两家合格的供应商以确保所在公司供应链的稳定，从而满足客户的交货要求，非常必要。选择的多个供应商可能分布在不同地区，甚至不同国家，以减少同一地区供应商受到内部或外部不利因素（例如自然灾害、社会动乱、汇率变化、军事冲突等）的影响，降低风险。

采购方应利用自身的市场优势地位，适当利用供应商之间的竞争，迫使供应商提高服务质量并降低产品价格，从而增加采购方的收益。具体应该怎么做呢？

首先，要谨慎选择优秀供应商，以降低选择风险。其次，采用多个供应商的策略，甚至设置备用或冗余的供应商，以确保一旦某个供应商无法正常供货，可以紧急调整供应安排，保证供应链畅通无阻。

此外，大数据可以辅助企业优化合作伙伴选择。匹配度非常重要，因为在供应链管理中，很多问题都源于战略方向的错误，而这些错误往往无法通过战术手段来弥补。

供应链合作伙伴选择是供应链风险管理中的关键环节。一方面，应充分利用各自的互补性以发挥合作竞争优势；另一方面，也要考虑伙伴的合作成本和敏捷性。

为增加供应链透明度，建立企业成员间的信任和监督机制也非常重要。企业成员之间的信任是供应链赖以生存的基础，但如果没有监督机制，信任很容易被滥用，从而成为形成供应链风险的最佳温床。

供应商是企业的宝贵资源，也是应对风险的关键因素。在供应链上，合作伙伴之间可以依靠群体力量来共同化解风险，这在日本企业中尤为常见。以丰田公司为例，其供应商"爱信精机"是其主要的刹车流量阀供应商，约占 98%。尽管这类阀门的价格通常很低，约为 50 元 / 个，但是在 1997 年 2 月 1 日的一次火灾中，该供应商被迫停产，这对于实行准时制（JIT）生产方式、每天产量约 1.5 万台汽车的丰田工厂而言，简直是灭顶之灾。

然而，奇迹就在这个时候发生了。在丰田公司的号召下，超过 200 家的丰田供应商竟然相互协调、密切配合，仅仅用了不到一周的时间就帮助丰田制造出了合格且足够的刹车流量阀。有趣的是，这 200 多家供应商之前根本不生产此类零部件。很显然，这种伙伴关系的建立同样需要长期的"坚守"和"信任"。假如作为供应链"链主"的丰田公司隔三岔五地嚷嚷着砍价、更换供应商、拖欠货款，关键时候是不可能有这样的奇迹发生的。

因而企业需要加强供应商及客户关系管理，通过加强伙伴间的沟通和理解使链上的伙伴坚持并最终执行对整条供应链的战略决策。企业甚至可以对关键原辅料、生产设备供应商做投资，考虑合营公司（JV）合作的可行性评估，但至少要善待供应商。宝马为了帮扶供应商，投资模具开发是常有的事情。利益共分，风险共担才能实现供应链上下游的韧性，企业的供应链才能真正发挥生态价值链成本优势，与合作伙伴一起占领更多的市场份额。

一直独占利益，拖欠供应商货款的企业岂能在危机中指望供应商优先发货，患难与共！

养成四看的好习惯

看宏观经济形势，看所处行业走向，看客户需求变化，看自身优势与不足。每年，许多优秀企业都会邀请国内顶级经济学家探讨宏观经济形势，与专业咨询机构合作获取行情资讯，共享上下游合作伙伴的关键数据和信息，通过动态的供需平衡分析，迅速形成相应的策略。现在越来越多的企业开始通过上游关键材料和技术的协同来增加在剧烈风险中的抵御能力。在关键时间节点和关键地点，若能率先采取行动，企业便可获得先发优势，立于不败之地。

"危机"，对于一些有准备的企业就是机遇。有一家传统行业的国内上市企业，2016 年果断进入新兴光伏市场，2017 年根据董事会对全球贸易形势的判断，计划在泰国设立工厂。在全球物流危机中，这家国内上市企业成功在泰国设立工厂，并通过平衡关税成本问题，仍然能够整船出货美国，与国内竞争对手形成鲜明对比，这一策略使得企业市场份额大幅提高。2022 年，这家企业又通过合并国内某企业，实现了从 OEM（代工）工厂到品牌商的华丽转身，并且股价也得到了数倍的提升。现在，这家企业正在考虑在美国设厂，以抓住更多机遇，扩大其市场份额。

P（生产）

自制和外包结合，实现产能备份。以中兴为例，企业会对产能进行提前规划，通过临时措施，可以在两周之内把产能扩充到标准产能的 120%，以满足一些短期的紧急需求。对于一些特定产品，中兴始终会储备 20% 的外包的产能，以确保客户的交付需求得到满足。

为应对不确定因素，企业需要设立多个代工生产商，构建战略渠道伙伴；评审单一、唯一供应商的占比，结合卡拉杰克模型重点关注瓶颈供应。单一供货源是最值得警惕的，虽然在质量管理专家戴明的著作中，一直为单一供货源辩护——这的确会更容易解决质量的一致性问题，但双重寻源、替代工厂、备胎运转，都成为重要的可选项。产能备份的必要性是有利于快速反应，及时为生产企业提供供应服务，缩短供货时间。

企业需要建立适当的储备物资，以确保生产的连续进行。由于采购与投入在时间上和数量上存在差异，需要有一定量的物资作为周转储备。为了保证投产前的准备工作顺利进行，根据生产的特点和要求，有的物资在投入使用前必须先经过整理加工等准备工作，因此需要相应的数量储备。为预防不确定因素的发生，企业需要建立适当的安全保险储备。总之，生产储备是为了确保企业生产正常进行而建立的，是用来协调解决生产与供应之间的矛盾，降低停产风险所必需的。

D（协同数智化）

着眼于风险管控，实施科技"升级换代"，为供应链赋能，企业方能稳步前行。

面对供应链风险的多样性和不可预见性，一方面，企业需要在风险管理战略指导下，采用更高的灵活性和敏捷性来塑造风险管理模型；另一方面，数智技术带来的全新机遇为供应链管理带来了新的可能，利用前沿科技，优化供应链工作流程，提高响应能力、效率与可视化，构建智慧供应链体系，成为管理者的集体诉求和发展目标。

加大加强协同化、数智化供应链的建设，实现内部信息数智化、供应商能力透明化、市场需求准确化，有助于消除供应链盲点，增强供应链可视化、可预警、可控制能力。而首当其冲的技术手段是实施生产自动化和完善改进供应链信息系统，发挥信息系统在风险监视、事件管理、需求预测、辅助决策等方面的作用，推动供应链合作伙伴之间信息系统的集成以实现信息共享，企业可以引入供应链风险管理的专门应用系统。

企业内部不仅是知道自己的原材料有多少，库龄有多长，产品的零部件是不是可以满足生产的实际需要，而且更多的企业对设备的状况采用了数智化技术，比如应该多长时间进行维护保养，预估什么时候有可能出现什么样的问题等。我们很多的企业不管是在上 MES 系统还是云端集成 ERP 系统等，这些都属于内部信息数字化。

信息系统能够保证供应链运营信息的及时采集与传递，使管理人员先知先觉、快速反应、正确决策，在风险的事先预防、事中紧急处置、事后补救等方面发挥着不可替代的作用；同时，基于智能算法，对运输路径、运输载具、三维装载等输出推荐的优选方案，企业在提升运输效率的同时又降低了运输成本。

此外，在公司内部，各部门利用数智化手段和工具实时在线沟通也是提升供应链韧性的一个重要途径。而提高生产、物流设备等方面的技术水平、改进管理与经营的技术装备，也是提高供应链可靠性的有效手段。企业应该采用数智化技术，实现对设备状况的监测和预估，以及生产和物流的实时在线沟通，提高供应链的可视化、可预警、可控制能力。

在数智化时代，除了以上"3P+D"四种加强供应链韧性的方法外，以下这几个措施也是当下非常流行的解决方案。

增加安全库存水平

在这个高度不确定的时代，供应链的每个环节都可能受到各种变故的影响，这让传统的供应链规划备受考验。为了避免风险，企业往往需要储备大量的安全库存，但是库存量的确定却十分棘手。库存过多不仅会增加供应链运营成本，还可能带来库存风险，因此，企业需要借助数智化技术，利用过程数据、状态数据和大数据分析技术，实现实时监控和精准分析，这样，企业就可以根据销售速度、客户分布、消费者满意度、库存水平、补货需求、物流速度等因素，动态地对安全库存和订单库存进行分析、调整和优化，从而实现库存计划的精准性和合理性。这种数据分析与业务趋势相结合的方法，可以有效地降低从业人员的业务经验门槛，提高供应链的韧性和应对风险的能力。

多一条路，多一种选择

在精益思想的五项基本原则中，第一条是"由客户确定价值"。尽管增加库存会提高链主和供应商的成本，但在供给中断的情况下，这可能是一项必要的举措，可以满足客户的紧急需求并创造价值。因此，企业在货运线路方面可以提前做好备份，包括海、铁、空方面，提早备好货柜，以应对突发情况。此外，在打造韧性供应链时，企业合理备份关键资源和关键能力也非常重要，因为在灾难发生时，原来的方式和路线很可能受到影响。多一条路，多一种选择，这将有助于企业应对各种变数和风险，提高供应链的灵活性和可持续性。

供应商能力透明化

在制造企业的生产和供应管理中，企业除了关注自身的产能、材料和设备外，了解供应商的能力和信息也是至关重要的。我们需要和供应商合作，收集他们关键设备的数据，并利用数智化技术提升其生产和供应管理能力，但是，目前很多企业对自己的供应网络了解甚少，导致二级、三级甚至更上游的供应商可能成为供应链中断的源头。因此，提升供应链透明度成为多数企业的行动计划，而数智化技术正是帮助企业实现供应链透明度的有效手段。通过将大量供应商信息录入数据池，进行风险匹配和实时预警，数智化应用于风险识别的手段越来越多。因此，不管是财务方面、法律诉讼，还是地质灾害等各种风险，企业都需要逐级排查，以保证供应链的稳定和可持续发展。

供应链上隐匿着无数的不可见风险，如同一个个雷达上的颗粒，这些黑洞在链条中肆虐，给企业造成无法估量的损害。然而，数智化技术正是应运而生，它能够追踪并揭示这些隐藏在供应链中的风险源。丰田公司与日本富士通公司共同开发的供应链信息系统 Rescue，就像一盏明灯，将供应链"黑森林"变得透明，它能够深入 10 级供应商，全面了解零部件数据，这套系统的设计初衷，正是为了提高供应链的韧性，及早发现潜在的零部件风险。

一家制造企业往往有数十家甚至数百家供应商，这是一种普遍的情况。

以西门子为例，其全球约有 65 000 家供应商，分布在 145 个国家。企业可以采用二八原则，将 80% 的问题集中在 20% 的关键供应商上。企业可以列出这些关键供应商，投入各种资源，协助他们提升运营能力，确保供应链在不稳定和不可预测的环境下能够保持相对稳定。比如，西门子的 SPS 项目，霍尼韦尔的精益和六西格玛项目，都是解决供应商的产能、质量、交货和成本问题的创新方案，目的是提高整个供应链的整体能力。

借力数智化和流程优化，提升市场需求预测的准确率

所有企业（即便是管理良好的企业）都需要重新审视与生产、供应相关的各个流程，借助数智化技术和工具进行优化，方可保持竞争力。

首先，企业需关注销售预测流程。以前，企业可能只按月进行需求计划，甚至只关注未来 1~3 个月的销售预测，然而，由于供应商交货期的延迟和运输时间的不确定性，企业不仅需要提高销售预测的准确性，还需要延长预测的覆盖时间。制造企业需要与销售团队紧密合作，与渠道伙伴合作，以了解未来 6 个月、12 个月甚至更长时间的市场需求。即使销售报告的信息属实，但如果只是部分真相，那么错误决策的风险也相对较高，因此在菲尼克斯公司，要求供应链人员和销售一起去拜访客户，收集数据，将所有销售活动和销售预测记录到公司的 CRM 客户关系管理系统中，并定期更新。企业可以借助数智化的在线工具如销售漏斗（sales funnel）、赛富时（salesforce）等进行销售预测，还可以利用自动化工具（RPA）收集客户需求信息，将信息分类整理，以确保数据质量和提高数智化的洞察力。在通用电气（GE）公司，专门有部门负责管理数据精度和销售预测精度。

其次，企业还需改进采购流程。过去，许多零部件的交货期按周甚至按天计算，然而，现在这些零部件的交货期成倍增加。在这种情况下，企业需要调整采购流程、与供应商的预测以及合同条款，此时，企业可以借助成熟的供应链管理方法如"精益制造""供应链金字塔"等，对采购流程进行优化，以确保零部件的交付和生产进度的顺利进行。

　　总之，企业要不断优化与生产、供应相关的流程，以便在激烈的市场竞争中立于不败之地。

引入专业数智化风险管理公司赋能供应商全生命周期管理

　　如图 3-10 所示，企业可以通过从供应商导入和评估开始，创建各种在线数智化工具，实时监控供应商的全生命周期数据。此外，借助专业风险管理公司的参与，企业可以建立并完善企业成员间的信任和监督机制，对财务风险、地理风险和可持续性发展风险进行全方位的监控和预警，以避免踩"雷区"。

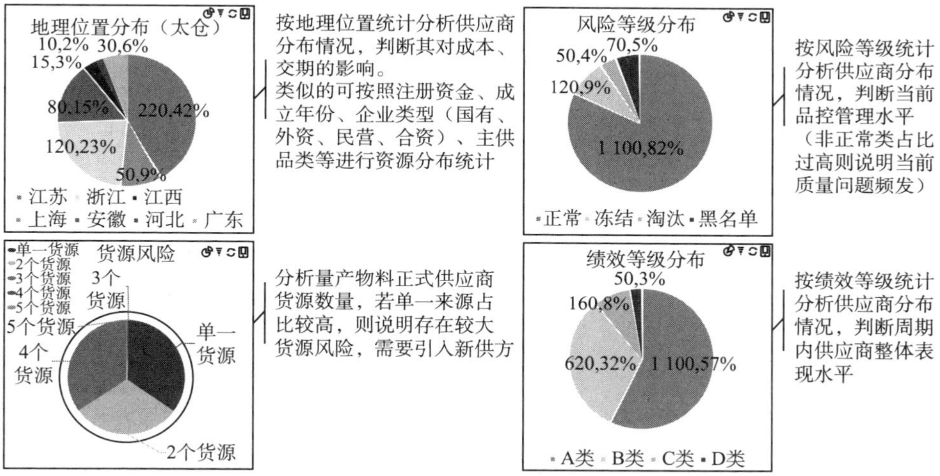

图 3-10　风险可视

　　数智化风险管理的相关措施能够大大降低自有供应链管理成本，促使伙伴成员以诚实、灵活的方式相互协调彼此的合作态度和行为。同时，供应链管理层通过不同渠道验证信息的客观性，得到清晰和没有失真的信息，有助于作出正确的决策、采取精准的改善措施，从而达到明明白白做事的效果。

　　在组织和人的层面，企业需重塑其组织架构才能配合多层次供应链网络的顺利实施。企业需要设立多极化、多元化的供应链组织架构，可以设立风险管理委员会，或者 ERM（企业风险管理）组织，负责公司总体风险战略，提升组织的环境敏感度和变革力，实现快速决策。以思科为例，其内部成立了一个供应链风险管理团队（SCRM），它的任务是在任何情况下，确保思科全球供应链的业务连续性，并建立业内最具弹性的供应链。思科通过四个关键流程，建立了端到端弹性企业，这些流程分别是产品弹性、供应链弹性、应急管理和业务持续计划。面对突发的日本大地震，思科SCRM不仅在震后40分钟内获知了事件，还在57分钟内升级通报给公司高层，然后在9小时内激活供应链事件管理团队，并在12小时内初步评估思科受影响的供应商、关键零部件和营收风险。经过调查，思科发现有65个日本供应商的1 100多个单点供应零件受到影响，接下来思科加速认证了这些替代零件的制造资格。思科使用零件对照和业务持续计划中的可视化能力，快速识别了多个关键半导体和光学品类的次级供应商，并降低了风险。

企业在经营过程中，可以多进行供应链风险模拟，将风险分成最好、最坏、中等情形制定相应的预案，甚至进行定期演习以发现漏洞，这样，当风险来临时，企业才不会手忙脚乱、不知所措。以丰田汽车及其关联企业为例，他们基于工厂个体数据及其部件供应的拓扑和空间网络，模拟灾害风险在产业网络中扩散转移过程，并建立直接损失与间接功能损失的评估模型，为风险预防做足了准备。

企业执行部门要相互依赖，相互补充，形成专业的能力，以确保在缺料的情况下能够快速补救。虽然数智化系统在线监控，但供应链管理人员仍需有风险管理意识，多到供应商现场看看，往往基本的风险都是在对方的仓库和生产线的细节处发现的。

最后，企业可以把风险事件发生的整个过程进行经验总结，并在企业内部和外部传递经验，这些经验积累，也有助于企业预防其他潜在的风险发生，并不断完善风险管理体系。风险是相对的，不是绝对的，只要企业积极采取预防风险的行动措施，就可以尽可能地防范风险或减少损失。因此，企业要做到"防微杜渐"，这样才能够做到"安全第一"。

数智化风险管理流程如图3-11所示。

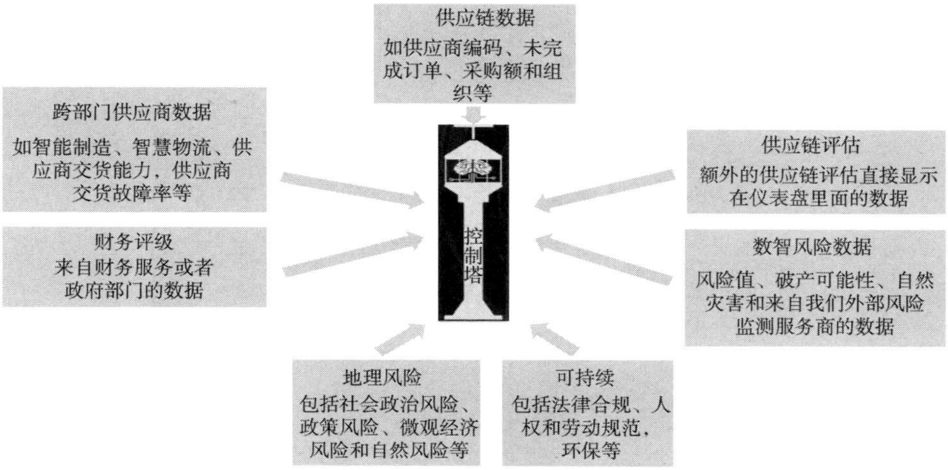

图 3-11　数智化风险管理

案例

以联想为例，该公司采用了"风险拒止"STOP 的策略，从战略、技术、组织和流程四个角度入手，以重建风险天平。联想设立了供应链的风险管理委员会，形成一个虚拟的团队，以对风险进行识别，其供应链韧性体系体现在以下三个维度上。

首先，该公司拥有完整的风险评估流程，可以完成从风险识别、风险评估、风险区分、风险分析、风险转移到规避风险措施的执行和落地。联想风险评估流程如图 3-12 所示。

风险委员会工作流程					
识别	评估	优先考虑	分析	补救	执行和监控
角色					
聚焦每一个功能				团队分配	
可交付成果					
▪风险工具包 ▪电子邮箱报告 ▪行业研究	▪脆弱性分析 ▪财务影响 ▪操作的影响 ▪声誉的影响 ▪……	▪热点图 ▪最高风险的选择 ▪标准的选择 ▪跨职能影响评估	▪每个功能的场景规划/跨职能 ▪研究替代方案和补救计划的选择	▪所有权、管理和触发点上的一致性 ▪团队的明确承诺	▪管理和报告，以监控补救进展持续学习

图 3-12　联想风险评估流程

其次,该公司在风险管理的维度上也做了相应的规划,从需求、供应、合规、社会责任、网络和结构六个维度来进行相应的风险管理，如图 3-13 所示。

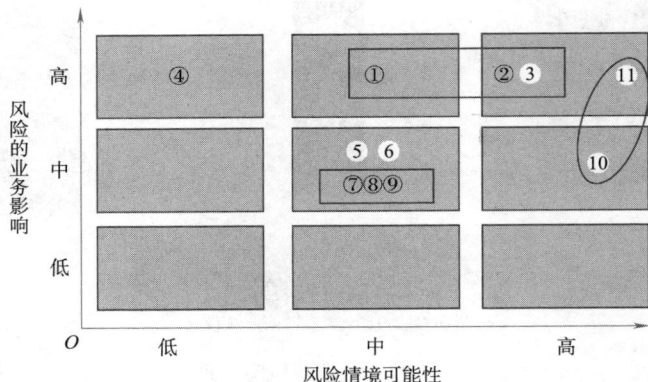

图 3-13　联想风险管理矩阵

注：第一优先级：①②③；持续更新：⑩⑪；密切关注：⑦⑧⑨。

最后，该公司采用风险管理矩阵，通过区分风险因子的影响程度和概率，制定相应的风险管理决策。例如，联想针对个别异常事件，采用了 4×3 的矩阵化组织方式，其中"4"代表全球采购、全球制造和工艺工程、全球物流以及全球供应链；"3"则代表不同的区域、不同的客户和不同的产品。这样的组织架构有效地保证了端到端流程的智能，包括质量和计划，为计算机（PC）事业部、移动事业部和服务器事业部的生产提供了有力保障。

最大的风险是没有风险意识

此外，笔者需要加强风险管控的一个重要核心，就是"缩短反射弧"，以免因犹豫而失去应对风险的最佳时机。无论是预警还是控制，都充分依赖强大的情报支撑，这也源自各级员工日常风险意识的培养。

在供应链的日常运作中，每年春节前，联想的工厂都会提前准备更多物料，以满足未来 3~4 周的需求，而在平时，则更为谨慎。然而，2020 年春节期间，面对风险局势的严峻，联想采取了更加果断的措施。合肥联宝工厂直接准备了 10 周的备货，将所有可用的元器件运到了合肥，并额外租用了 6 个仓库，这是一种下意识的直觉，一旦复产复工，大型企业往往会率先行动，而联想正是有足够的原材料支持，才能够即时复工。因为即使是一颗螺丝钉的缺失，也可能导致笔记本电脑无法正常发货。

因此，企业在供应链重塑的过程中，强调风险意识和风险文化的培养是至关重要的。企业必须全面做好各项准备工作，树立"预防胜于急救"的理念，时刻防患于未然，以避免因为疏忽而导致的损失。

3.3 国际供应链布局的风险考量因素

自 2018 年美国对我国进口商品加征关税，并对我国提出了有关知识产权、市场准入和贸易不平衡等问题的指责以来，中美贸易摩擦并没有因为几轮谈判而放缓，而是更加水火不容、针锋相对。

不出海，就出局即使没有贸易摩擦的背景，许多大型跨国公司或中型企业也在考虑分散供应链，以降低对单一地区、单一国家、单一供应商的依赖，而贸易摩擦的爆发更进一步加速了这一进程。从全球化的供应链布局到区域化的供应链布局，再具体到某一国家的供应链布局，盈利和风险总是相互并存，这些风险既可以是公司内部因素，也可以是外部因素。跨国公司必须审慎识别和管理这些风险因素，以确保供应链部署的稳定性和可靠性。

政治不稳定性

政治风险是国际供应链风险的"心腹之患"。过去几十年，我们国家经济能够保持高速增长，除了得益于市场化改革政策的推动外，国家的稳定更是先决条件。保持稳定的投资环境和贸易政策的连续性，能够极大地维护国外投资者的权益。一旦政治不稳，就有可能引发社会骚乱，从而影响生产安排、货物运输、通关等多个方面。

铅酸电池制造商在越南的供应链布局则反映了这个问题。2014 年，越南曾爆发针对中资企业的动乱。短期内，这直接导致客户供应链的中断；长期而言，则是让电池制造商的供应链布局在规模和速度上被彻底打乱，对制造商、客户和越南都造成了不小的损失。

经济不稳定性

经济的不稳定性，往往伴随通货膨胀、通货紧缩和经济萎缩等因素，这些不确定因素将直接影响供需关系，导致消费者需求减少、物价飞涨和生产成本上升，从而导致货币汇率波动，使得投资回报变得不可预测，这种经济不稳定性通常与一个国家的宏观经济政策息息相关，因此在布局供应链时，政治不稳定性和经济不稳定性需要一起考虑。

当前供应链的成熟度

如果你不愿意当第一个吃螃蟹的人，那么现有的供应链成熟度应该是你最关注的问题。在确定供应链部署方案时，企业需要考虑当地是否有相似的产业布局？是否有足够的上游客户和下游供应商？原材料是进口还是本地生产？生产设备是本地制造还是进口？生产辅料是否供应充足？当地是否拥有丰富的技能型和语言人才？这些问题都需要在前期调研报告中全面考虑。

以注塑产品为例，笔者于2019年在泰国进行了一次调研，调研中发现在泰国的某经济开发区，有十几家提供注塑产品的企业，其中大部分是日资企业，主要服务对象是移居泰国的大型办公用品制造商，如佳能、京瓷、理光等。和欧美企业的供应链布局不同，日资企业通常携带整个产业群一并迁移，而且由于语言及管理方法的不同，这些企业很少为笔者所在的欧美企业合作。

在剩下为数不多的其他企业中，笔者发现了一家欧洲企业，该企业所使用的原材料大部分依赖进口，生产设备来自中国的海天，注塑模的生产制造来自中国广东，装配的零件则来自中国长三角地区，唯有公司的员工来自泰国当地。通过对该企业进行访谈，笔者得知这家企业是唯一一个与注塑产品相关的欧洲供应商。基于生产成本模型的分析，当时笔者得出的结论是：如果有较长生产工序（比如多步装配）的产品，将这类产品的供应链部署在泰国还是有相当大的收益的，但如果仅仅是单步注塑产品，保留在国内生产，对该企业来说仍然是最佳的选择。

基础设施和运输问题

基础设施和运输对供应链的影响十分重要，因为它们直接关系产品从生产地到客户所在地的运输时间和成本。完善的基础设施和运输系统能够大大缩短产品的运输时间、降低运输成本，提高运输效率，从而提高生产力和经济效益。俗话说，"修路先富"，基础设施建设是一个国家经济发展的关键。回顾我们国家在过去几十年的飞速发展，我们的"八纵八横"铁路运输系统、不断扩张的国家高速公路网络以及全球领先的港口设施，都是供应链发展中不可或缺的重要组成部分。

劳动力成本和技能型人才储备

劳动力成本显然是供应链的重要因素之一，它涉及企业的盈利能力和经济效益。高昂的劳动力成本可能导致生产成本的增加，对企业的利润产生不利影响，因此，控制和管理劳动力成本是维护公司供应链效率和经济效益的重中之重。

除了成本之外，拥有具备相应技能的人才也是必须考虑的因素。国家的工业基础、职业技能和高等教育水平也是需要考虑的因素。以中国为例，自加入世界贸易组织（world trade organization，WTO）以来，中国的贸易类人才储备得到了很大提升。

正所谓"人才是第一资源"，具有高技能、高素质的劳动力不仅能提高生产效率，还能提高企业的竞争力和市场份额。企业应该加强对人才的培养和吸纳，努力提高员工的技能和素质，这样才能在供应链领域保持优势和竞争力。

能源环境和社会责任影响

能源环境和社会责任是供应链中不可忽视的重要因素。生产过程中的污染和破坏可能对环境造成严重影响，而忽视当地的环境法规和标准可能会导致企业声誉的受损和法律诉讼。"损人利己"是不可取的行为，企业应该积极承担环保和社会责任，以实现可持续发展。

在产业及供应链转移过程中，污染常常随之转移，接受转移的国家必须审慎地权衡经济效益和环境质量，同时建立和执行严格的环保法规和标准，让污染和破坏尽可能地减少。

此外，保障工人权益和遵守劳动法规同样重要。企业应该确保工人获得公正待遇，并严格遵守当地的劳动法规，以减少社会问题和公众反对的风险。

总之，环境和社会责任是供应链的重要组成部分，企业应该在生产过程中承担起环保和社会责任，并遵守相关法规和标准，实现长期可持续发展。

文化和语言差异

除了以上硬件上的风险因素需要考虑之外，文化和语言差异对供应链同样产生了重要影响，这是不容忽视的软性风险。供应链中不同地区和国家的文化差异可能导致不同的价值观和行为习惯，从而影响国际商务活动和合作关系，这一点必须要提前深入了解。

语言差异也可能会导致沟通和信息传递的障碍，降低沟通效率和增加双方的不信任度，甚至可能导致误解和冲突。笔者所在的公司是大型的跨国企业，英语是日常的工作语言，因此对于供应链中其他角色的语言要求，英语是最基本的要求。倘若公司是一个中型或小型的地区性企业，那么语言的培训是必须在部署供应链之前就要考虑的内容。

因此，掌握文化和语言差异，并采取适当的措施（如翻译和培训）来管理和解决这些差异，对于提高供应链的效率和协作效果也是十分重要的。只有在尊重和理解不同文化和语言的基础上，才能建立良好的商业关系，从而保障供应链的顺畅运转。

知识产权保护

在部署新供应链时，保护公司知识产权是至关重要的。保护知识产权犹如行车有方向，能够增强公司的竞争力，因为公司可以独揽关键技术和创新产品的市场先机，从而提高公司的利润率。此外，通过保护知识产权，公司还可以提高其品牌价值，加强其市场地位。

然而，若公司不能保护自己的知识产权，就可能像逆水行舟一样，随时会面临来自竞争对手的法律诉讼风险和法律责任，因此，公司应该努力保护其知识产权，采取申请专利、制定并执行严格的商业机密保护措施，防止未经授权的信息泄露，以及快速有效地对知识产权侵权行为进行诉讼等方式，以确保长期的竞争优势。

法律完善度和监管的透明度

法律完善度和监管透明度的影响不容小觑，它们在供应链中扮演着至关重要的角色，牵一发而动全身，若法律和监管环境不透明，将导致企业难以准确执行流程，从而降低效率和信心。此外，这种不透明性还可能损害企业的合法权益，让企业陷入法律诉讼和罚款的漩涡。在面对风险时，法律是最后的救命稻草，因此，企业必须评估其利用法律工具保护供应链权益和利益的能力。

以越南为例，虽然其供应链在过去几年不断成熟，但仍存在着挑战。企业在部署越南供应链时，需要谨慎评估风险，制定相应的应对措施。越南政府在加强基础设施建设和改善法律环境方面正在努力，但仍需要注意原料供应、本地化率、物流和运输、劳动力成本逐年上涨以及偶发的政治不稳定等问题，唯有如此，才能确保企业在越南部署供应链的成功。

3.4　端到端供应链实践

即使有风有险，为了生计渔民还是要出海，需要关注天气预警，同时要有风险预案。企业也应如此，需要全局优化应对风险，方能在市场中立于不败之地。数智化供应链基于其数字化技术基础和智能算法的全局优化能力，能够快速调整和全面修正采购、生产等行为和计划，有效应对重大风险，如航运拥堵等。

通过端到端价值链的业务协同和数据打通，企业能够识别各个环节不同类型和规模的风险，并通过模拟仿真或智能算法快速寻找局部的计划调整而不影响最终产品交付的方案，从而控制这些风险的影响范围，保证供应链的稳定和顺畅。

2021年苏伊士运河的堵船事件造成了全球供应链的震荡，它犹如投进水中的一粒石子在全球掀起了巨大的风浪。但是，华为供应链的智能运营中心在第一时间通过端到端的可视化系统感知到了事件的严重性，并及时采取了措施。总计有28艘船，除了长4号的船上有华为的货物之外，还有27艘船是已经离开了中国并正在驶往苏伊士运河的路上，一共涉及华为400多个货柜，影响了华为123个客户，大概4 000多个客户的订单。

面对如此大规模的影响，华为供应链相关人员迅速启动了中欧班列资源做紧急补货，同时启动了欧洲工厂的快速的收货和临时生产。此时，如同临危受命的英雄，华为供应链的人员逐一同100多个客户的实际需求计划进行沟通，以便最大程度减少客户的损失。最终，华为成功地控制了80%的订单延误在两周之内，体现了其数智化供应链的强大实力和应对风险的能力。

当供应链网络是全球性的，也就是供应商、制造商、消费者全都分布在不同的国家，供应链的复杂性将急剧增加，预测精度、需求变异性和无法协同成为供应链最大的挑战。

而华为的全程可视化以及包括预测和决策算法的端到端供应链，使得他能够有效地实现新供应链的目标。其实在这个事件中，全球华为几乎是同一时间收到事件消息的，他们通过数智化的技术，实现快速分析影响、快速决策方案、快速获取资源，保障了客户订单的交付。首先用到的是风险量化分析，华为基于全球发货的客户订单，快速分析出受事件影响的订单；其次用到的是物流资源分析平台，华为快速找出可用的备选方案并决策；最后跟物流合作伙伴合作，通过快速商务定价获取资源，保障客户订单的交付。

当前，越来越多的企业数智化平台可以承载所有客户订单的履行管理以及所有可用物流方案的管理，在风险事件发生的时候，可以快速进行分析和调用。例如，华为构建的三层结构的智能指挥系统，最底层是物流方案层，中间层是客户供需管理层，最上层是指挥决策层。数据分析和算法本身并不是特别的难，关键在于要做到所有的订单端到端全流程可视，并且识别风险事件发生情况下对订单影响的要素，这样才能构建模型，再辅以算法形成控制系统。比如周期就是对订单影响的一个关键要素。在苏伊士运河事件发生的时候，华为会对订单履行的周期进行判断，结果发现会有 7~14 天的延误，那么，对这一部分可能会受延误影响的订单，就要采取铁运或空运的方式交付到欧洲，这样才能保证增量订单客户界面不受影响，这就是数智化利器的威力。供应链可视化变革不是一蹴而就的，华为与顾问一起做了三年的集成供应链（integrated supply chain，ISC）建设，又做了三年的运营和优化，方才构建了数智化的基础。之后，华为又通过一年的专项建设和对风险事件的建模管理，才形成了初步的数智化风险应对能力。此外，针对不同的供应链模式，差异是很大的，很多企业在事件分析建模方面也在不断探索。

中国企业的端到端供应链建设是中国贸易结构变化的必然产物。以中国的贸易结构发展为例，加工贸易比例近年来逐渐走低，2004 年加工贸易的出口占比 55.3%，进口占比 39.5%，而十年后，2015 年加工贸易的整体比例下降到 34.8%，到了 2020 年则下降到了 23.8%。

加工贸易比例降低，意味着更多的中国企业从原始设备制造商（original equipment manufacturer，OEM）的外包加工模式，发展成了原始设计制造商（original design manufacturer，ODM），以及最终的高级阶段品牌企业模式；同时全球供应链里面的价值链环节也从微笑曲线的代加工模式，变成了全球的营销推广，以及端到端的全球供应链运营与交付。以中国一家著名的品牌家电企业为例，如图 3-14 所示，成本加保险费加运费（cost insurance and freight，CIF）、工厂交货（EX-WORKS，EXW）、卖方承担交货之前的一切风险和额外费用（carriage and insurance paid to，CIP）、运费付至……（carriage paid to…，CPT）、成本加运费（cost and freight，CFR）、目的地交货（delivered at place，DAP）、税后交货（delivered duty paid，DDP）、目的地交货（delivered at terminal，DAT）货交承运人（free carrier，FCA）等成交方式超过了 50%（中国整体制造企业只有 20% 左右是类似的贸易方式），这些贸易方式意味着品牌企业在从工厂发货到消费者目的地之前，要负责端到端供应链几乎完整环节的信息流、物流交付以及资金结算与垫付。

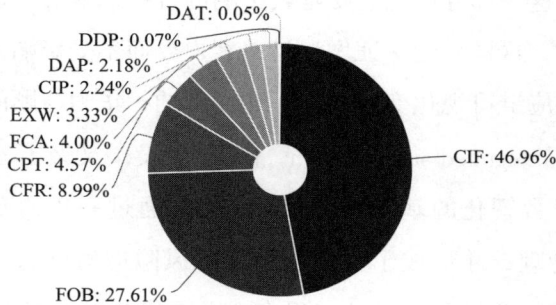

图 3-14　某企业成交方式构成

一家百亿级企业，通过传统贸易方式销售口罩、防护服、手套，而另一家通过跨境电商 B2B 方式进行国外网站引流、国内生产履约和跨境电商物流全程交付。经比较，我们发现，如图 3-15 所示，传统贸易方式的企业主要采用船上交货（free on board，FOB）和工厂交货（EX works，EXW）方式，即在端到端供应链中，只有生产环节由中国企业负责，而剩下的物流和贸易协同则由国外买方或品牌方负责组织和运营。而采用跨境电商 B2B 方式的企业，则采用 CIP 和 CPT 方式达到 80%，即中国品牌企业负责了端到端供应链从消费到制造的全链条过程。

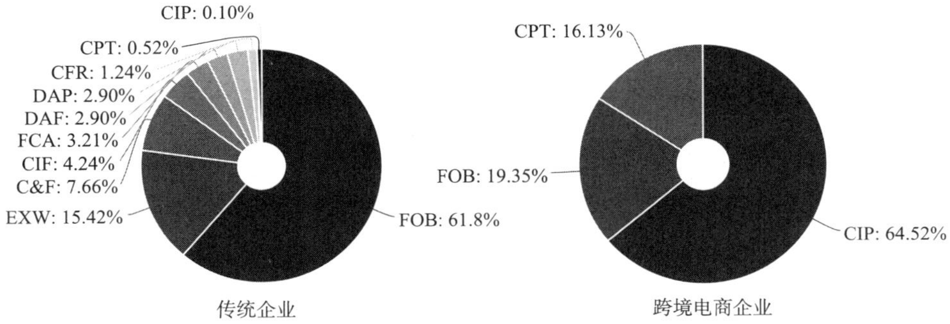

图 3-15　传统企业与跨境电商企业成交方式对比

由 FOB 到 CIF 和门到门方式的改变，带来了供应链体系的巨大变化。以一家著名的全球小家电企业为例，其不仅需要根据销售和历史库存数据做出补货决策，同时还需要进行全球范围包括中国本地的原材料采购；在完成成品生产后，又要自行联络货代和承运商，进行工厂到口岸、从国内口岸到国外口岸，再从国外口岸到国外目的地的全程配送。如图 3-16 所示，在一个长达 117 天的周期里，中国企业需要负责完整的产销协同（信息流）、端到端的交付（物流），以及货物在目的地出售后的应收款（资金流）。

除了贸易结构的变化，一些不可控因素等异常事件也加速了端到端的供应链构建。在 2020 年之前，极端天气导致的全球供应链中断只是偶然事件，全球供应链整体依然处于相对稳定和可控的状态，但是 2020 年之后彻底打乱了全球供应链的平衡，出现了全链条的供需失衡，使效率至上的传统全球供应链方式陷入了混乱状态。

以海运集装箱的及时交付率（on-time delivery，OTD）指标来看，2019 年的 OTD 在 80% 左右，而到了 2020 年年末则跌至 50% 以下，2021 年大部分时间都在 30%~40%，呈现出严重的订单履约率问题。此外，以中美线为例，其港到港的海运时间从 2021 年初的平均 19 天延长到了超过 35 天，增加近一倍；此外，大部分发往美国西岸的船只在靠泊洛杉矶港后，还需要等待总共 9~25 天，即使取中位数 20 天，中美线运输时间最少平均需要 60~70 天（36 天海运 +

20天美国等待 + 起运港运输及等待 + 美国内陆运输时间）。

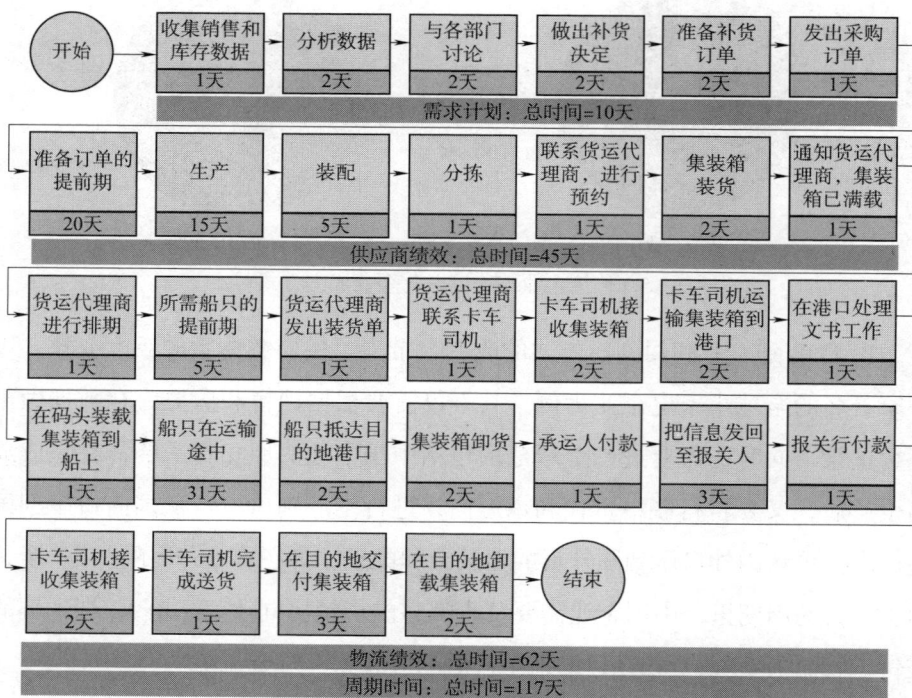

图 3-16　中国某小家电公司端到端供应链

我们需要不断加强供应链的可见度、可控性和灵活性，以及采取全球供应链数字化、智能化和模块化的方式来优化供应链管理。只有这样才能够适应全球供应链的变化，建立更加稳定、可靠、高效的全球供应链体系。

1. 构建端到端计划体系

中国品牌出海，面临的挑战不可小觑，主要表现为如下问题：

- 从原来的基于订单生产，到现在的需要独立地针对不同的客户、渠道销售公司进行销售预测和需求管理，根据不同维度的历史基线数据，以及促销计划等生成需求计划；

- 通过需求计划来驱动不同中央配送中心（central distribution center，CDC）或者配送中心（distribution center，DC）的库存计划以及不同

　　仓库之间的调拨计划，并随之分解到海外工厂和外协厂的生产计划；

● 根据生产计划驱动相应的采购计划，端到端的产销协同以及计划体系，是端到端供应链体系最重要和核心的任务。

端到端的计划体系，如图 3-17 所示。

采购计划	生产计划	调拨计划	库存计划	需求计划
需要采购哪些原材料？什么时间需要？需要多少数量？（批量）是多少？供应商是否可以供给？采购成本是多少？	生产什么？什么时间生产？在哪里生产？用哪条产线？需要多少产能(设备与人员)？是否需要委外生产？委外生产多少？需要多少关键物料？什么时候提前生产？生产成本是多少？	发往哪个仓库？什么时点发？发多少？采用什么运输方式？需要多少运输能力？承运商运输能力是否足够？运输成本是多少？	仓库的发货需求？库存要备多少？库容是否足够？是否需要临租仓？需要多少临租仓？为哪些单品补货？在什么时点补货？补货多少？库存占用资金是多少？每个单品的库龄是多少？	当前销售趋势如何？有哪些季节性规律？每个产品在每个地点的销量是多少？进行什么促销？促销预计影响？推出哪些新产品？新产品预计销量？
供应商	自有工厂　　海外工厂/外协厂		DC　　客户/渠道/销售公司	

图 3-17　端到端的计划体系

案例：端到端计划

　　供应链是一个由多方参与、多渠道并进的商流、信息流和物流网络，涉及各种物流节点，例如品牌商的中心仓、区域仓，渠道商的总库、分仓，以及零售商的地方前置仓、门店，这个复杂的过程需要高效的协同和串联，以实现从生产端到客户端的全链路高效服务。为此，我们需要借助大数据、云计算等技术实现全网络的数据互通与实时共享，并利用人工智能等技术对各环节进行实时分析，及时准确把握供应链网络各环节动态，从而实现供应链网络的高效协同。以跨境电商为例，我们可以实现供应链端到端信息共享，借助技术手段，减少商流和信息流在链条中的延迟和丢失，降低物流在节点处的成本和时间损耗，这样，就能够打造一个高度协同、高效率的供应链网络体系，实现资源共享、价值共创和利益共分的生态。

　　华东有一个电子集团，给美国类似戴尔（Dell）、惠普的客户进行供货，并且在上海设有中心仓（CDC），以及为 OEM 核心大客户在国外设有前置海外仓区域分收中心（regional distribution center，RDC）和自有品牌海外前置仓（RDC），目前在计划体系碰到的挑战主要有以下方面。

a. 不同的客户及供货模式。

由于客户不同，供货模式也不尽相同。客户分为三类，分别为海外普通 OEM 经销客户、全球 OEM 品牌核心大客户和集团国外分公司分销自有品牌产品。集团需要根据不同的客户需求进行相应的生产和供货安排，其中，针对海外普通 OEM 经销客户，集团主要采用工厂直发模式进行供货；而对于全球 OEM 品牌核心大客户，集团则需要为其提供 OEM 生产，并从工厂发至全球品牌客户的不同区域 RDC 进行供货；而对于集团国外分公司分销自有品牌产品，需要从工厂发到国外分公司海外仓进行供货。

b. 缺乏完整的产销协同体系，以及相应的系统与算法工具。

针对目前的三类客户，集团缺乏产品管理与供应链管理的协同，平均库存天数超过了 120 天；而且除了 OEM 品牌客户由于预测比较准，可以确保较好的交付质量，另外两类客户海外经销商，以及集团海外自营客户，经常存在脱销与呆滞库存并存的情况。

此外，集团也没有相应的产销协同流程与体系，以及缺乏预测模型，不能根据历史数据和其他因素进行科学预测，产品和库存分类也缺乏科学的分类方法；同时由于缺乏工具和算法，无法有效地平衡在 CDC、在途以及海外仓的库存数量，再加上一些不可控因素船期不确定，销售与供应链的博弈人为地进一步加大了海外仓与总仓的库存，以应对需求的波动性和不确定性。

2023 年，该集团启动了数智化供应链项目，通过诊断分析，构建了完整的端到端计划体系。

（1）建立分期的端到端计划体系蓝图。

该集团根据具体情况，将端到端计划体系建设分成了产销协同管理、客户端集成数智化、供应端集成数智化三期，如图 3-18 所示。第一期主要建立 S&OP、产品分类、库存分类三个核心流程，从系统上建立可以 AI 预测的系统、能够自动订舱的 RPA 工具以及可以自动识别进出口单证的 AI 工具，建立产销存跨部门系统一致化流程体系；第二期主要建立船箱货跟踪以及预警系统，以及可以根据料号和商品名称及编码协调制度（harmonization system code，HS CODE）主数据库生成相关箱单、发票以及报关单证的系统，提高在途库存、海外库存、客户订单与销售预测的可视化以及风险提早预警能力；第三期主要建立包含样件管理、招投标管理和 BOM 数据的供应商管理系统，以及 APS 高级排程系统，集成供应端与客户端的信息一体化，为公司进行数智化建设打下坚实的基础。

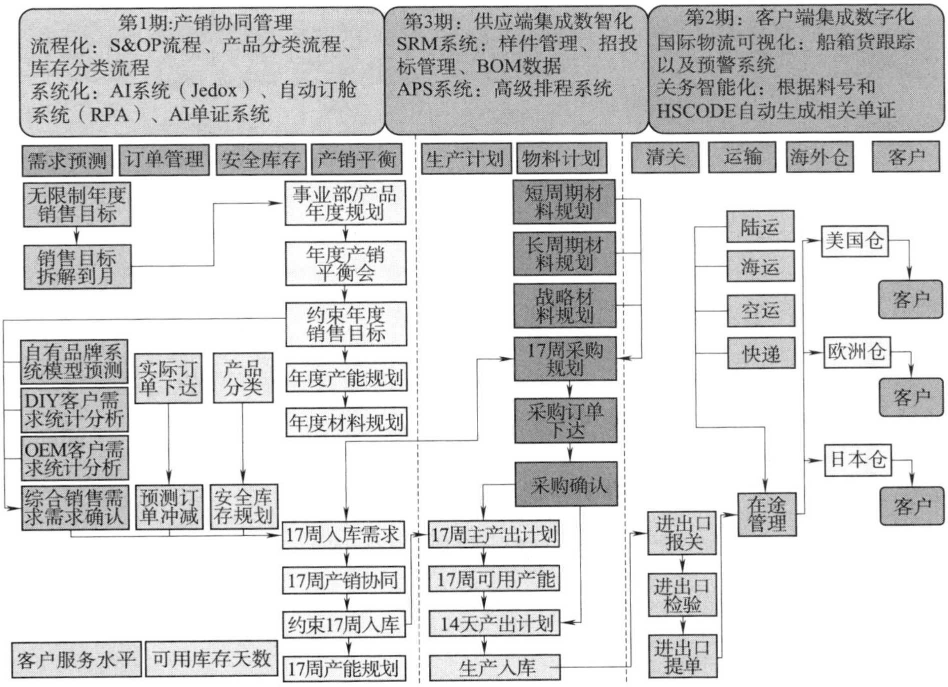

图 3-18　某企业端到端计划体系实施路线图

（2）产销协同管理。

第一期项目侧重在产销协同改善，集团建立了适合该集团的月 / 周产销协同流程与系统，如图 3-19 所示，并设定了订单满足率与预测准确率的改善指标，以及对应的库存天数和工厂供应及时率的相应指标。

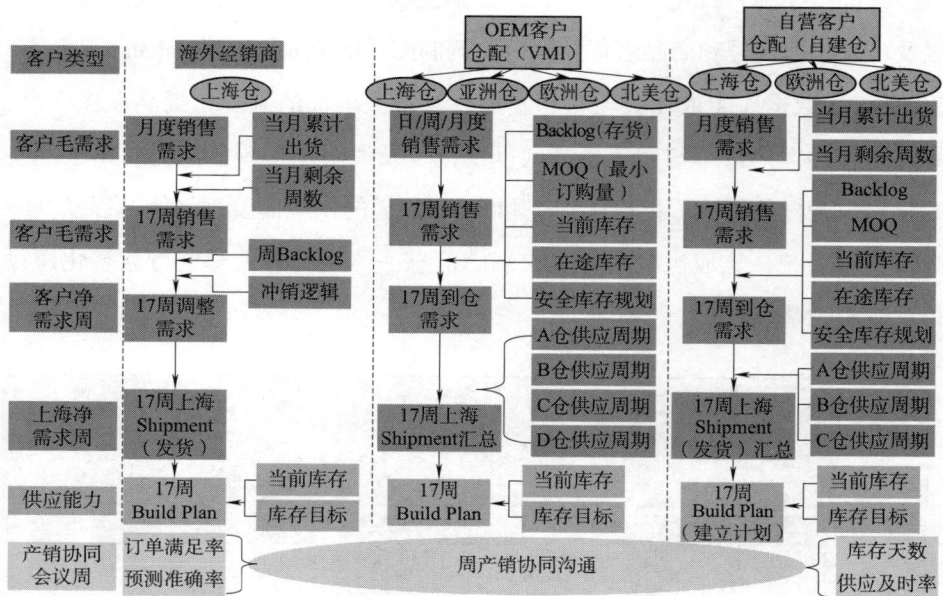

客户类型	海外经销商	OEM客户仓配（VMI）	自营客户仓配（自建仓）
	上海仓	上海仓　亚洲仓　欧洲仓　北美仓	上海仓　欧洲仓　北美仓
客户毛需求	月度销售需求 ← 当月累计出货／当月剩余周数	日/周/月度销售需求 → Backlog（存货）／MOQ（最小订购量）／当前库存／在途库存／安全库存规划	月度销售需求 → 当月累计出货／当月剩余周数／Backlog／MOQ／当前库存／在途库存／安全库存规划
客户毛需求	17周销售需求 ← 周Backlog／冲销逻辑	17周销售需求	17周销售需求
客户净需求周	17周调整需求	17周到仓需求 ← A仓供应周期／B仓供应周期／C仓供应周期／D仓供应周期	17周到仓需求 ← A仓供应周期／B仓供应周期／C仓供应周期
上海净需求周	17周上海Shipment（发货）	17周上海Shipment汇总	17周上海Shipment（发货）汇总
供应能力	17周Build Plan ← 当前库存／库存目标	17周Build Plan ← 当前库存／库存目标	17周Build Plan（建立计划）← 当前库存／库存目标
产销协同会议周	订单满足率／预测准确率	周产销协同沟通	库存天数／供应及时率

图3-19　产销协同系统

（3）基于AI预测的计划系统。

该集团建立了基于AI算法的计划系统，这套系统不仅可以通过自动算法推荐最佳模型，快速预测销售基线，同时AI系统还能协同销售与市场部门集成促销预测和新品预测。结合公司的产能供应情况，集团审批通过月周的需求计划以及供应计划，建立了供应链计划从战略、规划和运营的多层计划体系，提升集团的计划绩效。

2.端到端物流体系

港口堵塞、航班短缺、国际订单暴涨，国际物流的成本、稳定性和效率已经成了全球供应链的一个核心瓶颈。要想突破传统的国际物流外包模式，企业需要构建端到端的物流协同体系，通过端到端实时可视，实现原产地生产、多式联运、目的地交货的无缝对接。

物流的本质是物流订单交付,在端到端的信息流和物流的连接与协同下,实现业务的数据化,使从货主到承运商、货代、关务、内陆车队的全过程,都能实时进行信息传递,并通过控制塔让收货人、发货人以及全链条的相关人员都能做到订单端到端可视,从而提高全球供应链的整体运行效率。

端到端的国际物流协同体系,区别以往的外包模式,着重在以下几方面进行优化:

a. 以采购订单 / 销售订单(purchase order,PO/Sales orders,SO)为单位跟踪执行过程

传统的国际物流,和制造一样,更多是一种外包的模式。发货人在生产完成按实际国际货运方式创建发货后,仅按发货单位管理跟踪运输过程,无法精细到物料在途库存;采购和生产人员无法准确地预计远岸生产所需要的物料的到达时间,货物的跟踪主要依赖手工方式采集全过程跟踪节点,人工采集人工预警,不仅沟通成本极高,而且实时性和准确性都比较差。

如图 3-20 所示,端到端协同平台通过 PO/SO 导入,或者和货主的 ERP 对接,在平台中维护记录容器与料件的组装关系,并跟踪装箱拆箱过程,将发货与 PO/SO 实际物料挂钩,从而能够根据物料的实时在途情况,预计到货情况,如果出现异常预警情况,就可以及时作出生产计划的调整,以及通过控制塔第一时间通知销售人员联系客户进行订单的变更或者调整。

b. 物流总订单一站式管控

传统的国际物流模式,往往是货主一对多的外包模式,不同国家的采购,结合不同的运输方式,会有几十个不同的外包服务商;而基于物流总订单的一站式管控,则从供应链接单入口,并从物流总订单下发各子项业务委托至各个子系统,例如报关系统、仓储系统、车队系统。基于物流订单端到端可视与协同,不仅传统供应链模式看重的成本与效率会得到提升,企业全球供应链的整体效率、柔性与灵活性也能得到极大优化。

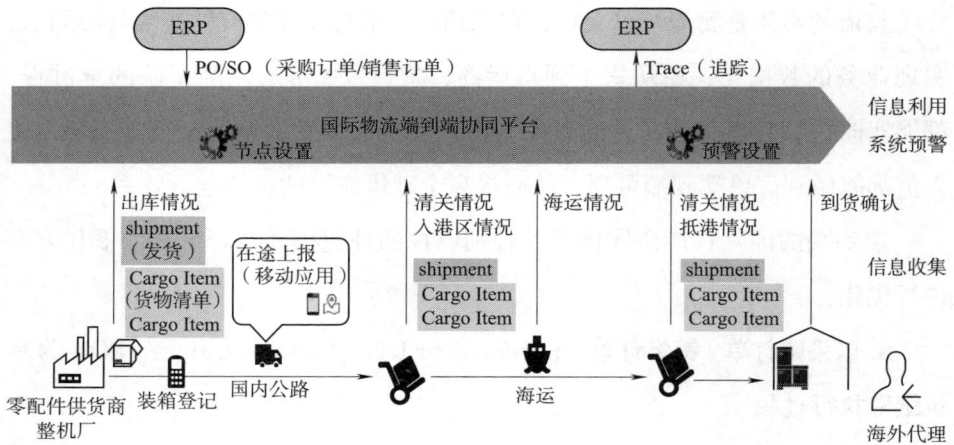

图 3-20　国际物流端到端协同平台

c. 询价与快速供应商准入

地缘政治、突发事件，导致国际物流从原来稳定的物流执行，变成了频繁的供应商询价，因此企业需要改变原来人工询价的低效率，通过平台来进行快速的询价分发和收集，把原来的操作人员转为系统推荐的物流采购方案的采用者，通过系统导入并管理实际物流作业收入或成本费用，并为供应商绩效考核以及物流绩效的分析与改进提供数据支撑。

除了系统化的询价流程，通过供应商的快速准入来应对突发事件，也是国际物流的一个常态管理。如图 3-21 所示，通过外部协同，例如对接优质的供应商平台，增加临时供应商审核及采购渠道，或者内部协同，延伸到集团内相关公司或部门已审核的供应商，增加供应商的数量，以应对企业常常出现的异常事件。

3. 端到端的关务协同

过去 200 年里大幅降低的贸易成本和各种运输费用，与贸易自由化、贸易协定、经济增长一起为 20 世纪下半叶的世界贸易贡献了 6% 的平均增长。在过去的几十年里，大多数国家的贸易便利化进一步提升，全球的贸易融合度日益加深。

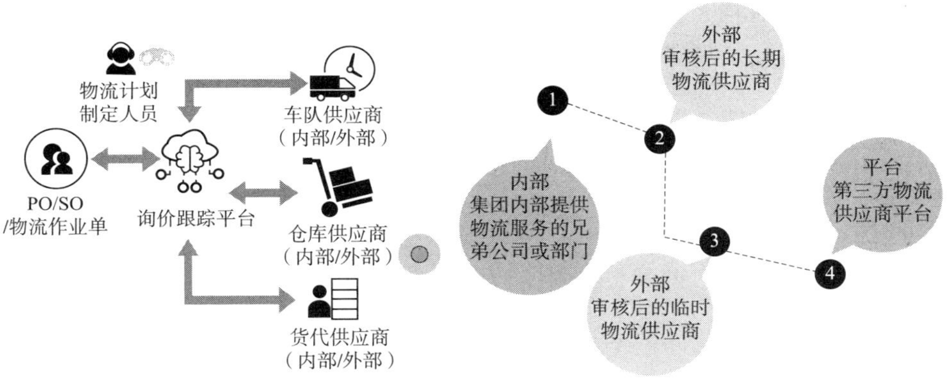

图 3-21　询价与快速供应商准入流程

然而，美国金融危机的爆发，深刻地动摇了贸易自由化的体系。一个直接的现实是，越来越多类似美国的发达国家，开始施加各种贸易限制政策，举个例子，客户在亚马逊做 FBA[①] 业务，因为商品在进入美国市场、欧洲市场、日本市场时，有着不同的清关税费标准要求，关务正在发挥其在供应链的重要位置。

端到端的关务系统

在全球进行生产和出口的过程中，端到端的关务系统需要具备智能化、集成化、标准化和可视化的特点，以满足企业在跨境贸易中的各种需求。同时，端到端的关务协同系统还可以帮助企业降低物流成本、提高物流效率，实现国际贸易的高效快捷发展。企业对国家和国际贸易政策、清关履行规则、税收政策和安全规范等进行解读，形成结构化的知识库和规则库，融入运输业务作业环节，系统自动分析和推荐优选方案，指导运输作业合规高效履行。

中国企业在全球进行生产和出口的同时，端到端的关务系统既要有中国本地化的灵活性，又要能够应对全球各地关务的需求，具体表现在以下方面。

---

① FBA: fulfillment by amazon，指卖家把自己在亚马逊上销售的产品库存直接送到亚马逊当地市场的仓库，客户下订单后由亚马逊提供后续物流配送服务。

a. 主数据管理。

主数据是端到端关务的基石，完善的全球关务系统需要拥有多个合作伙伴的主数据，如图 3-22 所示，其中包括客户主数据、供应商主数据、全球海关和监管机构的主数据。同时，产品主数据也是必不可少的，包括关税代码、商品 HS CODE 编码、进出口管制产品分类编号、出口管制分类编码、产品数据和产品分类等。此外，物料主数据也应被纳入考虑范围，其中包括海关 BOM 等，以及许可 / 授权主数据。

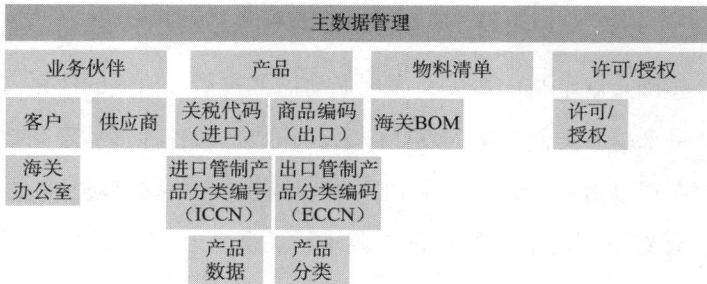

图 3-22　主数据管理

b. 全球关务、合规以及物流协同功能。

在主数据的基础上，端到端的关务系统要具有以下的功能，如图 3-23 所示。

图 3-23　端到端关务系统功能构成

- 全球关务管理：包括多个国家的自动进出口申报，或者全球的本地化关务代理一体化服务。
- 贸易合规管理：包括提供多个国家的 HS CODE 智能转换服务，以及合规筛选、出口管制、许可证管理和风险评估。
- 物流和供应链协作：提供货代、码头、仓库等物流协同服务，以及成本管理和预警管理等功能。

4. 端到端的供应商协同。

端到端的供应商协同，对于企业的供应链管理至关重要。在 Gartner 的全球供应链 25 强排行榜上，苹果公司多年来一直位居前列，这跟他们对供应链的管控密不可分，而下级供应商的选择和管理则是该管控的重要一环。

以苹果的触摸屏为例，在苹果的供应链上，富士康处于一级供应商的角色，以组装为主，技术含量相对较低，真正的技术在于屏幕（二级供应商）和玻璃（三级供应商）。对于这两个下级供应商，苹果主导供应商的选择和商务关系，富士康主要负责订单层面的日常管理。在苹果的控盘下，一、二、三级供应商之间实现了有序高效的协作，包括物流、信息流和商流。与此同时，苹果也对各级供应商实施了严格的管控，从而确保其核心技术和供应链资源的控制力，这是消费电子的典型例子。小米、苹果等都非常重视供应商的协同，包括从研发到生产、物流，进行全范围协同。在汽车行业，几乎所有的整车厂都非常重视供应商协同，特别在电动汽车领域，他们使用了非常多的芯片和软件，这些伙伴在供应商大会的时候已经坐到了第一排，这充分体现了数智时代链接、智能算法的重要作用。企业和伙伴们的研发协同必不可少。

案例：徐州工程机械集团有限公司（以下简称徐工）端到端供应商协同

徐工是工程机械领域的链主，为了提高供应链效率和降低成本，徐工采用全球数智化供应链系统（X-DSC）来实现端到端供应商协同。如图 3-24 所示，徐工通过与供应商的云对接，实现了实时共享生产计划、库存数据、物流动态、质量监测数据等，帮助供应商提高了经营效率和质量，同时降低了运营成本。

在特殊时期，徐工通过供应商协同，成功地降低了异常事件对供应链的影响，确保了稳产供应，这些实践充分体现了供应商协同在现代企业中的重要性，同时也展示了数智化供应链管理的重要作用。

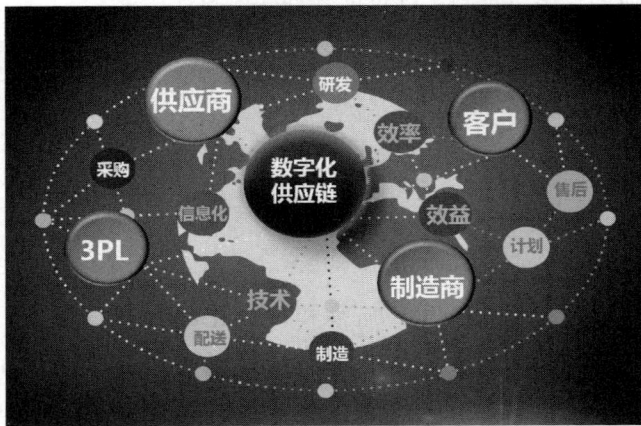

图 3-24　徐工 X-DSC 平台

"精准"是徐工 X-DSC 系统带给我们的最大利好。"这个系统能够帮助我们准确把握需求信息，判定生产计划和资源，并精准地共享在制品和成品的库存数据。"圣邦集团有限公司董事长姜伟说道。

借助徐工 X-DSC 系统，圣邦公司得以按需求制定生产计划，精准采购原材料物资，减轻采购端的压力。同时，由于库存得到良好的控制，原材料库存周转率得到了较大幅度的改善，其中，像阀体和毛坯这样的典型物料库存周转率的提升幅度更是达到了 20% 以上，大大缓解了企业的资金压力。圣邦公司等供应商与徐工之间的数智化交互使得精益供应链实现了端到端无缝衔接，这是一个成功的案例。

本章总结

企业除了关注自身供应链履约数智化能力之外，还必须应对外部环境的动荡风险。无论是行情波动、贸易限制，还是其他突发状况，近年来，每个企业都面临着巨大挑战，因此，供应链风险管理已成为所有企业的必修课。

　　企业必须认真识别潜在风险，并对其进行量化，再结合自身业务和资源情况制定缓解风险的方案，利用数智技术整合企业内外部风险数据，建立风险影响量化分析模型，实时感知风险事件对供应链的影响，建立风险预案库，及时响应和应对风险事件，降低其对供应链的冲击和影响，使供应链及时恢复正常运作状态。如果还有企业抱有侥幸心理，那就好比是在裸奔，短板很快就会在下一次风险来临时暴露无遗。

　　企业需要制定全面且动态的供应链风险管理策略，以支持企业战略目标的实现。在具体的运营执行层面，企业需要建立常态化的供应链风险管理流程机制，实行风险的闭环管理。在技术实践层面，企业需要通过数智化技术，实现可视化、可预警和智能可控。总之，供应链风险管理不是一蹴而就，而是一个系统性的工程。企业需要做好供应链风险管理的顶层设计，从制定战略战术再到相应的流程机制和技术层面进行系统性的规划，构建一套全方位的供应链风险管理体系。

　　韧性不仅是一种抵御危机的能力，更具有与动态变化相适应和不断进化的特征。缺货发生的时候，考验的是企业前期的洞察和布局能力，对于供应的核心技术、区域布局、单一供应等的关注。恢复供应、去库存的阶段，企业才会发现库存是把双刃剑，需求和供应的快速匹配，数据动态交互的重要性。优秀的供应链管理对于健康的现金流起着举足轻重的作用。数智供应链韧性体系的构建过程是伴随数智化技术的发展重塑供应链韧性的过程，是数智技术与供应链韧性建设的结合过程，其宗旨在于打造能够抵御风险、具备强劲、柔性和冗余特征的综合供应链韧性体系。企业在长期供应链体系的建设过程中，保持一定的韧性和冗余是必要的。

　　数智化供应链的韧性价值主要体现在计划、寻源、制造、物流等方面，需要从端到端供应链的全业务流程防控风险，以保障安全稳定。"谋定而后动"，数智时代下的供应链履约其实是供应链综合能力的体现，是运用供应链体系和数智能力向客户赋能的过程，因此，在供应链管理中，"稳中求胜"成为企业经营策略的重要手段。

全面的风险管理不仅包括对市场环境、产品评估、供应商全生命周期管理的考量，还涉及从中短期风险到远期风险的评估和应对措施。无论是企业出海拓展国际业务，还是推动可持续发展，这些风险管理措施都是至关重要的。

从自制和外包的决策到投资关键供应商成为重要伙伴，从事后补救到事先预警，这些变革都在彰显采购与供应链管理的核心作用。通过升级供应链风险评估体系，评估潜在的脆弱性，并根据市场态势及时做出调整，我们可以实现供应链的灵活应对。冗余与精益是相对的概念，在不同的时期和针对不同的产品，采取的方法也会有所不同，切不可刻舟求剑。

供应链全流程节点多，需求种类多，需要以最低的代价动态解决瓶颈问题。为了应对全球供应链的不确定性，企业需要早做准备，采取多样化的全球布局策略，调整供应链结构，减少对单一来源的依赖。同时，善用新兴技术进行创新，制定长期规划，提升网络安全举措，确保供应链的安全稳定。

数智化供应链系统与新技术的运用将是供应链体系能力的一部分。通过使用由人工智能和强大算法引擎推动的端到端数字模型分析、场景计划和模拟来实现供应链结构、策略制定和流程的持续优化设计，这将为企业把供应链打造成企业核心竞争力如虎添翼，因此，企业需要及时跟进新技术的发展趋势，不断学习和更新自己的知识，这样才能在激烈的市场竞争中立于不败之地。

总之，供应链管理的关键在于把握商机，勇攀高峰。只有不断提升自身的能力，采用先进的数智化供应链管理，企业才能在市场中立于不败之地，赢得更多的商机和客户信赖。

第 4 章

供应链控制塔与数字孪生：从看得见到虚实相映

天空没有翅膀的痕迹，但我已飞过。

——《飞鸟集》泰戈尔

4.1　供应链控制塔

供应链如同人体的血管一样，贯穿于整个企业运营的各个环节，而数智化程度的提升，就如同增强了这个血管的韧性和弹性，因此，在应对突发事件时，数智化供应链平台的及时响应和调度尤为关键。

要想保持供应链的韧性，企业不仅需要柔性的运营模式，还需要强劲的管理能力，而综合性的基于数智技术的端到端供应链管理平台，则是实现这一目标的重要保障。通过实时监控供应链运营并根据数据优化决策，平台能够提高供应链的前瞻性，及时调整供应链体系，使企业能够更加迅速地应对突发事件。

时间是生命，时间是成本，在突发事件前面，谁能先洞察、准备、反应，其遭受的损失就会更少。因此，企业应当在未雨绸缪的情况下，建设数智化供应链平台，以确保供应链即时、可视、可感知、可调节的能力。在此过程中，线下的、物理的供应链要素数据化、线上化，可以增强供应链的可视化；而建立集成化的供应链控制塔，则能够汇聚关键信息、处理关键数据、发起关键决策并展示关键绩效，从而实现供应链的可感知和可调节能力的构建。

4.1.1　解密供应链控制塔

工欲善其事，必先利其器。企业在应对供应链风险时，数智化技术便成为必不可少的利器，而供应链控制塔，则是赋能供应链韧性的重要武器。

供应链控制塔定义

控制塔的原型可以追溯到古代的烽火台，它们用于预警敌情；在大航海时代，灯塔则指引船只方向，确保航行安全；而在现代，机场控制塔台管控着城市上空复杂的航线。在供应链领域，控制塔则实现了对整个供应链的 360 度可视化。正如"兵无常势，水无常形"一样，数据也同样需要实现可视化。在数智化时代，企业拥有了大量的数据，但如何利用这些数据呢？供应链人期望数据的可视化，以便更好地洞察信息。

数智化供应链控制塔能够提供即时的、端到端的全球供应链可视化，并成为企业在价值链上作出智慧供应链决策的重要工具。控制塔就像心脏一样，需要有节奏、有节拍。如果说 ERP 系统是企业内部数据的整合和处理，那么数智化则是对内外部数据的大整合和大处理。随着技术的不断发展，新一代的控制塔将是具有人工智能的数智化供应链控制塔，它能够自主反应、深度学习、协同共享信息、自主校正供应链、认知分析，通过交互式学习，让分析能力逐步增强，提升认知水平，这样的控制塔能够分析大数据，从中提取供应链的商业价值，以便作出最佳的解决方案和决策。

此处以 O9 Solution 为例（O9，位于美国达拉斯，是一家领先的以人工智能为驱动的集成计划和运营解决方案供应商，为客户提供端到端的供应链解决方案），该公司的官网主页上展示了供应链控制塔工具的演示视频，该塔通过订单、物流、计划等数据的接入，可以实时查看每一票货的状态并模拟不同指令对供应链计划产生的不同影响，为客户提供最优方案的指导。

该工具的核心是 O9 数字大脑，其连接各种传感器和数据源，实现供应链的实时可见性和管控能力，通过高级分析和算法驱动的控制机制，构建了供应链大脑，将控制塔打造成为供应链的虚拟决策中心。这种自主的供应链，应用了人工智能和机器学习等高级算法，提高了整个供应链的效率。2022 年 10 月，O9 推出了新工具供应感知（supply sensing），以帮助公司预测、评估和缓解供应中断，增强供应链的弹性。

O9 数字大脑将大数据转化为知识，主要包括以下三个步骤。

第一步，从不同数据源采集供应链的实时 / 分时数据，这些数据包括市场数据、联合数据（跨选定参数集的产品零售销售活动的聚合集合）、物联网（internet of things，MES/PLM/IoT）产生的数据、人力资源管理数据以及实时追踪数据。

第二步，通过数据湖、数据仓库 / 数据集市等方式管理和加工这些实时 / 分时数据。

第三步，数字大脑系统将加工处理后的数据转化为企业供应链数字大脑的知识，从而实现对供应链的优化和管控。

如图 4-1 所示，这是一个企业的供应链物流控制塔的核心功能。

计划和排程	预测	事件管理	审计和报告	决策支持
• 规划操作流程并提前做好计划 • 基于数据规划运输路线 • 面对异常及时调整路线或操作流程	• 预测日常流程各关键节点的预计完成时间 • 分析历史数据挖掘潜在需求 • 基于大数据分析识别潜在风险与机遇 • 预估供应链成本	• 管理供应链生命周期各个阶段 • 计费和票据管理 • 异常监控与管理 • 日记记录	• 为供应链各参与方提供完整视图 • 生成KPI报告和平衡记分卡 • 横向对比各服务商表现情况	• 为客户提供最优成本、质量和绩效的一站式解决方案 • 打造敏捷、弹性、可靠、快速响应的供应链

图 4-1　物流控制塔的核心功能

供应链控制塔可以提供从工厂到经销商的实时可视化，让客户和企业自己随时掌握物流动态，而所提供的分析洞见、自动化报表和异常预警，则能够让您更高效地管理运营。此外，供应商库存管理（VMI）模块也使得控制塔成了一个协同式供应链库存管理（CPFR）平台，能够让企业与供应商更紧密地协作。

有人可能会问："了解物流的实时状态，模拟未来的计划有什么难的？计划员只要细心都能做到。"然而，在大型跨国公司，特别是拥有多个工厂和跨越多个大洲的企业，供应链控制塔的作用就显得尤为重要，这时候，控制塔提供的实时信息和精准计划可以帮助您更好地管理供应链，避免出现生产设备停机等突发情况，提高整个供应链的反应能力和弹性。

在制造业领域，国内外许多知名企业如联想、美的、宝洁、施耐德、卡特彼勒和捷普等，都已开始应用供应链控制塔。有一位计划界从业者曾经说过，"你们采购吭哧吭哧一年省下的那点钱，不够我们一次计划事故浪费的。把计划做准了，交付稳定了，库存降低了，比你一年节省3~5个百分点强多了。"这也表明，通过建立定制化的情景模拟计划系统，可以帮助企业更好地应对生产设备停机等突发情况，提高供应链的反应能力和弹性，从而实现不同程度的销售额增长、利润率提高以及资产利用率提高的效果。

如图4-2所示的控制塔，我们可以把控制塔分为以下五个层次。

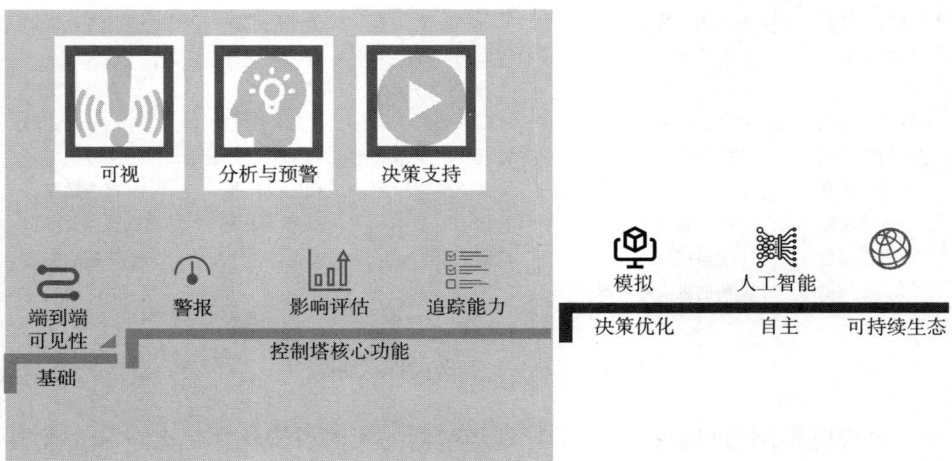

图4-2　控制塔

层次 1（L1），可视。慧眼识珠，乃是控制塔的根本。控制塔通过精心打造的视觉效果，可快速洞察关键信息，这是控制塔的基础。

控制塔以数据为核心，通过互联互通的方式进行可视化，实现机器学习等前置决策。在这个层次，控制塔的数据集和流程主要包括事件的相关性、可信的数据流、事件集，以及来自各个业务模块的实时数据，这些数据源涉及供应链内外的各种数据源、大数据分析系统、智能设备、可视化显示装置、合作伙伴系统、内部系统或云系统等。控制塔整合了供应链上下游各个环节与资产，连接了供应链内部和外部的各种系统的数据源，包括链的内部数据源和链的外部数据源，如政治、社交、气候、灾害等数据，以及物联网的实时数据源，如车联网、库联网、港口、机场网络等。

企业可以通过控制塔获取实时数据并加工后显示于仪表盘，从而实现供应链的实时可见性。智能控制塔能够看得更远，不仅因为站得更高，而且因为拥有更多的有效数据。

需要注意的是，对于大型企业，控制塔展示的指标可以根据管理人员的层级进行分级展示，类似于"千人千面"。当前，许多车企正在努力实现整个供应链的可视化，并进行供应链的端到端管理，上端涵盖原材料的采购、一级、二级、三级、N 级供应商等，下端则覆盖一级、二级、三级、N 级分销商以及最终用户等。

层次 2（L2），分析与预警。任何一个控制塔都需要一颗清醒的头脑，这是至关重要的，它需要基于实时数据集进行分析和预警，通过对异常事件的根源分析、用供应链优化模型进行模拟以及预测未来的需求，可以主动识别风险并缩短供应链响应时间以缓解风险并提高业务绩效。

在这个层次，企业应该考虑过程指标，并且在设计阶段要定义各指标的目标和预警线，以便对外部风险数据生成供应链预警。其实，这些功能在以前的生产制造企业的生产线上就已经有了。例如，当产线出现异常时，在生产线的大屏幕上会出现预警信息，并且相关信息也会被推送到相应领导的移动终端上。在供应链中，如果市场出现下滑，需求预测需要进行调整，这就需要供应链预警来提醒，同时还要考虑库存水位的影响，建议供应等。例如，如果仓库班次或日出货量未达到目标，就可以直接预警；如果客户配送的准时送达率未达到预定目标，也可直接预警。

层次 3（L3），决策支持。控制塔需要一个灵活的身体，以便在建立了 L1 和 L2 之后，可以进行快速响应和执行。L3 是控制塔系统的计算和规划能力，它根据采集的实时数据，可以为管理者提供可采用的执行方案或方案选项，以及不同方案的预计执行效果。绩效监控是基于数据的决策能力推出的，具有一组标准化的关键绩效指标、供应链数据和基本分析。例如，它可以根据客户订单需求和可用的运力，给出建议的运输线路或装箱方案；根据销售预测和当期客户订单、库存水平和既定库存政策，给出补货建议等。

层次 4（L4），自主性阶段。数据畅通无阻，机器学习执行复杂实时预测分析，自主执行补货采购订单，实现物流生产能力再部署。无论上下游供应端或外部市场的需求变化，企业都可以通过优化，如上下游协同和市场更新信息技术的优化，满足更高要求。高阶分析和智能决策辅助人或自主作出准确决策，控制塔能够快速调取有效信息。企业需要清晰业务逻辑规则，积累业务数据，利用人工智能和机器学习进行自我学习，这样才能准确自主执行。

最后是**层次 5（L5），可持续性生态**。2022 年 8 月，O9 推出全方位的可持续发展解决方案套件，这些解决方案嵌入其以数字大脑为核心的 AI 驱动的集成业务规划平台，包括产品和企业环境足迹测量、全面可追溯性、ESG 风险管理、支持 ESG 的业务规划、可持续采购和供应链循环性。可持续性不只是企业自己，还有上下游的生态伙伴，业务的利润分配要合情合理，生态链上的伙伴才愿意跟着你共生，共同发展。不论供应链的控制塔处于哪个阶段，都可以应用在企业内部、供应链上下游或供应链生态圈的伙伴之间。

建模、仿真、优化是控制塔的几个步骤，好的控制塔一定要讲不同的角度，战略决策者和操作者的视角是不一样的。

控制塔技术价值矩阵以及各行各业的应用

控制塔技术价值矩阵的领导者如蓝海、E2open、因福、奇纳西斯等，各自在不同的行业、企业和管理成熟度下，根据不同的需求，实施着不同类型的供应链控制塔，包括物流 / 运输控制塔、履约控制塔、库存控制塔以及端到端的供应链控制塔等。

在零售行业，阿里巴巴、京东等企业也都拥有这样的控制塔，为供应链管理注入新的活力。

在快消行业，某国内乳品龙头企业通过供应链控制塔实现订单端到端全流程拉通，成功识别了 18 个业务断点和 31 个数据断点，借此为补充建设业务系统打下坚实的基础，提高了业务运作的效率。同时，他们也推动了业务变革，通过数据结果说话，减少了"扯皮"，提高了跨领域协同效率。

在家电行业，美的在国内拥有两个工业互联网"灯塔工厂"，其中顺德工厂通过"供应链控制塔"实现了贯穿研发、制造、采购等方面的全价值链数字化运营，使得内部综合效率提高了 28%，产品品质指标提升了 15%，订单交付期缩短了 53%，端到端渠道库存占比下降了 40%。

在汽车行业，某国内汽车龙头企业通过"供应链控制塔"的应用，成功地追溯到制约汽车交付的核心原因，即传动轴独家供应商的模具异常，这一异常导致交付质量不稳定，交付不及时，影响了生产进度。为此，该企业组织品质和资深模具工程师协助供应商解决异常，同时加快供方寻源，避免独家供应，快速解决了交付的异常。除了整车企业，其上游的零部件企业也通过接入、打通、串联整个供应链相关外部系统数据，实现了整个供应链端到端的可视化。

在电子制造业方面，某电子制造企业集团在基于供应链控制塔拉通数据的过程中，发现其各事业部电子元器件存在"一物多码"的情况，导致采购执行和仓储管理出现问题。为此，该企业协同客户一起成立了一个物料维度的数据治理小组，基于此业务场景，围绕电子元器件"一物一码"开展数据治理，精减了 2 532 个编码，集采谈判降本 22%。

望闻问切

假设在某一个供应链业务部门，其日常遇到的典型问题就是供应短缺，无法满足客户需求，我们首先要进行描述性分析，了解发生了什么，即哪个产品出现了交付不及时的问题；接着，进行诊断性分析，深入查询问题根源，是哪颗子物料或者组装流程或者供应商排产比预期节奏晚了？在确定问题后，可以进行预测性分析，评估短缺将持续多久，预计何时解决；接下来是规范性分析，通过优化措施解决问题，尽可能平衡供需；最后是认知性分析，尝试学习供应链问题和改善措施，发展基于 AI 的预测模型，实现数智化供应链。可以说，供应链控制塔在不同分析阶段的主要功能也会有所侧重，并且可以在不同的应用场景下将多个分析阶段的功能做融合，达到智能化的效果。

供应链控制塔在不同分析阶段的不同技术应用场景，基于使用的不同的技术能力做区分主要有以下六个阶段。

（1）数据实时智能连接。实时获取数据用于商务过程监控，流程监控等。

（2）问题分析。使用预测性、描述性的分析方法使得数据本身从反映型朝着预测型转变。

（3）影响分析。理解某个预警信号的影响，从数智化本身的生态系统到公司业务中的供应链。

（4）场景建模。对于不同的场景，提供合适的模拟模型做仿真，给定某个输入后预测可能的响应情况。

（5）协同响应。在整个生态系统中互相连接，互相协作。

（6）AI 智能。通过 AI/ 机器学习等技术实现高度自动化。

高阶的控制塔具备自适应系统能力，这也是很多人都会认为控制塔是前沿领域的关键，因为如果想做到自适应、前置风险预警、提前决策这些智能功能，是需要各类关键技术做支撑的。在不断发展和应用新兴技术的推动下，控制塔将在未来不断演变和完善，成为企业数智化转型的重要支持。

4.1.2　供应链控制塔的搭建方法

近年来，一些在数智化方面领先的企业开始构建供应链控制塔，以实现端到端的可视性和风险管理。供应链控制塔如同一个虚拟的指挥中心，能够帮助企业披荆斩棘，其中包括以下内容：

①展示价值链的完整视图，解决跨越供应链的复杂性问题；

②提供实时警报，迅速应对问题，减少过程和数据延迟，实现基于实时数据的决策和行动；

③利用数据学习（如机器学习）为决策者提供优化建议和制定最佳的行动方针；

④分析大数据并从数据中预测风险，以便作出提前应对。

更智慧的控制塔能够运用人工智能和机器学习等先进技术，帮助企业打破数据孤岛，获得实时可行的洞察，更好地预测中断、管理异常，提高业务连续性以及响应计划外的事件。

如图 4-3 所示，科箭公司的强大的供应链控制塔（PowerSCCT）通过提供分析可视、事件管理、决策支持和业务优化的流程和工具整合，帮助企业应对供应链的挑战，减少并及时干预供应链执行中的不确定因素。以事件管理为例，如果在业务中发生承运商提货延迟事件，可在事件管理中及时发现并通知业务管理人员。

供应链智能控制塔能够为用户呈现全方位的可视化供应数据，以帮助客户及时发现问题，快速定位并确定行动方案，跟进事件并及时处理。此外，控制塔还能不断迭代优化，从"问题"和"决定"中持续学习，成长为自主控制的智慧塔。

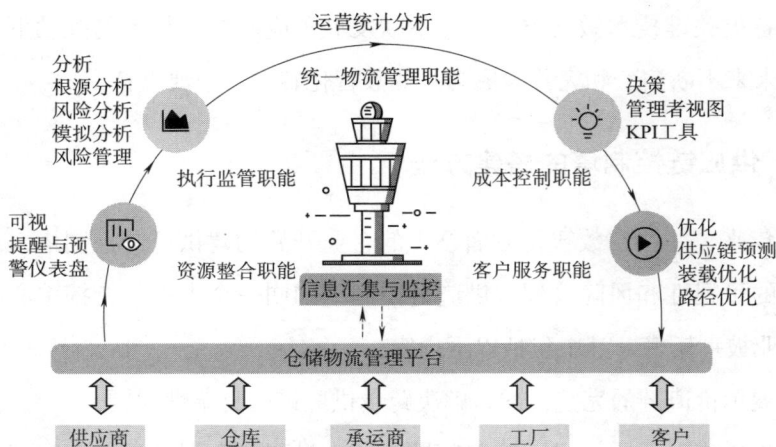

图 4-3 科箭公司的 Power SCCT

在风险管理面前，供应链各职能部门之间往往会互相推诿，而控制塔可以打破僵局，让大家坐下来，共同看着屏幕上相同的数据，结合风险热力图、概率和频率的风险矩阵，辅助业务专家决策，让组织更协同、决策更高效。

供应链控制塔能够让供应链管理者站得高、看得远，从而更好地应对风险挑战。例如，施耐德电气工厂的控制塔可以对经济、气候、灾害等分析数据进行数据集成，实现实时可见；而联想控制塔是智能控制平台，既是运营中心，也是管理和决策中心，为前端供应商、客户，甚至是供应商的供应商提供360度的信息可视化，打通供应链的全部信息通道，实现了供应链的数智化联动。

联想控制塔的第一部分是管理者看板，包含四通八达的数据维度。横向涵盖订单发运、订单下单、个人目标以及销售与运营计划（S&OP）目标，纵向则包括订单发运、订单下单、区域预测以及供应承诺；此外，还有库存（backlog）明细以及成本库存数据，供管理者全面把握供应链状况，洞悉整个生态。

联想控制塔的第二部分则是区域维度，为区域管理者提供全景展示。内容涵盖配送中心整体状况、发运计划、异常预警以及个性化的定制，这一部分让管理者能够快速了解区域供应链的现状，及时作出分析和决策，提升效率。

在区域维度的控制塔中，还可以分析和优化国际订单交货的运输方式。

当紧急订单需要改为空运时，该系统能快速响应；而当并不紧急交期货物需要改为海运时，它也会给出相应建议；此外，成品库存库龄分析以及过期库存的分析报告也能帮助管理者对现有库存进行合理管理；同时，该系统还支持个性化定制报告，为区域管理者提供更精准的数据支持。

联想控制塔的第三部分则是零件维度。该系统可以展示缺料零件大类，并显示主要缺料，它能够清晰地展示 30 多家自有及合作工厂、2 000 余家核心零部件供应商、280 万家分销商和渠道商以及服务 180 多个国家和地区客户的需求和供应情况。即使是针对一颗螺丝钉的库存和需求，供应链智能控制塔也能帮助联想进行调度和决策。

最后一个部分是呆滞库存的零件维度。该部分可以从不同的品牌、不同的区域以及不同的工厂维度进行筛选分析，这些数据为未来的呆滞物料的提升提供了充足的依据。对于呆滞物料，供应链智能控制塔提供了部件级别的库存状态分配规则，动态警惕它的贬值速度。

值得一提的是，在联想的控制塔里，大数据分析和人工智能扮演着重要作用。联想建立产品预测模型，通过机器学习不断修正它，从 2017 年控制塔成功开发那刻起，这个模型就被不断地修正。对控制塔进行优化总体来说分为三类，优化决策类以算法支撑资源的分配，满足客户需求；预测类型，通过准确的预测为供应商承运商争取响应的时间；基于自然语言的风险感知，帮助供应链管理者提前做出切换和调整。时至今日，该控制塔的智能算法已经可以比经验最丰富的计划员的预测准确率提高将近 20%。

接下来，笔者将使用 SCOR 模型的五大流程，深入探讨控制塔在供应链管理中的具体应用，这五大流程分别是：计划、采购、生产、交付和物流。从 SCOR 模型的角度来看，计划是整个供应链角色的重要组成部分，涵盖了从长期战略规划到对采购、生产、交付和逆向物流的计划，以及需求和供应的角度分类。无论是长期、中期还是短期计划，它们都在供应链管理中扮演着至关重要的角色，因此，计划对于整个供应链管理的端到端可视化起着至关重要的作用。

控制塔的魅力在于它整合了供应链管理数据、状态数据和供应链平台，帮助企业响应并执行相应的控制措施。控制塔不仅仅是高端大气，更因为其中所蕴含的数据的珍贵，才会备受追捧。每一个数字都蕴含着无尽的价值，而这些数字带来的后续行动和决策则成就了整个业务的成功，这些数据源源不断地汇聚而成，正是供应链生态中最为重要的元素。

底层：数据从哪里来？

1.以数据为驱动，集成各个业务平台数据

在上述提到的各个计划角色中，数据可能散布在企业内多个系统中，例如历史订单量、客户需求时间、产品分类等需求计划相关数据需要接入客户关系管理（CRM）数据；而供应计划相关数据，如供应情况，需要向上游供应商接入供应商关系管理（SRM）数据，同时还需接入自有工厂生产系统数据，例如产能分布和排产计划节点等。多维数据的集成需要各个系统之间相互联通，这是可视化的基础。

2.关键技术带来的智能空间

如果想要在可视化基础上实现分析预警功能，甚至对具体供应链日常事件进行过程管理，就需要基于相应的数智技术应用场景。

上层：数据到哪里去？

数据接入后，从功能维度来展开，搭建供应链控制塔的架构应遵循三大功能模块的设计，接下来展开的案例介绍也在这三个功能方向上有所贯穿。

首先是指标可视化，通过构建仪表盘来形成各种关键考核点，为高层管理层提供快速有效的图表来作决策和了解业务情况；

其次是根据指标反映的根本原因作风险预警，甚至搭建各种仿真模拟场景来分析各种考核维度；

最后是根据风险预警采取行动，监督执行情况并持续改善，这是基于指标可视化和风险预警的拆分而来。

当谈到供应链控制塔时，不再局限于数据和信息的呈现，而是延伸到业务可管可控的领域，这种转变强调了信息透明和可视所带来的业务价值和影响，指导业务流程管理。这说明供应链控制塔已经不是简单的展示平台，而是一个集数据可视化和业务管理于一身的强大工具。

在组织架构上，如果一家公司采用了 SCOR 的模型分类，那么需求计划就需要与面向市场的销售团队和面向产品迭代规划的产品团队对接，而供应计划则由采购部门和生产部门综合汇总提供。计划角色对仓库库存水位有直接的影响和作用，因此我们也会在计划这一部分包含库存管理的控制塔内容。

假设我们使用进销存（PSI）工具，需求端是作为与销售端有相对更多交集的职能而设立的，因此需求计划角色在控制塔中的应用主要集中在需求准确率、库存周转和 PSI 的分析使用等方面。

需求准确率

需求准确率是某企业 A 需求端使用的监控指标，需要基于销售端的市场销量预估、产品端对产品迭代的规划，对进销存 PSI 做月度的需求计划。我们需要实时查看历史的以及当前月的需求准确率，这里的需求准确率是基于历史多版本的预测进货量和对应月的实际进货量的比较，每个版本给以不同的权重。此外，一个系列产品可能有多个最小库存单位（SKU），因此我们还需要考虑每个 SKU 的金额占比对应系列产品的比例作为权重，最终形成这个系列产品的需求准确率。

当决策层看到产品的需求准备率概览时，会迫不及待地对其进行拆解，以便查明问题的具体原因。例如，如果 8 月份的需求准确率急剧下降，我们要会深入分析哪个 SKU 的准确率出现问题，并在控制塔中为用户提供该 SKU 的详细历史需求值、实际进货值和金额权重等信息。在这些细节的帮助下，用户可以直接判断历史预测变动的时间点、数量情况，从而采取具体的事件管理措施。结合 PSI 工具进行分析后，我们可以判断问题是由产品迭代策略调整还是由某个地区 / 渠道的销售未达到目标所致，并尝试提出方法以提高准确率。从数据到人的执行动作的供应链管理过程就在这样的一次次决策中逐渐形成。

此外，需求计划模块的案例讲解不仅可以展现从数据可视化到问题拆解再到对应执行动作的完整链路，还可以深入了解内外部产销协同流程和需求预测管理流程的融合，这种流程融合构成了控制塔在从可视化到对供应链管理流程的持续迭代优化，进一步提升了供应链管理的效率和精度。

供应计划

及时交付率分析：当制订供应计划的时候，需要考虑按时交付率这一重要指标。从供应计划的角度来看，我们需要综合评估可用的产能和供应商情况，以判断交付能力。为了确保交付能力，会在设定若干辅助监控节点前，根据月度销量目标和进货需求，下发生产订单或采购订单。这个链条上有多个维度的"率"，比如销量达成率、提货率、发货率和交付率等，这些维度都需要被仔细监控。

如果控制塔可以集成销售、提货、发货和交付等多个维度的信息，那么从交付的角度全链路监控、管理按时交付率就变得更加容易。如果交付率或者某个环节落后进度，可以追溯到具体的订单，查询延迟的原因，并采取具体的应对措施，这一过程需要注意不同节点之间的衔接，以确保交付能力的实现。

交付逾期综合分析：当在考虑如何优化交付达成率时，控制塔可以提供多种多样的解决方案，其中之一是通过多层结构的分类管理来跟踪和解决交付延迟问题。我们可以将问题分成三个级别：首先，找出造成延迟的具体部门；其次，确定出现问题的业务环节；最后，深入分析问题出现的具体原因。

这种结构化的方法可以通过各种图表形式在控制塔中呈现数据，例如柱状图、折线图、饼状图等，从而帮助我们发现哪些环节需要改进以优化交付达成率。例如，如果某个产品 X 在生产过程中出现了物料短缺、产能不足、人员不足或品质问题，我们可以通过分析占比、时间分布等数据来解决关键问题。

交付计划和风险预估

通过评估各个供应商的产能值、工作中心的产能值、人员的产能等关键参数，可以制订可靠的交付计划。在此基础上，可以将进销存中的 P 值（表示在给定销量目标下需要的需求进货量）替换为交付量，从而模拟推算出后续月份的库存水位。此外，如果预测到交付可能延迟 10 天，还可以模拟库存水位的波动情况，并在库存水位过高或过低的情况下提供预警，这需要使用库存水位健康值作为参考参数，并与库存管理部门进行联动。

总之，控制塔的具体使用场景是围绕公司的供应链流程、业务逻辑来设计的。无论是过程管理、风险预警、还是持续优化，控制塔的功能架构都是围绕监控指标可视化来展开的。随着数智技术的兴起，我们可以期待这些技术在控制塔中发挥更加丰富的作用，为供应链管理提供更加精确、高效的解决方案。

当谈及需求计划和供应计划的应用时，库存水位是决策制定中不可或缺的维度之一，因此，我们需要一个库存管理的控制塔模块，让它来进行库存管理。以企业 A 为例，该企业的仓储网络结构是由各个区域的自营仓库构成，它向上游客户端接入了各大电商渠道的库存水位实时值以及海外的代理商渠道的库存水位，向下游接入了供应商的成品库存信息，这样的供应链库存信息打通，基本实现了供应链直接上下游关联的库存信息，控制塔在这些基础上如何实现供应链库存管理呢？

端到端库存水位实时监控：最基本最重要的功能是端到端库存可视化。通过接入上下游供应商和客户的数据，可以同步查看某个产品的供应商端可用成品库存，企业自有仓的可用库存及各个地区的分布、客户端的库存水位及区域分布，这样的端到端的可视化是极为有助于后续决策管理的。例如，如果客户端的积压库存水位较高，我们就可以推断近期内可能出现销量下降，因此需要采取相应的销售策略促进销量的转化。另外，还可以考虑降低给供应商的进货需求，以避免更高的库存积压，从而放缓生产端的排产节奏和企业的进货节奏。

控制塔的建设是一个典型的供应链项目，它需要结合 IT、策略、政策、流程梳理、优化和管理咨询等多个方面，甚至可能涉及组织架构的调整和人员授权的变更，因为这是一个项目，所以大小可控，并且需要考虑立项所需的投入／产出分析。需要注意的是，大量基础的实时数据采集不是一朝一夕就能建立的，也不是免费的。从第二阶段开始，我们就需要大量的智力投入。准确的数据检索和分析是成功的关键，尽管机器学习领域取得了进步，但如果没有准确、标准化的数据，人工智能便无法提出改进建议。我们仍然离完美的技术很远，目前还没有一个人工智能驱动的控制塔系统不需要人力来自运行的。我们要注意寻找有资格的、有技能的专业人员来维护它。此外，作为基于云的解决方案，控制塔需要强大的防御系统来防止数据泄露和黑客攻击。

想象一下，在未来的供应链中，一周后的库存量、订单交付情况、物流问题等，所有这些看似无关的数据都需要被整合到智能控制塔中，进行业务场景模拟和洞察，以帮助机构和企业全面把控供应链中的风险。控制塔就像一个军事指挥官一样，能够运筹帷幄、纵观全局，从供应商、工厂、仓库、渠道到门店，掌握关联性洞察，把控原材料、订单、库存、产能、物流信息。

为了实现这样的目标，我们需要一个强大的数据平台，一个能够满足所有供应链合作伙伴和承包商的统一标准化端到端方法，以及一个敏捷的、自动化的决策操作模型。所有的数据都需要被收集、归纳和分析，从而能够帮助我们识别问题和原因，计算响应并采取行动。

除此之外，智能控制塔还需要高效的应用建设，必须具备可视化（驾驶舱和全链路可视）、可控和数据智能的特点。只有这样，才能在不确定的环境中，协调产业上下游的生产、库存、物流和销售协同。当谈到智能控制塔时，我们需要思考如何在浩瀚的数据中找到宝藏，就像在大海中寻找针一样。人工智能和机器学习非常擅长"大海捞针"，而人类更善于观察"针"并决定如何使用它。

新一代的供应链控制塔，一定具有人工智能的特点，能够自主反应、深度学习、协同共享信息、自校正供应链、认知分析，通过交互式学习的方式，它能够逐渐提升其分析能力和认知水平，并从大数据中提取供应链的商业价值，以帮助企业作出最佳的解决方案和决策。

4.1.3　实战案例：端到端的供应链控制塔

端到端的供应链控制塔，旨在全方位无死角地分析管控供应链宏观及微观的各项指标，包括成本、时效、质量等，并且实现多指标协同，从而实现各层次、各职能间的协同管理而不是信息孤岛式管理，赋能供应链可持续改进。

全球供应链控制塔是端到端供应链的核心。

首先，它涵盖了国际物流、货代、采购、库存等所有领域的供应链全链管理，使得整个供应链如履平地。

其次，由于全球供应链涉及的维度更多，包括关务、汇率、地缘政治、国外的异常事件等，因此，全球供应链控制塔对异常和预警的管理要求更高。同时，全球供应链控制塔能够结合可视化的数据作出分析和决策，例如路线的选择，以及针对某些料号的短缺可能会影响国外产品的交付，从而作出快速的计划调整和生产调整等。

如图 4-4 所示，控制塔可以从宏观的财务指标关联到运营指标，层层递进最终到单个最小存货单位（SKU）层级，例如库存通过占销售比关联到库存在库天数（days on hand，DOH），然后通过 DOH 的整体情况再到 SKU 层级的库存，并且对于同个 SKU 多点库存实行协同管理，最终呈现一支花团锦簇的库存管理队伍来管理库存，避免仓库满时无人问津，缺货时却又乱成一团。

最后，还可以分析单个 SKU 的历史进销存及未来需求库存趋势，从而清楚了解前因后果并及时采取相应措施控制库存，及时应对市场需求变化，化腐朽为神奇。

企业可以通过控制塔对运输成本与时效进行可持续改进，从多个维度对国际段及国内段的运输成本进行分析，从而找到优化的侧重点，并且对于同一条线路单位成本、在途时间、运输方绩效综合考虑，做到质优价廉，实现运输准时到达率、在途时间、物流服务供应商的绩效及异常事件管理。

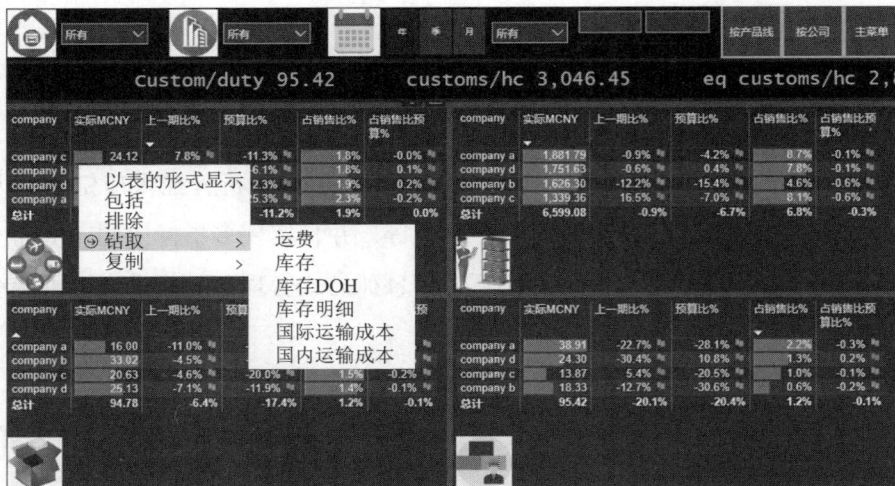

图 4-4　供应链控制塔从整体到 DOH 再到 SKU 的钻取 [1]

　　控制塔可以用来模拟如何综合考虑客户订单及预测对于运输、库存成本的影响，为管理者提供了一个完整的可视化方案，从而能够快速地作出正确的决策，如图 4-5 所示。

图 4-5　供应链控制塔——跨境物流决策模拟

---

[1]　图 4-4～图 4-9 中的数据已作模糊处理，此处仅供参考。

供应链始终存在"此消彼长"的效应，因此成本控制需要控制的是总成本而不是"各家"看"各家"的。如图 4-6、图 4-7 所示，这里从采购端可以看到采购 + 运输 + 关税 + 库存的总成本，从而有效地去控制总成本而非单一成本，以及按供应商去看相关的库存、运输成本等。

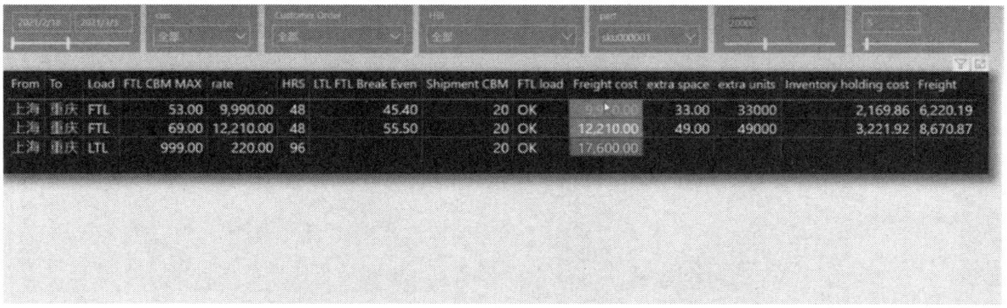

图 4-6　供应链控制塔 – 端到端总成本

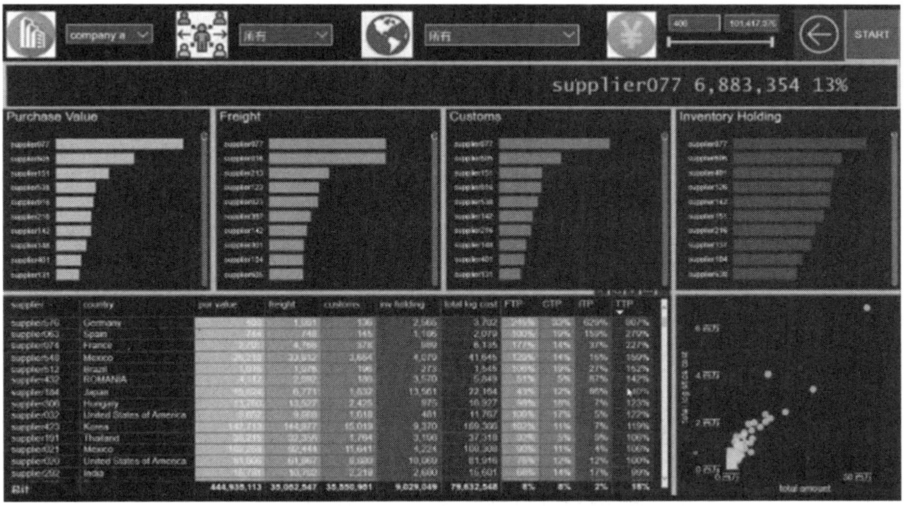

图 4-7　供应链控制塔 供应商全成本分析

如图 4-8 所示，控制塔"风险链"提供的则是无论在供应链哪个环节出了问题，上下游的影响及紧急程度可以马上一目了然，例如一个供应商供货出了问题，可以马上知道他们供什么，这些原材料又是用在哪些成品、供哪些客户、哪些成品库存最缺。

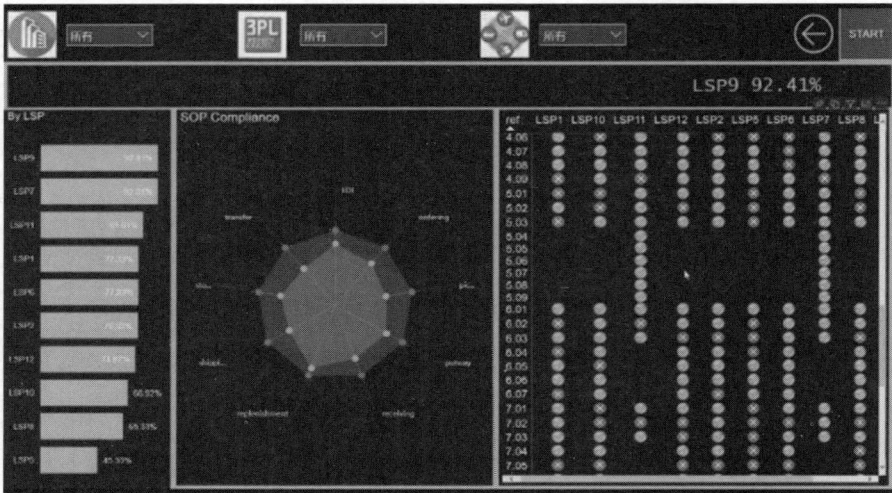

图 4-8　供应链控制塔 供应商预警

　　如图 4-9 所示，这是运用控制塔来分析仓库的收货效率。首先通过热力图可以了解仓库各时间段作业强度，对于仓库作业量合理分配、调度仓库资源起到指导作用；其次对收货的每个节点耗时、作业效率分析，对每个操作员工的效率分析与比较，以合理安排收货工作。

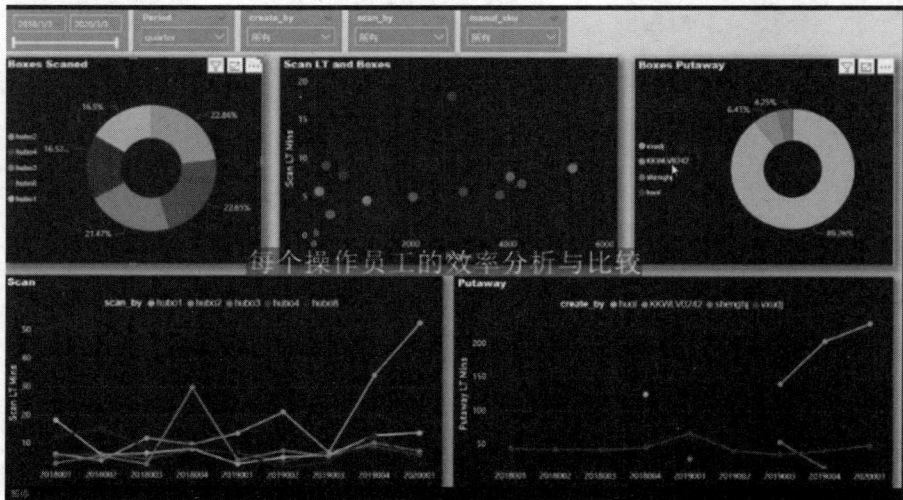

图 4-9　供应链控制塔 仓储操作员效率分析

4.2　供应链数字孪生

大数据、人工智能、5G 等一系列数智化技术的发展，给供应链管理带来全新的可能，这些技术像涓涓细流一般，汇成大江大河，为供应链管理带来无限的生机和活力。通过前沿科技的应用，优化供应链工作流程，提高响应能力、效率与可视化，从而构建智慧供应链体系，成为管理者的集体诉求与发展目标，其中，数字孪生、元宇宙等新兴技术更是代表未来发展的方向，它们正注入新的活力，推动供应链行业朝着可持续发展的方向前进。

4.2.1　数字孪生的由来及演变：工业元宇宙

数字孪生的由来

数字孪生最早构想是在美国密歇根大学的产品全生命周期管理课程上出现的，这门课程强调通过虚拟空间构建数字模型与实体交互映射，真实地描述实体的全生命周期运行轨迹。后来，数字孪生这一词汇在美国国家航空航天局（national aeronautics space administration，NASA）的技术报告中被正式提出，并被定义为"集成了多物理量、多尺度、多概率的系统或飞行器仿真过程"。

通俗地讲，数字孪生由数字和孪生组成，它是将实体世界和虚拟数字世界紧密联系的多种技术的组合，通过数智化的手段构建一个在数字世界中的实体，借此对物理世界的实体进行了解、分析与优化，就仿佛在计算机内制造一个"数字沙盘"，以对实体对象进行动态仿真。数字孪生能够真实地反映实际物体及其环境的当前状态，并随着时间的推移，在这个沙盘中持续记录其发展过程，并推演未来的各种可能性。

自数字孪生概念提出以来，全球对它的关注不断增加。美国通用电气将其加入工业 4.0 数字化体系，德国西门子紧随其后，将其视为至宝。2015 年，中国积极拥抱数字孪生，并有多家企业和机构开始商业化落地。在数智经济时代，数字孪生将成为重要的技术支持，数字世界指挥物理世界将更加高效精准地匹配和运营。制造业、智慧城市、电力、汽车、航空航天、健康医疗、建筑、船舶航运等多个行业都已经开始应用数字孪生。

数字孪生的演变：工业元宇宙

这两年如果要问什么概念最火，"元宇宙"一定是其中之一。

元宇宙最早出自二十世纪九十年代的一本科幻小说《雪崩》。在小说中，作者尼尔·斯蒂芬森描绘了人们可以通过数字替身在一个叫作 Meatverse（超越宇宙）的虚拟空间中工作、学习、社交、娱乐等，而这个虚拟的三维空间就是元宇宙。虽然游戏行业是元宇宙前期发展的"主战场"，但元宇宙始于游戏。

元宇宙看起来包罗万象，既有技术又有思维。从技术角度来看，元宇宙主要包含"BIGCHINA"八大技术：1. 区块链技术（blockchain）；2. 交互技术（interactivity）；3. 通信技术（communication technology，5G，6G）；4. 云和边缘计算（cloud and edge Computing）；5. 高性能计算和量子计算（high-performance computing and quantum computing）；6. 物联网和机器人技术（IoT and robotics）；7. 网络技术（network）；8. 人工智能（artificial intelligence）。然而，技术常常具有被短期高估、长期低估的特点，元宇宙也不例外，待热潮退去后，它要么成熟起来，要么被迭代和进化。

在工业领域中，许多学者于 2022 年提出了"工业元宇宙"的概念，这一概念早在 2013 年德国提出的"工业 4.0"中已被认为是智能制造的核心，其中，虚实融合仿真技术即"信息物理系统"（CPS）被视为构建"工业元宇宙"的重要基础。通过将 CPS、数字孪生以及 5G 引发的增强现实（augmented reality，AR）、虚拟现实（virtual reality，VR）、人工智能（artificial intelligence，AI）计算机视觉、低时延远程控制等应用有机整合，工业元宇宙得以构建。

越来越多的人相信，工业元宇宙是数字孪生工业方向的终极演变目标。虽然与"数字孪生"类似，但工业元宇宙更加广阔，它不仅有现实世界的映射，还包含现实世界尚未实现或无法实现的体验与交互。此外，工业元宇宙更加强调虚拟空间和现实空间的协同联动，实现虚拟操作指导现实工业，正逐渐实现"由虚向实"的"虚实协同"。

虽然有人认为提及工业元宇宙为时过早，数字孪生仍是元宇宙的一种特殊表现形式，但当前1:1还原现实世界的数字孪生正适应全球数智化发展，特别是在智能制造领域，数字孪生被视为实现制造信息与物理世界交互融合的有效手段。已经有越来越多的著名企业，包括西门子在内，以及一些权威技术组织（如 Gartner、德勤、智能制造协会等），对数字孪生给予了高度重视，并逐步探索形成各自的智能生产新模式和技术业务创新。

想象一下，当供应链与元宇宙相结合，供应链管理中的沟通方式将不再是冷冰冰的数字，通过虚拟现实的手段，人与人可以隔空互动，整个供应链路变得可知可控。以电力供应链为例，物资、货架、设备、车辆等资产接入智能传感器后，信息可以在虚拟世界中可视化流转，企业可以与上下游产业实时互动沟通，形成虚中有实、虚实相融的数智化供应运营体系。

4.2.2　数字孪生赋予供应链全新的生命力

数字孪生的技术内涵

学术界曾经提出了一个精确的定义，将数字孪生定义为"通过数字化方式创建物理实体的虚拟实体，借助历史数据、实时数据以及算法模型等，模拟、验证、预测、控制物理实体全生命周期过程的技术手段"。从这一定义中可以看出，数据、算法模型以及模拟、验证、预测、控制等软件应用，是数字孪生的核心组成部分。数据和算法模型实际上是数字孪生的资产，而模拟、验证、预测、控制则是数字孪生的流程软件。数据是数字孪生的基础，其中包括全生命周期的各种业务相关数据，以及物理实体的虚拟实体。而模型则是数字孪生的核心，软件则是数字孪生的载体。数字孪生的技术内涵是利用感知、建模、计算等各种技术，构建虚拟实体的数字空间，实现各种可观感、可监测、可诊断、可预测、可控制的软件技术。

如图 4-10 所示，正是基于这样的技术内涵，数字孪生可以理解当下的流程、预测和优化当下的绩效，以实现业务改善的成果，并形成可持续优化的知识沉淀。

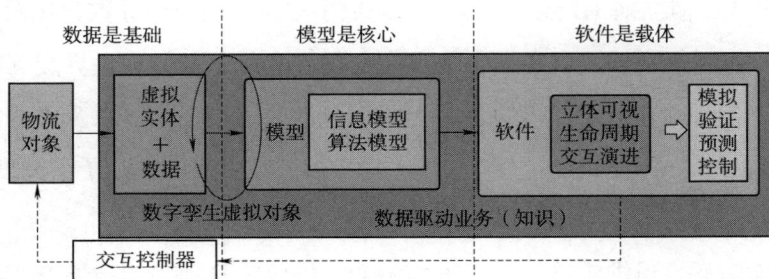

图 4-10　数字孪生的技术内涵[①]

数字孪生公司已经在行业中占有一席之地，它革新了整个价值链的流程。作为产品、生产过程或性能的虚拟表示，它可以无缝连接各个过程阶段，从而持续提高效率，最大限度地降低故障率，缩短开发周期，并开辟新的商机。换句话说，数字孪生可以创造持久的竞争优势。

数字孪生在供应链中的应用：网络规划、生产计划、数字仓储、数字车队、订单实时跟踪等。制造商可以将供应链数字孪生用于以下目的：

- 预测性和描述性分析；
- 全程可视，方便决策；
- 上下游高效协同，高质量运营保障，数据驱动，科学决策；
- 风险管理和监测，评估可能的意外事件；
- 库存优化；
- 精益管理，快速响应；
- 运输线路规划。

在制造业中，数字孪生已经深入工业生产全链条环节，覆盖了从产品设计、工艺开发、试产测试、产线生产、设备调试、产线巡检、远程运维、经营管

---

① 参考：中国电子信息产业发展研究院《数字孪生白皮书》

理、人员培训、市场营销等端到端的系统。简单来说，数字孪生为制造业注入了新的活力，使得各个环节得以紧密协同，实现高效无缝的生产。举个例子，对于汽车类企业来说，在产品设计阶段，数字孪生平台可以将产品规划、设计到建模等工作在协同的数字平台上实现，将原本流程化的设计师、工程师等融合在一起，实现及时共享开发成果。企业通过虚拟化模拟设计到成品的效果验证，可以大大缩短产品开发周期，降低产品开发成本，加速产品的上市时间。

同样的，数字孪生作为不断演进的供应链中的数智化代表，正在重新赋予供应链生命力。在整个供应链数字孪生模型中，数据是基础，模型是核心，软件是载体。管理者利用数字孪生技术，通过结果预测将能够保证业务连续性并把潜在风险降至最低，从而增强供应链流程设计和测试能力，并制订行动计划以节约成本，提升协同效率。在紧急状况下，数字孪生还可以帮助供应链企业在虚拟空间完成结果测试，确定最佳方案，以提高组织稳定性。可以说，数字孪生在供应链的各个环节都有广泛的应用，如图 4-11 所示，其为 SCOR 模型注入了新的元素。

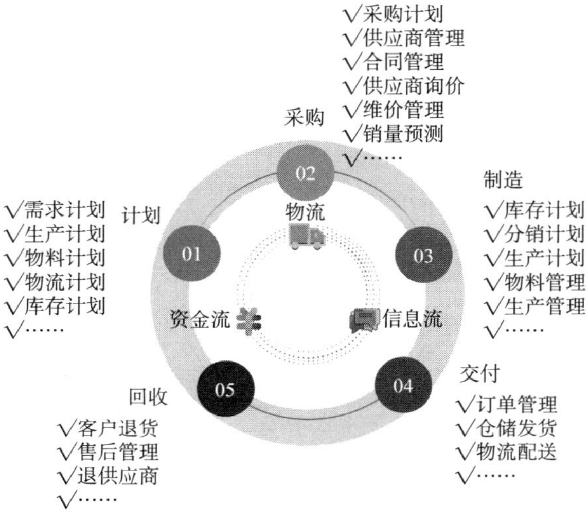

图 4-11　供应链运作参考模型

1. 计划

计划是推动供应链运转的引擎。一方面要评估企业整体生产能力、总体需求计划，针对产品渠道制定库存计划、分销计划、生产计划、物料及生产能力计划等；另外一方面进行制造及采购决策的制定，如供应链结构设计、长期生产能力与资源规划、产品生命周期、正常运转以及衰退期管理、产品线管理等。

该阶段数字孪生将从产品设计开始，通过模拟产品从设计到成品效果验证的过程，并给予到最终消费者进行体验与预营销测试，从而确定用户最终购买需求，预判生产计划量。通过模拟模型，使设计师、工程师、消费者、经销商之间相互协作，模拟产品全生命周期的过程，以评估各个计划。

这个阶段有两个核心环节，第一个环节是通过待生产真实产品的虚拟实体打通产品从设计、生产到销售各个环节的流程模拟。第二个核心环节是从数据出发以判断结果的优化与调整为目的，会从历史数据形成的经验数学模型出发，通过对各个环节流程的模拟预判最近计划的制定。

数字孪生在计划阶段打破了当下或者信息化系统单一的数据统计流程以及简单的公式计算，通过实际流程的数字孪生模拟，将各个环节的计划关联性呈现给计划决策者。计划阶段，采购系统、仓储系统、订单系统、配送系统、财务系统、生产制造 ERP 系统等各个环节的数据形成整个系统链路，并基于模拟链路生成信息模型、仿真模型和交互视图，供各个环节的计划员预测和调配。因此，通过全生命周期的数据，将前后端的智慧汇聚在一起，从而驱动供应链的运转，尤其是在计划阶段，数字孪生技术具备智慧预判、研判和决策的功能。

例如，目前在先进制造业中，数字孪生技术已经广泛应用于仓储管理中。在库存计划方面，数字孪生技术通过对整个存储流程进行虚拟数字化模拟，利用仓库库存历史数据来寻求标准差并给出需求预测模型。此外，在仓储管理中，数字孪生技术能够实时监测库存变动以及相关物流存储情况，从而准确计算订单发送周期、供应交付周期、入库验收周期、补货周期以及空置率等重要指标。通过直观反映仓库的实时运营状态，数字孪生技术为持续优化仓库存货量、补货策略以及出入库流程提供了数据支持，从而使企业能够实时灵活地调整库存计划。

2.采购、制造、交付

供应链管理其实就是采购将东西添进来，制造为之增色，交付于经销商或客户，这是供应链的三大执行职能。当计划不足时，执行阶段便来补救。

（1）**采购环节**：数字孪生系统对供应商的数字化能力提出了更高的要求，使供应商的分类、评估、选择、管理等不再孤立，而是集于一处加以判定。数字孪生系统打破了信息的孤岛，不仅全生命周期地评估供应商及其供应的产品，而且将供应商的供应能力融入生产、销售等各个环节，从多个角度来体现供应商的实力。当各种外部环境和意外事件突袭时，只需轻轻松松地挑选具备不同环节能力的供应商就可以应对。此外，数字孪生系统还可以将优质供应商融入研发、生产与日常运营之中，进一步降低产品与供应链成本。另外，供应商通过数字孪生的远程协助能力，可以随时跟踪和预测性运维供应商产品，远程查看设备运营状态，并演示故障排查和维修流程，以尽快消除对生产作业和计划的影响，有效节省沟通成本及设备维护成本。采购阶段的供应商管理和评估、采购商品的管理和评估，都将以供应链各个环节的数字孪生所产生的数据和模型来说话。

（2）**制造环节**：数字孪生系统的应用价值，首先体现在质量的提升方面。数字孪生系统围绕设备产品的设计和制造，有助于优化产品设计，降低使用故障率，降低返修率、次品率等，从而提升产品质量。同时，数字孪生技术的应用也能够加快制造生产的效率，优化业务流程，提升数智化和柔性制造的能力，使企业更快地适应市场对生产周期的需要，并降低生产成本。

在整个供应链中，制造生产环节采用数字孪生系统具有多方面的优点，尤其在当下全球化贸易时代更加突出。一方面,数字孪生系统可以为库存计划、分销计划、生产计划、物料及生产能力等提供数据依据，为整个供应链的需求环节提供最重要的供应能力说明。另一方面，数字孪生系统可以持续优化生产环节，逐步优化整个供应链环节，灵活应对市场规律及临时外部环节变化，最大化地减少供应链的节点、模式、流程等临时中断风险。

因此，数字孪生技术在制造生产环节得到了广泛应用，出现了许多案例，并且高速增长，在制造设备及产品的硬件仿真、设备实验、产品的可靠性验证、生产的自动化、设备运维的监测检测、生产过程的模拟等各个环节都出现了数字孪生系统的身影。生产线的数字孪生技术还可以帮助供应商监测整个物资生产过程，智能识别生产瓶颈，并应用虚拟现实（VR）和增强现实（AR）技术来实现巡视、检修作业的可视化安全管控，通过 VR 技术让现场作业人员在三维虚拟场景中进行仿真演练，有效应对异常事故的措施。目前，汽车整车、电力运维、电池生产、钢铁冶炼、采矿油田作业、大宗商品生产制造等多个行业的龙头和腰部企业都在越来越多地应用数字孪生技术。

（3）交付环节：又称配送环节，它如同一张网，紧密地与采购、制造环节相对应，共同构成了企业数字化供应链的重要环节。订单管理、产品库存管理、产品运输管理、配送管理等环节的顺利运营，能够确保正确的产品在应有的时间到达正确的地点，从而提高客户满意度。在仓储环节，数字孪生技术则像一盏明灯，能够清晰直观地反映仓库实时运营状态，为持续优化仓库存货量、补货策略、出入库流程提供数据支撑。企业采集数据后，根据预测和销售预测，各个区域的门店的销售预测能够得到匹配，随后物流得以拉动，从分拨仓拉动中心仓，再拉动采购订单。通过结合实际门店的发售量和库存量的变化量，可以看到区域的热点或者销售趋势，从而采取对货物的移动指令，达到精准配送的目的。

以数智化交付为例，在交付过程中不仅仅可以交付产品，还可以交付生产数据、质量检测数据以及原始的数据包。发生问题时，企业可以通过溯源数据，快速发现这批产品的制造过程出现了什么问题，从而及时采取纠正措施。

以一家汽车工厂物流配送数字孪生进行举例。该工厂基于某汽车工厂总装车间车门线 SPS 分拣区物流规划方案及实际生产和物流数据，如图 4-12 所示，其运用基于离散系统仿真的数字孪生技术，根据工艺流程、物流逻辑和实际调度规则，建立车门线及分拣区的虚拟孪生线，对零件入库及出库过程以及物流配送的仿真过程进行评判，从而优化库存容量、生产节奏、物流周期、客户产品服务等多个环节指标。这一数字孪生应用极大地提高了汽车工厂的物流效率和生产质量，也为其他行业数字化转型提供了借鉴意义。

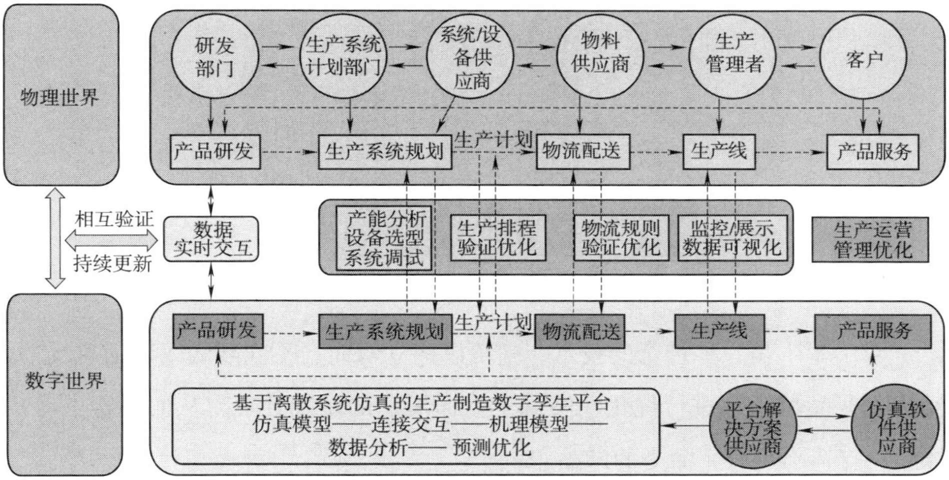

图 4-12　某汽车工厂物流配送数字孪生系统

3. 回收

回收环节已经不仅仅是出售商品、原材料的退货，还涉及用户管理、服务管理、满意度管理等，尤其是用户反馈信息进入数字孪生数据系统，进一步更新和推动产品创新，优化供应链，以期达到适应当下的最佳供应链流程。

此外，随着信息技术的不断发展，数字孪生技术为我们提供了一个全新的供应链协同和协作模式，让远程协作变得更加流畅、直观，极大地优化了互动性和体验感。我们可以在云端了解供应商的进度，生产线状态，产品质量检测、工艺参数、物流状态等，动态感知、实时交互将会成为可能。数字孪生技术以其精准和高效的特点，将传统供应链流程串联起来，打造了一个完美的数字孪生供应链。数字孪生不仅可以在各个流程环节独立存在，还为其他流程环节提供数据、知识输出，它就像一面镜子，将我们心中期待的完美供应链流程搬到虚拟数字化的供应链系统之上，这就是数字孪生的魅力所在。如图 4-13 所示的各个流程数字孪生应用可以看出，数字孪生已经将传统的供应链流程定义成一个整体，实现了供应链流程的高效运作。

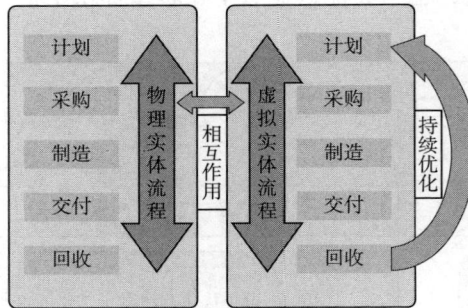

图 4-13　数字孪生供应链的持续优化

数字孪生是一种神奇的技术，它可以建立双向、不间断的闭环信息反馈，对物理产品持续地进行优化，实现全生命周期的系统管理，从而重塑了客户体验，打造出具有生命力的产品。

此外，数字孪生还赋予了供应链新的生命力。现在，传统的供应链结构链条遭到了前所未有的破坏。在未来，多层次的、覆盖全球的供应链可能反而成为一种劣势，企业需要有能力应对乌卡（VUCA）时代的挑战。大多数供应链的设计无法应对供应链全球性中断造成的连锁反应。很多企业对于如何设计一个既有韧性又高效率，同时又能应对复杂和微妙市场的供应链束手无策。

总之，供应链数字孪生让如何在供应链管理的过程中尽可能降低流程成本、减少浪费、提高效率，应对多渠道多需求的叠加复杂性以及所产生的流通中断，抓住瞬息万变的市场爆发式的增长机会以及外部环境带来的不确定性，如何衡量供应链流通中各环境的价值并分配相应的利益等问题有了更好的解决方案。供应链数字孪生架构如图 4-14 所示。

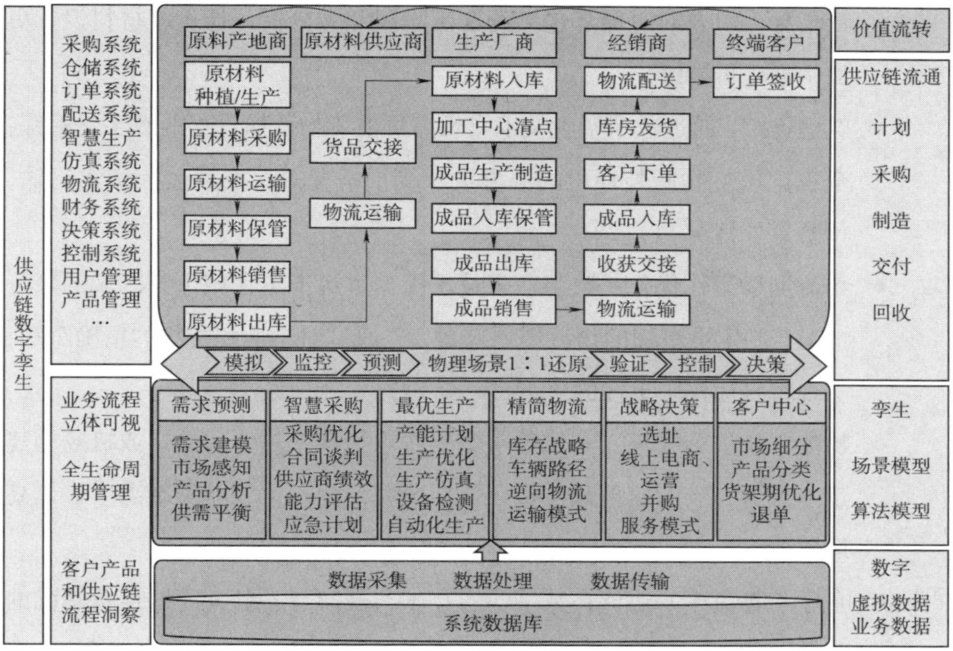

图 4-14 供应链数字孪生

基于数字孪生的可视化分析可以让供应链更加精益化，识别其潜在弱点并优化供应链。通过传感器实时数据的收集和计算，数字孪生可以快速发现供应链交付环节的提升空间和瓶颈，从而实现端到端的可视化流程，使企业能够更敏捷地解决问题。数字孪生为供应链的采购、规划、分销和物流整个流程提供了优化的方向。与此同时，数字孪生还可以通过可视化分析来揭示供应链中的不足之处，例如滞销产品、过度库存和冗余的流程等问题，这些信息有助于企业制定更好的策略和决策，提高供应链的效率和灵活性，同时降低成本，增加收益。

4.2.3 供应链数字孪生的应用场景及实战案例

以下是供应链数字孪生的应用场景。

● 包装材料设计与管理：利用数字孪生技术进行新型物流包装材料的设

计指导，以及对可循环包装的全流程跟踪和分析，让包装材料设计更加精准、可持续。

- 航运追踪：通过数字孪生技术实现高价值货物运输过程的数字化追踪，全程记录货物所处环境的温湿度、受损情况等，实时监控货轮运输，预防意外情况。

- 物流网络运作优化：数字孪生技术根据货运卡车在城市各区域的限行情况，制定更精细的物流规划方案，并通过对车辆和货物的精确跟踪，实现每日运作中更优的决策。

- 物流基础设施管理：利用数字孪生技术为某个具体的港口或机场构建孪生模型，实时监控和分析运作情况，预测海运或航班准点率，提高运营效率。

- 仓库和物流中心运营：数字孪生技术实现对仓库各个库区运营状况的建模，能够让企业实时了解货架的情况，帮助企业进行更加高效的库存管理。

- 可持续发展：数字孪生赋能产品碳足迹计算。

以上是数字孪生在供应链中的主要应用场景。每一次新兴产业的起步阶段，都会伴随巨大的商机和风险。当许多企业还在观望是否重新设计自己的供应链的时候，供应链数字孪生已经在一些领头羊或数智化创新企业中应用。

制造业：宝马与数字孪生

宝马正如火如荼地推进数字孪生计划，以数字孪生虚拟规划为核心，实现 iFACTORY 的数字化战略愿景。宝马的目标是让所有流程和整个生产系统的规划和模拟实现 100% 的虚拟化。

为了达成这一目标，宝马与 NVIDIA（英伟达）紧密合作，采用 Omniverse（全能宇宙）软件平台，让规划人员随时随地对工厂进行虚拟巡视，共同开发生产系统，并快速共享信息。数字孪生技术已经在德国慕尼黑和雷根斯堡工厂实现，并且中国铁西工厂、丁格芬和莱比锡也即将实现数字化。在 2023 年春季，中国大东的工厂、墨西哥、南非和英国也紧随其后。

特别值得一提的是，宝马在沈阳建成的里达工厂是一个完全在虚拟环境下进行规划和模拟的工厂，工厂从动工到投产仅用了两年多时间，比正常工期缩短了整整 6 个月！这样高效的数字化生产方式让宝马早早就走在了同行业的前沿。

在物流交付环节，宝马更是运用堆场管理系统，将实时物流数据与 3D 模型相结合，模拟各种物流场景，实现对集装箱的精确管理，让工作人员能够随时了解堆场内的情况，以便更高效地为汽车生产提供零部件。数字孪生技术正在构建全链路的世界数字化工厂，让宝马更好地提升供应链的效率，实现高效优化！

零售业：京东与数字孪生

京东，作为中国电商巨头之一，在全国范围内拥有 41 个 "亚洲第一" 的物流园区，近 1 300 个仓库和 900 万种商品库存单位（SKU），覆盖了消费品、家电、服装、生鲜、书籍、汽车等各类商品，这样庞大的供应链网络，需要运用多种运输方式，包括陆运、海运和空运，以确保商品及时送达消费者手中。

但是，2020 年的突发事件给京东的供应链带来了巨大挑战。突如其来的需求高峰、物流中断、原材料短缺、劳动力短缺，让传统的供应链规划方法和算法愈发无力。

京东不得不重新构建供应链网络，采用替代配送中心、延期交货等策略应对，这种临时性的变革给订单履行率带来了负面影响，同时也增加了大量额外的运输成本，供应链网络的跨区域分销也显得异常棘手，如何重新评估、优化供应链网络以应对不同地区 SKU 的爆发与不同的销售和库存情况，成了一道难以逾越的难关。然而，数字孪生驱动的供应链（digital twin-driven supply chain，DTSC）、数字孪生平台的出现，彻底改变了这一现状。如图 4-15 所示的 DTSC 平台的实时决策方案，不仅能够全面、深入地考虑相互冲突的目标，快速模拟和优化不同的策略，还具备跨区域分销能力。

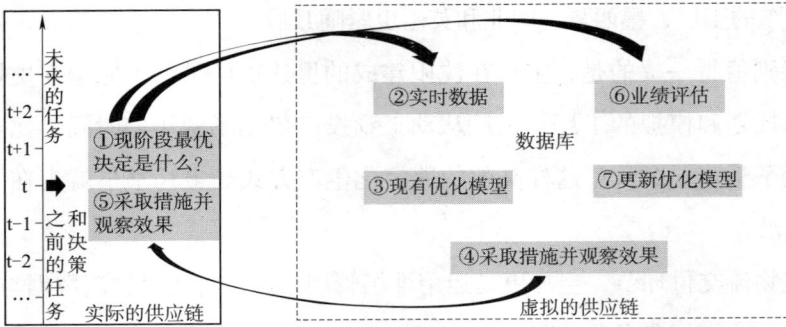

图 4-15　DTSC 中的基本实时决策方案

DTSC 数字孪生平台利用数智化技术，打破传统的供应链规划和运营方式，实现供应链全生命周期的数字化管理。在这个平台上，京东通过多渠道模式、智能化物流网络以及高效运输管理，确保了商品的快速配送和库存的精确管理。通过数字孪生技术，京东成功地实现了对物流运作的数字化监管和全方位的规划管理，提高了供应链的透明度和灵活性，缩短了物流周期，提高了商品的及时性和准确性，为消费者提供了更优质的购物体验。

通过 DTSC 平台的应用，京东不仅在重重困境中逆流而上，而且让供应链的强韧之力更加稳固。如图 4-16 所示的 DTSC 平台主要采用了以下步骤。

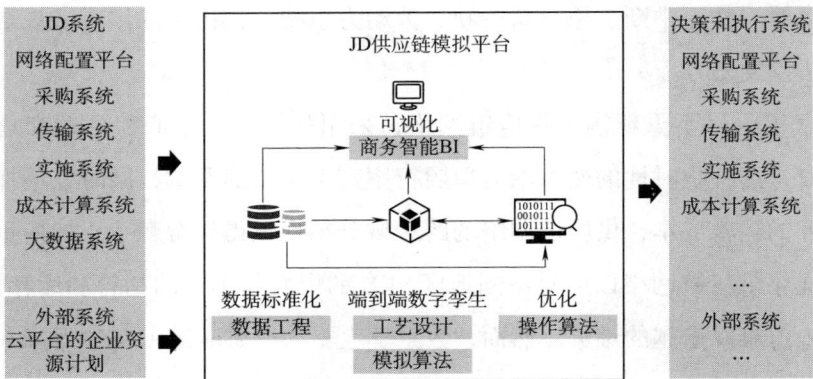

图 4-16　京东 DTSC 平台

● 在 DTSC 平台中，京东内化了仿真模型，以尽可能准确地映射真实供应链环境，做到"照物画影"。该平台支持从物理层面、时间层面、流程层面、成本层面创建模型，能够尽可能准确地映射真实环境。DTSC 平台利用重要的数据技术，自动为仿真模型创建基本数据，包括产品范围、地区范围、配送中心和仓库信息、客户类型等，无所不包，详尽到位。

- 平台反映当前业务，校准参数。详细结构和参数是仿真模型准确反映真实系统的基石，这一步堪称细致入微，其他设置包括当前的网络结构和补货策略。

- 制订候补计划，就像车上随时准备的"备胎"一样，以备不时之需。平台会根据当前情况，灵活应变，如石家庄需求由石家庄和北京两个配送中心补充，由于某个突发事件，也使用天津配送中心作为替代方案。

- 分析和可视化结果，京东应用先进算法改进配送网络设计，可谓运筹帷幄。对于上述案例，替代解决方案通过库存周转率、库存可用性、订单拆分率、本地订单履行率、当天交货率和总成本进行评估，精准决策，确保高效运作。

　　总的来说，京东的 DTSC 平台具备数据驱动的优化工具，对供应链中断的响应时间平均缩短了 50%。平台不仅支持集成供应链计划，而且还在虚拟空间的端到端供应链性能上实现了突破，让供应链的效率达到"登峰造极"的程度。京东通过该平台，对近 20 万个 SKU 的供应链重构进行评估所需时间缩短至不到一个小时，可谓如虎添翼。

实战案例：Coupa（供应链优化解决方案）赋能供应链网络设计数智化优化

　　从现实到虚拟，省下的是大量的人力资源、时间成本；而从虚拟到现实，提升的是运营效率和抗风险能力。如图 4-17 所示，数字孪生能够提供数据驱动的实时、精准、匹配供应链全流程以及全局优化的决策和控制支持。

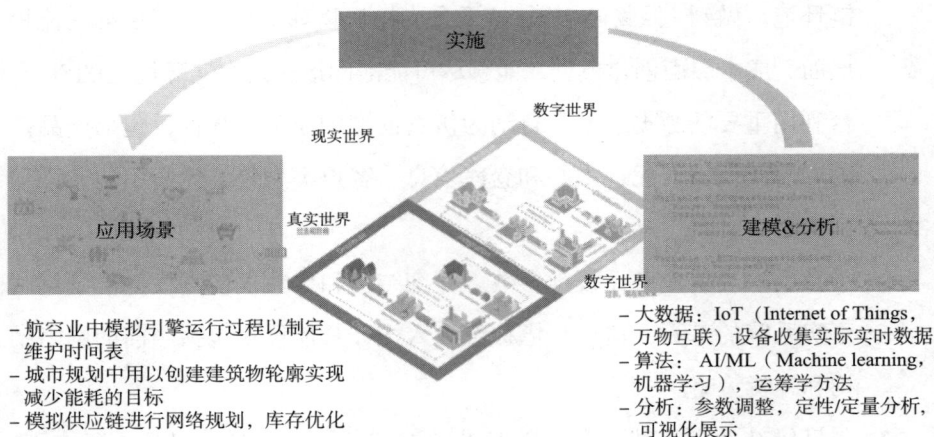

图 4-17　数字孪生应用

在供应链领域，数字孪生技术可以还原端到端完整过程，即从生产原材料到终端用户的完整供应链条。

80% 的供应链成本与供应链网络中设施的位置和产品流分配有关，而企业的供应链网络往往又比较复杂，可能由数千家供应商、十几个工厂、几十个仓库组成，并最终将几千种产品交付给成千上万的客户。

除此之外，在工厂和仓库之间、仓库和客户之间还存在多种运输方式，每个供应商、工厂和仓库还分布了大量库存，因此，供应链网络对成本和服务水平将产生重大影响。为实现供应链的降本增效，企业对供应链网络进行持续优化设计也越来越重要。

如图 4-18 所示，总结了供应链网络设计中的常见问题。供应链网络设计，就是确定最优的设施数量和位置，以及他们之间流向分配关系的过程。

企业可以将供应链网络设计与优化问题（目标），构建为一个数学模型问题（建模），基于数据的支持（输入），运用数学优化技术进行求解和分析（方法），并找到较优的决策方案（输出）。

企业供应链网络设计一般可分为以下三个步骤。

● 找问题——现状建模；

- 理关系——产品流优化；

- 定位置——选址分析。

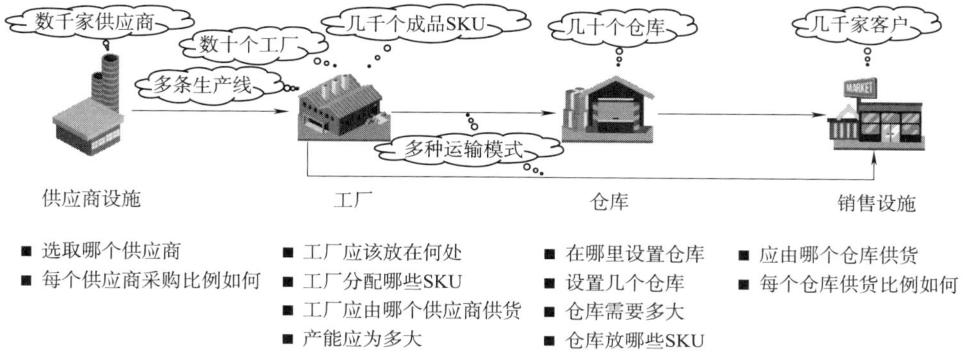

图 4-18　供应链网络设计常见问题

供应链网络规划其实也是供应链的工程问题，我们往往在仓储选址和分销网络规划的时候使用数字孪生的技术。

以一家生产手机的消费电子企业举例说明（仓库——客户的二级网络）。

第一步，现状建模——收集供应链运作相关数据，进行数智化建模。

通过收集现有设施数据、客户数据并将其导入建模工具。这家企业在四个城市有四个仓库，服务遍布全国各城市的客户。全国客户的年需求数据，在其业务地图中蓝色圆点表示，而用原点大小代表该地区客户需求的多少。

通过可视化地图我们可以发现：在四个仓库周边都分布着需求量比较大的客户，这样有利于针对重点客户提供较快的服务响应，同时也可以节约运输成本；另外，在中原地区和东北地区虽然没有需求量较大的单一客户，但存在大量中等规模需求的客户，整体需求量也较大，但没有较近的仓库进行覆盖，对服务水平和运输成本均会造成不利影响。

作为供应链管理者，有了这样的数智化模型，便可以清晰地分析现状，发现问题，寻求潜在的优化方向。

接着，在该模型中导入物流运输数据，在图中以仓库与客户之间的连线表示，可以得到一张非常错综复杂的运输线路图。

通过运输路线图，可以发现更多的潜在问题点，比如：

- 线路之间的交叉非常严重，很多城市需要由多个仓库或者由更远的仓库来配送；
- 很多地区的客户需求是由较远的仓库配送，而不是更近的仓库配送。

这些问题会浪费企业大量的运输成本，而很多企业在未进行现状建模之前，根本无法发现这些明显的问题。

在现状建模后，建模工具进行了供应链成本计算，可以得出该公司目前的供应链总成本将近 3 亿元，其中包括运输成本、库存成本、生产成本等。

接着，进行**第二步：理关系，对供应链网络进行优化。**

在不改变现有仓库位置的情况下，对产品流量流向进行优化，用以确定仓库与客户之间的服务分配关系。

优化后的星形结构图代表了产品流优化后的结果，可以明显看出整个网络的结构已经从错综复杂的交叉关系，变为结构非常明晰的星形结构，每个客户都选择了由距离较近（或运输成本较低）的仓库服务。

通过这种产品流优化，供应链总成本可以降低一千多万元，其中运输成本降幅最大，下降了七百多万元。

产品流优化后，再进一步思考，即**第三步"定位置"**。考虑现有的四个仓库的数量和位置是否是最合理的？是否需要引入更多的仓库，或者调整现有仓库的位置？

通过选址分析，基于当前需求和未来需求的判断，使用建模工具进行新的选址方案的优化推荐。

通过优化，仓库数量从之前的四个变成了现在的七个，新增加了三个仓库。

供应链总成本测算，在第二步"理关系"的基础上，可进一步降低约 800 万元，其中，运输成本进一步降低了约 2 000 万元，但仓库增加，也会造成库存成本和仓库固定成本的上升，其中库存成本增加了 600 万元，仓库固定运营成本增加近 1 000 万元。

通过上述现状，建模、产品流优化、选址分析三个步骤，该公司执行了一个基本的供应链网络设计问题的解决方案。全局最优的仓库数量和位置由模型根据最低供应链成本和仓库——客户运输服务水平目标来决定。供应链成本包含的不同类型的成本与仓库的数量呈现出不同的变化趋势，由此能在某一个仓库数量上找到既能实现供应链成本最低又能达到运输时效的目标。一般企业可以参考仓网络规划流程，如图 4-19 所示。

阶　　段	关键输入	输　　出	工　　具
项目规划	公司战略和业务规划	详细的项目工作计划	项目管理
数据收集&分析	历史数据	模拟输入数据和校验结果	统计分析
基本模型建模	目前业务状态下的参数和约束	基本模型和反向校验分析结果	网络规划模型
敏感度/情景分析	关键假设和目标参数	不同情景模型和分析结果	网络规划模型
评价和推荐	业务优先级	多准则评价结果矩阵	定性分析
实施		实施计划	

图 4-19　仓网络规划流程

当然，这只是冰山一角，举的仅仅是二级网络（仓库——客户）问题的例子。如果再加入工厂等元素，组成更为复杂的供应链网络（如工厂——仓库——客户的三级网络、工厂——总仓——分仓——客户的四级网络），或者需要考虑不同地区客户的服务水平要求不同等，供应链网络的设计将变得更加错综复杂。在这种情况下，只有凭借数字孪生工具模型，以数智化为基础，推演实际情况并优化方向，才能引领企业往更好的方向发展。

以运筹求解器和启发式算法为基础，数智化供应链的实践例子越来越多。企业在满足客户交付和总成本最低的目标条件下，通过数字孪生工具模型，确定物流中心和工厂的最佳地理位置，并创建最佳运输路线指南，从而优化现有网络中的产品流。

本章总结

借助数智化新技术，可以高效整合产品数据、需求和供应数据，各供应节点的生产和仓储设施的产能数据以及各供应节点所生产的产品品类、仓储和配送所覆盖的市场区域，这样就能构建一个供应网络的数智化仿真模型，从而优化物流设施和线路的选择，优化供应节点的产能分配和柔性能力分配，有效应对物流路径中断等风险事件。这一过程就像是一个游戏规划师，精心地设计出一张能让我们走得更稳、更快、更优秀的地图。

同时，我们还可以建立采购与供应链控制塔，实时记录业务运作状态变化，对于计划、采购、制造、履约和逆向等供应链各业务领域中的业务活动进行全面监控，基于数智化的业务规则建立业务异常感知和预警能力，及时发现和解决问题，保障业务顺畅进行。其核心理念是"可视化、透明化、协同化"。通过集中管理和监控供应链的各个环节，实现信息的实时共享，提高供应链的效率和响应速度。它最根本的价值在于它能够连接不同的系统，如WMS、TMS、ERP等，并带来一个版本的数据显示。

此外，本章还提出了供应链数字孪生以及元宇宙相结合的方法论及对未来的展望。数字孪生可以重新赋予供应链生命力，通过可视化分析，发现交付环节中的潜在弱点，并进行数据计算，找到运输及交付过程中的提升空间和瓶颈。在紧急情况下，数字孪生还可以帮助企业在虚拟空间完成结果测试，确定最佳方案，以提高组织的稳定性。这一过程就像是一位高超的医生，能够及时诊断、准确治疗，让企业远离风险。

总之，通过数字孪生和数智化技术，我们可以优化从采购和规划，到分销和物流整个流程，如同一位卓越的建筑师，打造一个坚实可靠、优美高效的供应链"建筑"。

可持续发展篇

第5章

供应链数智化转型五部曲：从"4P+E"模型到科技赋能

> 长风破浪会有时，直挂云帆济沧海。
>
> ——《行路难》李白

■ 5.1 商业模式：立足当下，思考未来

一些成熟企业早已制定了供应链战略，伴随企业业绩的惊人增长和线上线下融合的新商业模式的诞生，他们开始逐渐意识到供应链数智化的重要性。他们渴望找到一套系统化、有效的框架或者标准化方法，以便帮助企业快速规划并实现供应链转型之路。

转型是一座桥，是通往未来之桥。搭建桥梁有方法，供应链数智化转型也一样，需要在管理和技术两个维度上进行创新升级，而不是简单地优化 IT 系统。转型的关键在于基于业务实际情况，加速供应链模式的创新和升级，向终端消费者和供应端拓展，通过数智化技术打造端到端供应链。企业应该

在适合的管理模式指导下，运用数据驱动和人工智能等技术优化各环节，提高供应链能力并增强客户体验。

5.1.1　数智化供应链转型全景图"4P+E"模型

百舸争流，"预见"未来

如图 5-1 所示，不同业务和制造模式下的企业，数智化转型所侧重的业务领域亦有所不同，针对企业的不同情形，很难找到一套一刀切的方法，但我们发现采购和供应链基本都被包括在内。企业可以基于供应链数智化战略中的整体承接性、创新模式前瞻性与可落地性规划两条路径：一是"脚踏实地、着眼未来"，谋定而后动，解决实际供应链业务痛点，不断迭代供应链管理方式；二是"放眼未来、着手当下"，以创新思维引领发展。无论企业从哪一条路径起步，都可以筹划并设计整体发展战略规划中的供应链布局，从而规划数智化供应链的蓝图，最终实现两条路径融合，以推动业务可持续发展。

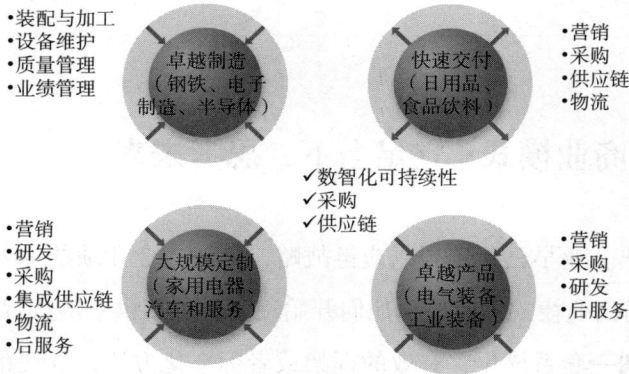

图 5-1　不同业务和制造模式下的供应链

从供应链数智化转型能力维度来看，其不仅体现在技术创新与应用上，还体现在生产力维度和生产关系维度，同时，也体现在企业经营战略、组织管理和人才建设维度等方面。供应链数智化不仅仅等同于在产销业务中加入数智化技术，它的实现更需要以梳理战略、模型、工具、方法和能力为基础，之后才具备数智化转型的可能性。

有一部分企业重视数智化供应链技术，但是如果只是着眼于技术而忽视供应链业务的本质，很容易误入歧途。供应链数智化的成功与企业的管理基础息息相关。以 APS 高级生产排程为例，数智化技术可以让工厂的生产计划更加精准，实现动态调节，但要实现这一目标，企业的基础管理必须扎实，因为供应链数智化对业务流程、标准以及关联制度的规范性和基础数据的准确度要求很高。

因此，本章重点介绍供应链数智化转型全面保障 4P+E 模型（如图 5-2 所示），其中包括商业模式和战略定位、流程、组织、文化、人才和科技等多个方面的全面转型。

图 5-2　4P+E 模式

- 商业模式定位（position）：战略先行，企业需要明确自己的供应链战略，根据战略方向来明确数智化的目标和重点领域，确定投入和实施的重点。数智化供应链战略需要结合企业战略与商业模式，同时供应链模式不仅可以影响企业的模式，还可以打造企业的竞争力。

- 流程（process）：流程再造，数智化供应链流程需要利用数智化技术和平台，消除业务流程中的壁垒、浪费和断点，解决信息链路和流程效率问题。

- 人（people）：以人为本，人才是供应链数智化转型战略落地的基石。卓越的供应链数智化人才可以推动转型的成功，同时转型也可以赋能员工的成长。

- 组织与绩效（performance）：组织重塑，组织与绩效变革是供应链数智化转型成功的保障。

- 科技赋能客户（empower）：驾驭好供应链数智化的技术，成功地为客户创造价值，赋能客户的成长，共建供应链数智化生态是数智化转型的目标。首先，企业建立数据基础，建立完整、准确、实时的数据基础，包括数据的采集、存储、分析和可视化等环节，为数智化的实施提供可靠的数据支持。其次，企业需要建立数学模型，建立适合企业自身特点的供应链数学模型，包括需求预测模型、库存控制模型、物流优化模型等，为供应链数智化决策提供科学依据。具体来讲，企业需要根据数据判断结论、决策和措施是否符合企业的需求，是否可以对未来形成正确的判断。最后，企业需要选择合适的数智化工具，如大数据分析工具、人工智能算法、机器学习模型等，用于提高供应链效率、降低成本、提高服务水平等方面。

没有什么比正确地回答了错误的问题更危险

全面的供应链数智化转型需要树立适合自身的战略架构、技术架构、组织架构和运营架构等，并与企业的竞争优势和未来发展规划或趋势相结合，甚至包括与企业的愿景、使命和价值观的融合。如此，基于业务架构的数智主线才能明确，接着进行数据架构和技术架构的落地构建，则事半功倍。然而，现在许多企业却是先关注技术架构，再考虑哪些数据需要导入，最后再去寻找哪个部门适合承担，这实际上是本末倒置的做法，虽不能说一无是处，但存在最终结果不如预期的隐患。

值得一提的是，互联网零售企业的供应链基本上已插上了互联网的翅膀，这些企业宣扬"天下武功，唯快不破"，早早地就开始布局供应链数智化。许多互联网零售企业本身就是原生态的数字企业，因此拥有众多的数智化技术人才。而对于制造业而言，数智化转型是从智能生产、研发端入手，他们致力于打造灯塔工厂，并将数智化延伸到供应链中。

效率提升和创新推动两大目标

通往数智化供应链的道路有千百条，众多企业千方百计迈向数智化供应链之路。每个企业都需要探索适合自己的方法和战略。但无论何种企业，想要实现供应链数智化转型，都必须回归经典管理运营逻辑的基础，提升商业洞察力和执行力，并进行数智化升级。如何持续提高效率？如何利用数据辅助决策，实现供需的高效对接？如何持续推动创新？这些都是需要始终思考并解决的本质问题，只有紧扣效率提升和创新推动这两大目标，才不至于走偏。有了明确的目标后，企业才能众志成城，共赢未来。

通过清洁、透明、智慧化的数据支持卓越运营和强劲增长，这是实现供应链数智化的关键。在数智化时代，任何企业都有不断提升的空间，但要想通过数智化打通各个环节的数据，实现自身业务的可测、可视、可控，提升效率并降低成本，更好地满足客户的需求，提升竞争力，企业还有很长的路要走。

5.1.2　数据驱动的供应链模式创新

用户直连制造（C2M）合作模式

跨界成为越来越普遍的现象，如今的"跨"已经不仅仅局限于跨行业，还包括跨区域和跨产品与服务形态等。阿里巴巴（简称阿里）的犀牛制造就是从互联网到生产制造的一个例子，这样的供应链数智化在营销侧具有天然的优势，而需要加强的是研发、生产制造和质量。其实需求侧也讲究数智化经营，比如精准营销和精细化运营等，这就要求以销定产，实行柔性化生产；而供给侧则包括产销合一、定制化生产等。

为了帮助企业发展，京东、阿里等电商平台发展出四种主要的 C2M 合作模式：一是 M 端（制造端）主导的智能制造模式；二是以电商主导的白牌加低价模式；三是电商主导的品质＋自有品牌模式；四是电商＋品牌商的协同创新模式。

以京东为例，其重点强调电商＋品牌商的协同创新。为了推行这种模式，京东建立了具有 C2M 赋能的新品开发流程，通过平台大数据，基于品牌商感兴趣的品类来做反向定制报告，对消费者需求相关的指标进行详细的分析，这些信息和数据可以帮助品牌商去做更有针对性的研发。

此外，京东 JC2M 平台可提供品牌商仿真试投服务，使其在新品上市前进一步把握消费者的购买意愿。而新品上市后，京东也能借助数字营销能力帮助品牌商做精准的营销，同时京东物流还可以帮助客户处理库存和物流供应链的服务。这样一种多环节合作的模式，让其中的参与者能够弥补供应链方面的不足，一起协同创新。在笔者看来，C2M 的核心是消费互联网和产业互联网的融合：基于数智化技术实现终端用户和上游制造商的直连，通过消费互联网触达用户，获取和交付需求，并通过产业互联网组织以需定产的整个过程。

供应链即服务 SaaS（SCM as a Service）：企业的第二增长曲线

除了 C2M，现在许多供应链企业都发展出了另一种新的商业模式：供应链即服务，即将积累的供应链能力商品化，对外进行赋能。要达到这样的模式，企业首先要掌握供应链流程，了解如何管理供应链；其次，需要研究如何利用技术工具对供应链不同环节进行整合、数字化、自动化和智能化；最后，还需要了解如何通过平台架构的设计让更多的人进入平台，参与供应链。在实现供应链数智化之后，企业就会积累大量数据和经验，从而有条件通过分析来优化流程和决策，最终可以帮助客户解决供应链中更多的协同和优化问题。

菜鸟物流最初是为了助力阿里平台的物流能力而创建的，随着企业的发展，它在 2C（到消费者）模式的基础上开始承接 2B（到企业）业务，这是一种典型的业务纵深战略。

假设你是甲方的生产企业，若仓储和运输不是你的核心竞争力，那么外包这种业务并利用专业服务商的数智化赋能自己何尝不是一种供应链战略呢？这就是外包战略，通过减少不必要的环节，让自己的企业可以更专注于核心业务。

传统的区域经销模式在电商时代可能会受到一定的冲击，越来越多的大型企业基于互联网的供应链崛起，打破了原有的区域代理概念，势必会影响原有区域代理模式下的生态。品牌方不仅需要探索与新型渠道合作的模式，还需要平衡原有供应链生态。

商家直连消费者和生产者（C2B2M）

C2B2M 已经成为供应链发展的一种新模式。企业可以通过平台、供应链协同、数据驱动和智能供应引擎来实现 C2B2M。智能供应引擎采用大数据技术和组合预测模型方法，构建了一套全新的销量预测引擎，用于提升销量预测的精度和商品库存结构的合理性，从而实现供需匹配和库存优化。

C2B2C 的 n 次方

C2B2C^n 更加强调以消费者为中心，通过 2B 端的倒逼，促使企业在用户运营、新品创新、设计、研发、智能制造、渠道管理、销售和分销、品牌建设、数字化营销、配送等服务方面做出更好的表现，而实现这种模式，则需要不断运用"数据 + 算力 + 算法"来反复迭代，优化整个供应链的产业链路、流程、场景、触点、渠道、生命周期等，从而精准推广服务全网、全渠道更多的消费者（C）。

案例：苏宁 C2B2M 实践案例苏宁极物——婴儿趴趴枕

第一步，苏宁利用线上和线下对产品"枕头"高达 2 852 万条的用户评价，形成数据洞察。（线上：用户搜索、用户评价、页面停留时长、线上销售数据；线下：零售云加盟店、店员输入、售后客服记录、线下销售数据）[①]

[①]　来源：苏宁零售技术研究院，2010–2019

第二步，挖掘需求背后的需求热点。苏宁通过以上评价数据发现消费者潜在的需求产品：婴儿乳胶枕。

典型语句：用 AI 语义分析用户评论。举例：罗女士，28 岁，2017 年 09 月 16 日，23:43 分评论"爸爸妈妈用，很喜欢，睡觉很舒服，但是给宝宝用太高了。"

第三步，鉴别热点背后的需求集，从而分析出用户的小孩年龄结构为 1~3 岁。

示例：从购物数据推导宝宝年龄。

纸尿裤 XL 码——1 岁 +；

3 段婴儿奶粉——2~3 岁；

婴儿服饰 110 码——3 岁。

第四步，联合设计四款抽样目标进行人群验证。苏宁匹配一万目标人群进行"推客"产品验证，得出具体型号的人群比例。

第五步，进行苏宁极物批量定制，甄选天然彩棉量身定做高度，生产 1~3 岁天然乳胶趴趴枕，呵护宝宝肩颈。

第六步，销售达成，并且为全年龄段。

最终产品于 2018 年 11 月上市，月销量突破 9.12 万件创新高。

这个案例完整地展现了苏宁尝试 C2B2M 的成功实践，犹如一幅生动的画卷，展现了从供应方到需求方的业务模式调整。过往的渠道模式下，线下终端网点对客户品牌认知的影响巨大，客户接触服务供应商后才接触产品，品牌厂商几乎没有机会直接接触客户，但随着新零售趋势的兴起，借助数智化触点，品牌方有了更多机会直接面对客户，品牌定位中高端更是开始转变为做品牌。通过数智化营销直接影响客户，品牌的市场份额和价值将得以提升。

消费互联网端和产业互联网端的发展也是息息相关的。消费互联网端需要实现消费者可洞察、可分析、可触达、可消费，而产业互联网端则需要实现基础设施云化、物联网化、中台化、移动化、智能化。商业价值的实现必须为企业的上下游服务，同时实现商业化利润和可持续发展。工业制造企业的数智化转型，更是通过数智化技术生产数字化产品，再销售给客户，充分体现了数智化赋能商业的典型场景。

未来的世界将是万物互联、万场升级的世界，所有"场"都需要进行数智化升级。消费互联网端的工作、生活购物、娱乐、住宿等场景，产业互联网端的设计、供应、制造、流程、产业，都需要进行数智化升级，只有这样才能跟上时代的步伐。

供应链一体化建设：舒之弥四海，卷之不盈怀

京东完美诠释了供应链一体化建设的重要性。京东在供应链上下游实现了一体化，从网络平台营销线索的发掘到供应商的代工生产，再到快速交付，一气呵成。在一体化供应链模式下，京东建立了统一的物流网络，为品牌商打通了新的销售渠道，实现了物流反哺商流，创造了新的价值。通过利用流量和品牌，以及制造资源完成客户交付，京东实现了供应链的高效运作。

而制造企业服务化则是利用大数据、智能算法和产业互联网推动企业商业模式和供应链模式的升级，利用服务要素提高企业研发创新、营销和品牌建设能力；同时，基于供应链能力，快速洞察市场和客户需求，以服务增值促进制造企业的增值。只有不断提升服务质量和水平，制造企业才能够更好地满足客户需求，实现可持续发展。

商业模式往往是大家可以看到的，而背后隐藏的其实是企业整体数智化战略和供应链战略。它是指导一个组织发展方向与明确发展目标的长远规划，注重全局性、长期性、竞争性和具体性。数智化商业模式和战略往往兼顾了商业的本质，从而让数智化转型得以持续推进，并且控制快慢的节奏，所谓"舒之弥四海，卷之不盈怀"。

5.1.3　数智化供应链转型五步法

案例：

Y 公司供应链管理总监手机里，收到一条库存黄色预警信息，让他立刻火速打开库存商业智能（business intelligence，BI）系统查看详情。他发现 X 产品库存突然大量下降，已经低于黄色警戒线。原来，这个产品上周被选定为直播爆品，备货一周后，今早 7 点开始在生产车间进行抖音试播。没想到，开播仅一小时就创造了超过 100 万元的销售额，而直播四个小时的总销售额更是高达 400 万元，因此触发了库存报警。

这条预警信息的实现，离不开 Y 公司供应链数智化转型的成果。通过电子数据交换（electronic data interchange，EDI）系统，各销售渠道和平台的 POS（point of sale 销售点系统）数据实时汇集传输到公司内部的企业资源系统（enterprise resource planning，ERP），再匹配至相应的库存信息，实现预警判断。同时，公司内部的生产成品，通过实时扫码入库，信息进入 ERP，从而确保库存能够实时更新。

五年前，一次偶然的小事件，让 Y 公司下定决心进行转型。"双十一"购物狂欢节的凌晨，接近零点时，Y 公司的提前预热销售并不理想，但错过这一波，今年的业绩也就无望了。如果和电商平台进行对赌，就必须在零点后的一个小时内，用指定产品和价格让销售额达到某个值，否则就会被罚款补足销售缺口。然而，当时公司老板只有几分钟时间，需要立即了解该品的库存量和货源是否有能力达到对赌的销售额，苦于系统没有打通，且数据不是时时更新，导致无法提供数据，作出决策。最终，公司老板冒险拍脑袋答应了这个对赌协议。结果，15 分钟内库存售罄，但后续货源跟不上，最终因为库存不足而输掉了对赌协议，损失了几百万元。因此，Y 公司下定决心进行供应链数智化转型，以打通全链条的系统自动化、数智化辅助决策为目标。

供应链数智化转型五步法，如图 5-3 所示。

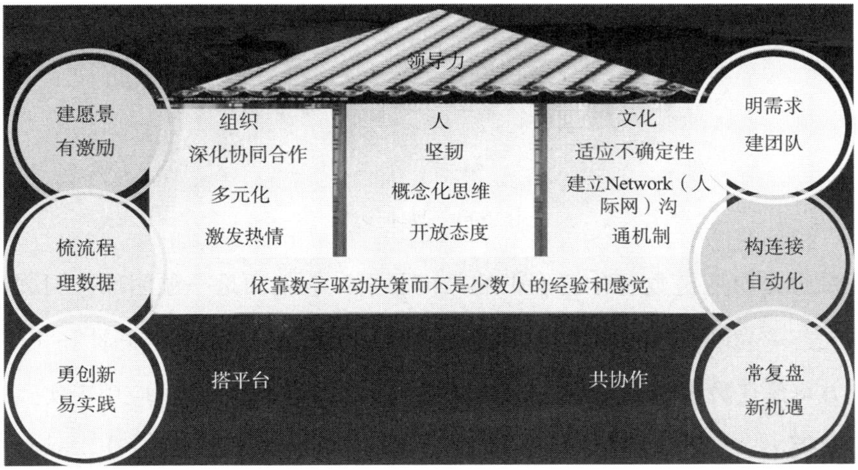

图 5-3　供应链数智化转型五步法

第一步，建愿景、有激励，组建项目团队。 引导利益相关方和一把手加入项目，获得他们的支持是项目开展的重要前提；同时，各成员需各司其职，明确责权利，这是项目有序推进的关键；需要细化界定项目的定位、业务范围、组织范围和系统连接等，让公司领导和项目组成员清晰地看到里程碑，这也是项目执行的决策点。

第二步，理清和分析数据。 数智化的核心基础是数据，而数字是供应链运营的"大脑"，必须要基于统一的数据管理规则。

Y 公司进行了长达 1 个月的现状梳理，从组织、人才、流程和 IT 系统等方面充分了解企业短板，包括：信息流的断层、各自系统的孤立带来的各种重复手工报表工作、各种系统数据不同步所带来的数据混乱和决策错误等，进行充分的现状调研之后，人、财、物的短板基本都清楚了。

接着，该公司引入某知名咨询公司，开始在内部造势、宣传，描绘数智化的各种美好蓝图，并建立了具体步骤：理现状、立架构、建资产、用数据、做运营，如图 5-4 所示。

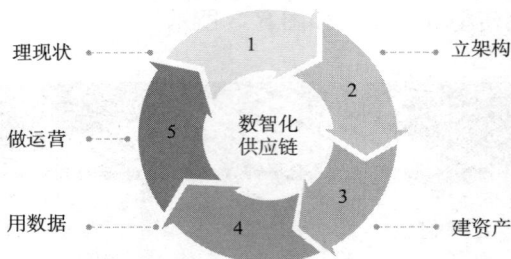

图 5-4 具体步骤

　　数据是供应链数智化转型中的关键要素，它就像是一颗明珠，闪耀着无限的光芒。为确保数据质量，必须确保数据源头的及时性、准确性和完整度，如此方可信任数据。那么，经过数据清洗后，如何将这些数据应用于实践呢？上述案例中，Y 公司通过设计各职能和各业务模块的 BI 报表，让实时在线的数据经过计算后，自动展示本职能 / 部门关注的结论。比如，Y 公司供应链管理总监的手机里出现了库存异常预警，让他能够及时采取措施，避免因库存问题带来的损失。

　　在首席执行官（chief executive officer，CEO）的视角下，通过实时刷新经营成果，可以看到各种异常情况，比如常规客户的订单突然大量减少，某种成本或费用陡然增加，或是某个工厂异常停机等；此外，也可以实时查看销售额和损失，以及各个维度的情况，如区域别、渠道别、关键客户别和产品别等，一旦接收到异常信息，就可以立即采取人工干预，及时止损。不断完善业务对象、过程和规则的数智化，进行广泛的分析预测和有效管控，实现多维度、多视角的监测和决策支持，因此，数据的重要性不容小觑，必须时刻保持高度警惕，确保数据源头的质量。

　　第三步，是供应链数智化转型中的重要一环，必须高效梳理项目流程、架构链接和自动化。先把时间线放到手中，将流程重新组合、删繁就简，做到迎难而上、勇攀高峰；接着将信息录入数智化系统，进行自动优化与梳理，让信息不再混乱无序。灵活运用数智化工具，构建全流程、数据化的供应链管理系统，将复杂的流程一一呈现，让员工一目了然，如此，员工看到了各种高级的 BI 报表，简单、高效，且实时在线更新，用起来如鱼得水，得心应手。

Y 公司鼓励员工积极拥抱变化，参与到供应链数智化转型中，并紧锣密鼓地公告了数智化转型的战略指挥部、项目启动和组织架构，其中包括数智化项目蓝图设计师、首席信息官、数据治理中心以及各职能的业务流程组，比如从采购到生产，从订单到收款等，这些职能部门组成的项目组开始集中办公，人数最高峰时期达到两百多，整齐划一、有条不紊。紧接着开始重构业务流程，着力于打通跨部门协作和衔接。在制定了五百多份流程文件后，一组人员开始把重构的流程整合到现有各系统，编写各种代码；而另一组人员则开始对现有系统开展数据治理，建立数据库资产。最典型的例子就是 KPI 指标库，项目组梳理各部门和各流程的 KPI，制定 KPI 计算公式定义，对取数来源、使用场景等进行定义。这样，项目组可以更加精细化地管理供应链，实现各种效益的最大化，做到无往而不利，无坚不摧。

第四步，需要不断大胆创新突破，多调研、悉心求证。数据治理和迁移工作完成后，Y 公司开启了长达一年的系统切换工作，从一个生产工厂开始试点切换，陆续扩大到全部工厂，再扩大到所有的销售分公司和贸易公司。至此，自消费者 / 客户订单开始，从原材料到产成品，Y 公司实现全部自动化、数智化，数据实时、在线、更新。在项目实施过程中，需要多复盘总结，避免犯类似的错误，把正确的方法积累下来，延续下去。

最后，团队也要关注与项目组共同成长、有潜力的成员，重视培养既懂业务又懂数智化的人才。只有在不断的学习和实践中，团队才能真正地掌握技能，取得成功。

Y 公司实施供应链数智化转型，前后持续了三年，现在基本上实现了从客户端、消费者端到企业内部各职能模块的信息打通，实现实时在线与传输，管理层可实时进行快速决策。Y 公司在项目实施过程中，也吸取了不少的痛点和教训，比如数据治理并不是很充分和完善，这直接体现在系统切换时，公司如果遇到原材料异常、运输异常等突发异常却无法快速调整，也无法人工干预，导致缺料停线、停机，生产效率更低，最终因缺货被罚款；时不时会发生系统跑不通，下一步无信息输入的情况……各种不畅给公司的日常运营带来了极大困扰。

在项目团队 24 小时轮班的支持下，经历了差不多半年的时间，进行各种系统的接口修补，流程补充和调整，才慢慢趋于稳定和正常。Y 公司的供应链数智化转型经历了痛苦的教训和不断的探索，最终，取得了阶段性胜利。

案例重要启示

供应链数智化项目的落地，如同修建一座高楼大厦，需要一个清晰的蓝图和分步骤的计划一步步实施才能产生可观的成果。如果没有系统的规划，数智化转型将会像"小娃娃爬楼梯，上下两难"。

要想使供应链数智化转型顺利进行，必须及时解决存在的问题，否则这些问题会被固化到系统中，让转型之路变得不顺利。很多企业在转型过程中也遭遇了前所未有的困难，有些甚至按下了暂停键。

在规划供应链数智化建设蓝图时，企业需要遵循"PDCA"（策划——实施——检查——处置）的模式，并聘请知名的机构进行前期的调研，这个过程包括系统的问卷调查和访谈，只有通过优秀的蓝图才能实现可持续发展。

基本的行业解决方案只是标准品，如果企业想要与自身场景相吻合，就必须在前期进行访谈和诊断。优秀的企业通常有一整套问卷来评估自身的成熟度，必要时还会引入外部专业人员来优化改善。企业在数智化转型中，诊断可以避免起步就走错了方向，避免后期需要投入更多资源进行修正，并且可以确保每个步骤都走对。

供应链数智化转型是"一把手工程"

Y 公司的供应链数智化转型由董事长亲自发起，下设转型办公室。企业的战略供应链数智化转型是"一把手工程"，需要得到企业一把手的重视，而在供应链部门也需要高管亲自主抓，因为带领团队一起努力，共同创造价值，往要去的战略方向，这也是作为企业最高管理者领导力的体现。

俗话说，"领导是做正确的事，管理是正确地做事"。如果数智化转型是一部电影，那高层就是制片人，主要应制定数智化转型的企业战略，营造文化，选择业务负责人；中层更像是一个导演，主要理解公司战略，组建团队，把握总体节奏；基层管理者是主演，需要带领团队，实施每一个具体项目，演好这个戏。

其实，就如 Y 公司一样，大多数企业的一把手和供应链高管表面上看起来自己比较清楚自己的问题，也想解决这些问题，然而做起来却并没有想象中的简单，总是磕磕碰碰。供应链数智化转型的失败可以普遍归因于以下三点。

首先，最高领导者的系统认知不足。 一开始领导往往兴致勃勃，觉得数智化是一个新鲜的东西，招募几个数智化人才就能实现数智化转型，忽略了组织的建设，完全没有意识到这需要全员参与和组织保障。

其次，领导者寄希望于数智化转型，毕其功于一役，但忽视了数智化文化的营造和持续投入。 这是一项长期工程，需要经过由点到线的动员，由线到面的普及，甚至技术和工具反过来会改变一个企业的文化。俗话说，"水滴石穿"，只有长期投入才能带来真正的变化。

最后，单纯的 IT 思维。 以为买一些软件，或者新的系统就实现了"供应链数智化转型"，更有甚者将信息化基础建设误认为是"数智化转型"。

5.2　组织重塑：从"短期效益"到"价值驱动"

在推进供应链战略落地的过程中，组织和人才也是特别需要关注的重点。在笔者过去多年的管理工作中，主要的精力放在了组织再造，因为只有将组织的职能壁垒打破，才能创造空间来推进端到端的运营和数智化。当然人才的发展是最终能否取得成功的必要条件，企业常常面临的两难在于"专业知识"和"数智化能力"如何在一个人才身上有机结合，这就需要管理者对于岗位和人才重新制定画像，选贤与能，以确保一个卓越的供应链战略能够有效实施。

5.2.1 领导力文化和高绩效供应链组织：目标明确、实时在线、绩效可见

没有文化的加持，战略只是一份早餐而已。

"文化先行，方能长久。"企业的成功与否往往取决于企业文化的塑造，这也是供应链数智化转型中不可忽视的重要因素。南京菲尼克斯在这方面做得非常出色，他们不仅注重知识学习，还邀请像华为等知名企业分享经验，充分体现了取长补短的智慧。毕竟，"众人拾柴火焰高"，只有融合各种文化，才能让企业的文化更加丰富多彩，为供应链数智化转型注入强大的动力。

案例：西门子领导力文化

为推动数智化转型，西门子 CEO 博乐仁（Roland Busch）宣布西门子推出面向未来的四个战略重点：成就客户，帮客户成长；科技有为，以科技赋能社会；赋能于人，敏捷决策，本地赋权；成长型思维，吸引可持续成长的人才。

西门子中国在 2022 年提出了非常接地气的领导力文化[①]，并且以非常友善的动画小视频通过公众号推广，既让所有的员工感知也让生态链伙伴知晓，从而大家共同携手努力创造价值。面对新的机遇与挑战，西门子发布了 China[a]战略并致力于成为富有影响力的领先高科技公司，着眼于实现高质量增长。笃信"人"的重要力量，相信每个人都能成就不凡。塑造未来领导者，让"成长有数"，让"未来无限"。西门子中国管理层基于全新方法，对领导力进行

---

① 西门子发布了《西门子中国领导力白皮书》

反思和共创，形成了更具创新活力的领导力叙事，并将其分解成 18 个领导力叙事插画。

另外一个例子就是微软，其 CEO 纳德拉在 2014 年走马上任以后，将数字化理念注入企业经营理念中，倡导数字化文化，他带领微软向云服务、移动、企业赋能等领域进行深度业务转型，只用了几年时间就突破了万亿市值，让这个科技巨头再次走在科技行业的前列，焕发出新的生机。

变革与执行

供应链数智化技术作为新的生产力，需要与新的生产关系相匹配。企业需要服从战略，但同时组织也会影响战略，一旦战略制定，组织变革就必须跟上。供应链数智化转型是一场变革，就像打破鸡蛋壳一样，必须从内向外打破，才能焕发新的生机；相反，从外而内打破，将会带来灾难。

然而，即使战略再好，也需要一个好的组织来实现它。正如德鲁克所说："在一日千里的结构性调整浪潮中，唯一幸免的只有变革的引领者。"为了增加供应链的透明度，企业在打通系统的同时也有可能打破原有的组织边界，甚至会触及一些部门或者岗位的核心利益，因此，供应链数智化转型需要有组织保障。

在具体落地时，一些供应链部门设置了数智化运营官的岗位，有些成立了跨部门的供应链数智化小组，还有一些企业由于资源有限，需要利用外部资源将供应链数智化运营进行外包，这些都是组织保障的典型应用。以华为数字化转型为例，他们有明确的组织保障和设计，构建了面向业务数字化转型的 "IT 铁三角"，包括业务和 IT 混编团队、IT 服务化平台和运营指挥中心。华为主张不能仅仅靠贴心的服务来赢得业务的尊重，而是要靠持续的能力提升。

可以说，文化先行。虽然企业的竞争表面上看是产品和服务的竞争，实际上是企业管理的竞争，更进一步讲是企业文化的竞争。

供应链数智化是一个烦琐的过程，需要一个具有明确责任目标、行动方案和报酬基准的组织来承担重任，否则，即使有供应链数智小组或数智化运营官，也可能无法真正发挥作用，只能成为一种象征性的存在。所以，关键不在于"供应链数智化委员会"这个机构本身，而是需要一个能为实现"数智化转型"目标而真正承担责任的组织设置，以及一群有志学习新的事物，为企业未来而努力的"耕耘者"。对于实现目标的激励和利益共享才是整个企业数智化转型成功的钥匙。

同时，流程型文化也是关键因素之一，它能够营造持续学习的氛围，强调数智化意识，培养成长性思维，这种文化的构建需要注意业务问题，充分考虑所需数据的数量和准确度。如果数据不对，即使算法再优秀，引导出来的趋势也都是不一样的。

最终，一个高绩效的数智化供应链组织需要建立合适的绩效体系，该体系是动态的，并能反映公司供应链的总体运营情况和上下游企业之间的关联关系。"合适"的供应链绩效体系会随业务的变化而变化，它会随行业的不同、具体问题的差异和时间的迁移而有相应的变化，这套绩效评价指标要不仅能够评价某一个供应商，还应考虑该供应商的绩效在整个供应链上的影响，最重要的是应当能客观地反映公司供应链的总体运营情况，最好能体现上下游企业之间的关联关系。这套绩效体系可以是定性或定量的，能够通过数智化工具及时反馈，并赋予可视化的手段展示并辅助决策优化。

高绩效导航：全链路绩效评估

传统的"大生产、大销售"的增长模式随着人口红利的消失而势微，如今的用户需求也从基本的"有无"转向"好坏"，因此绩效考核也应从"结果"走向"过程"，注重关注客户的全链路旅程。如图5-5所示，供应链数智化技术，特别是移动互联网的发展，打破了过去的信息不对称，为人类带来无限自由链接。虽然依靠信息不对称盈利会越来越难，但同时也为管理者提供了关注"过程"的数据和信息基础。

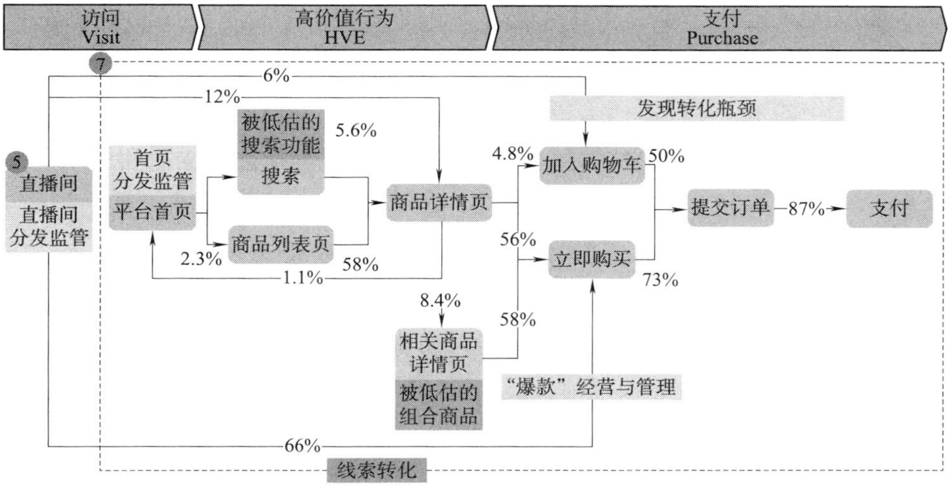

图 5-5　关注客户的全链路旅程

每个企业都有自己所处的阶段、行业和市场特征，因此企业需要选择适合自己的供应链绩效评估方法。在数智化时代的供应链绩效管理体系中，绩效评估是个重要而复杂的项目，如果不能评估，就不能管理，也就无法有目的地改进。只有建立适当的评估体系，才能促进组织的持续改进，实现经营目标。企业应时刻关注客户和外部市场的发展，并针对不同的市场采取不同的供应链绩效管理策略和方法。如图 5-6 所示，是三种主流绩效评估体系的使用情况。

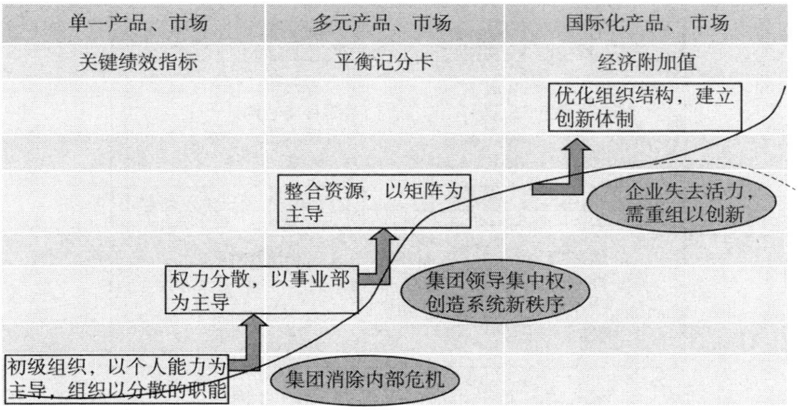

图 5-6　主流绩效评估体系

需要强调的是，"交易"和"交付"是商业文明的核心，也是供应链的核心目标。企业通过向客户交付自己的产品或服务完成交易，并获取报酬。然而，不要忘记，"交付"只是一个结果，数智化时代，供应链管理关注的是从客户到结果之间的整个过程，这时候我们就需要各种过程指标来支撑和驱动这个结果。

美国供应链协会推荐的供应链绩效关键评价指标（key performance indicator，KPI）共有 13 个 SCOR，从供应链交货的可靠性、响应性、柔性、成本和资产管理效率等五个方面进行考量，这些指标组成了供应链运营绩效的评价指标体系，其重要性不言而喻。

实际上，供应链的绩效指标五花八门，也可以从流程角度分为采购绩效、物流绩效、生产绩效和计划绩效等，如图 5-7 所示；此外，还可以按照"QCDS（品质 quality、成本 cost、交期 delivery、服务 service）"性质分为质量绩效、成本绩效、交付绩效和服务绩效，或者按不同视角分为股东视角绩效、管理绩效和客户视角绩效，甚至按照层级分为核心绩效和运营绩效等。绩效评估要因地制宜，因人而异，选择适合自己的绩效评估指标才能更好地驱动供应链效率提升。不同行业之间的供应链绩效指标也有所差异，对于企业而言，选择正确的绩效评估方法尤为重要，只有制定正确的绩效指标，才能帮助企业把握整个供应链，实现绩效提升的目标。

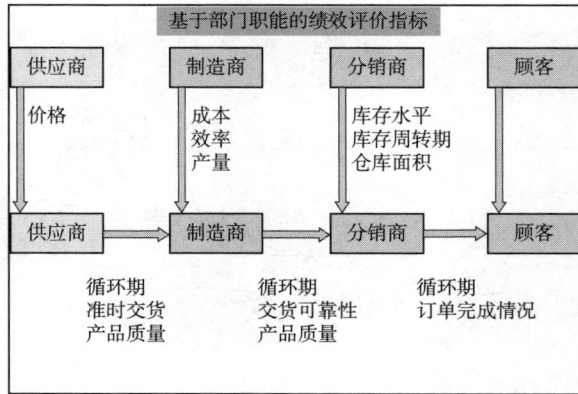

图 5-7　基于供应链业务流程的绩效评价

数智化时代，企业对不同类型的供应链人才需要采取不同的绩效考核方式。绩效考核有一套科学的管理流程，充分利用数据资产，将会对组织和个人的考核带来革命性的改变，如图 5-8 所示。

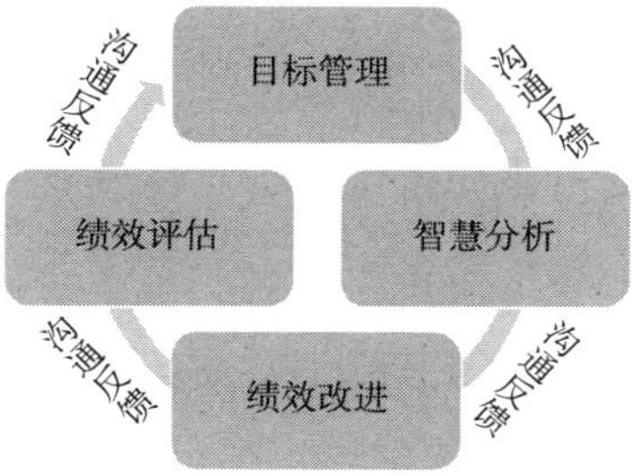

图 5-8　绩效考核流程

1. 智慧分析

智慧分析可以说是供应链绩效管理的关键，它能够借助 AI、机器学习等技术，洞悉人才管理中的潜在问题，从而大幅提升企业的管理决策效率和能力。同时，智慧分析还可以对供应链绩效进行全面深入的分析，从而帮助不同层级的管理者及时识别风险，找到问题并有效改进。此外，智慧分析还支持绩效排名和对比分析，按组织、序列等维度绩效结果分布，实施进度分析等，让绩效管理更加精准、高效。

2. 目标管理

目标管理是供应链绩效管理的重要一环。在绩效设置时，企业可以利用目标与关键成果法（objectives and key results，OKR）等工具将目标逐级分解，层层关联，灵活设置目标可见范围，以此支持目标的即时评价、邀请反馈、实时跟踪和预警目标进展及任务状态。通过目标管理，企业战略和经营目标可以从上到下进行有效的传达，关键成果或目标也能够根据实际工作分解成计划任务，使绩效管理更加有针对性和实用性。

3. 沟通反馈

沟通反馈是供应链绩效管理中不可或缺的环节之一，它贯穿绩效管理全流程,确保目标达成。企业可以针对不同的考核指标分别沟通,及时反馈、评价、打赏，激发员工热情，以此促进团队协作。同时，企业还可以通过供应链上的各个利益相关方，围绕 OKR 或目标、任务进行沟通，以更好地推动绩效管理的落地。

4.绩效评估

全方位覆盖，全面支持供应链绩效评估的落地；支持关键绩效指标、个人绩效承诺、目标管理、OKR 等多种绩效管理模式，以双轨制、项目制、360度全景考核等方式进行全方位绩效评估；支持多对一或一对多评估、基于目标设置不同评价人等多维度绩效评估方式；支持自定义流程、静态或动态量表等特殊处理；评价时可参考目标进度、反馈记录等过程数据，使评价过程更加公正客观。

5.绩效改进

支持制定面谈模板，供应链部门的用户可根据模板框架，总结面谈内容，明确绩效提升计划；供应链专业人员确认面谈内容，保障面谈结果双方达成一致；结合利益相关方关注的问题，有针对性地制订绩效改进计划，通过开展监控、沟通协作，确保计划的有效实施，解决问题，提升绩效。

采集数据，实现供应链智能决策的基础

无论是"仪表盘"还是"控制塔"式样的报表，都是通过 Power BI 这类数智化工具实时抓取各个信息系统的数据，就好比管理者拿了一个放大镜去观察企业的每一个毛孔一样。报表本身是运营管理的利器，为公司运营的管理和决策提供重要支撑。如图 5-9 所示，某公司通过及时的观察，省去了过去"拉报表"这样的动作，实现了同一时间、不同地点、同一信息的即时传输。

在获得有用情报以提供管理和决策前，可以试着分解这个过程，会发现从数据采集到数据处理再到信息传递，任何一个环节出现问题都将影响供应链的运营绩效和管理决策。

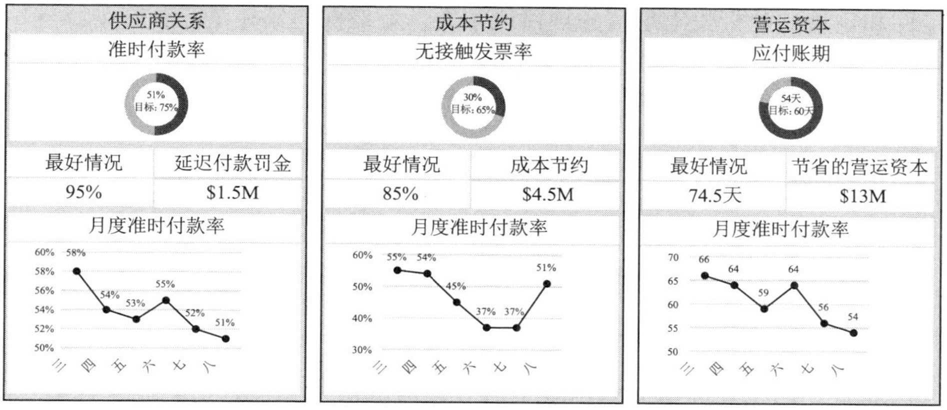

供应商关系		成本节约		营运资本	
准时付款率		无接触发票率		应付账期	
51% 目标：75%		30% 目标：65%		54天 目标：60天	
最好情况	延迟付款罚金	最好情况	成本节约	最好情况	节省的营运资本
95%	$1.5M	85%	$4.5M	74.5天	$13M
月度准时付款率		月度准时付款率		月度准时付款率	

图 5-9　仪表盘

（1）数据采集

如何收集数据以改善绩效？这是一个问题。这里要强调的是数据统计要准确且及时。 实时性：过去统计的 KPI 不是实时的，智能时代却是实时的。过去的财务数据都需要月底结账才能获得；如今企业可以每天实时对"血流"——现金流情况进行评估，并根据实际情况进行智能辅助决策，这对于很多处于困境中的企业简直就是可以"救命"的工具。 准确性和真实性：过去的数据往往由人工输入，这容易导致准确性较低、数据不够完整、记录不够及时；数智时代，让不同时间、不同地点的人看到同样的数据成为可能。

（2）数据整理和信息加工

数据处理是指将数据转换成信息的过程，但进行数据整理和统计时需要分辨有用并有效的信息。数据处理不是罗列数据，数据的分析结果可以为公司的经营管理发现并解决问题，也可以是发生问题的纠正和预防措施，还可以是潜在风险识别的预防性措施。

针对不同的处理对象，有多种信息加工的方法。通常分为统计学法、不确定性理论、数据库技术、机器学习以及可视化技术这五类基本方法。

但是，有了好的方法还只是第一步，只有当信息变成情报才能为管理所用，才能真正成为管理和决策的依据，这需要对信息进行进一步挖掘，通过定性和定量的分析找出事情的规律或本质，就像探险家在茫茫荒野中寻宝一样，需要不断挖掘、探索，才能找到宝藏。

（3）信息传递

信息传递是供应链中不可或缺的环节之一，而在数智化时代，传递信息的方式也不断进化。口头，书面或电子的方式虽然便利，但可视化的工具却更能增强客户的体验，实现信息传递的准确、实时。有效的反馈，让信息更具生命力。

过去，供应链部门的会议常常需要提前准备大量材料，如历史数据等，即使有各种信息系统，数据的获取、整合和比对还是要耗费大量时间和人力，甚至需要其他部门的协助。会上，因为数据来源不同或取值时间不同，人们对数据的解读也有所分歧。如今，各信息系统的数据打通，加上报表控制塔的出现，使会议的效率得到了大幅提升。只要打开控制塔，通过共享屏幕展示可视化的图表，问题很快就能得到澄清。而且，控制塔报表还可以自动发送到订阅者的邮箱或手机终端，方便相关人员随时查看，从而省去了许多例会带来的烦恼。

5.2.2 数智化供应链成熟度

数智化成熟度五阶段

什么样的企业就会吸引什么样的人，正所谓，"物以类聚，人以群分"。同时，企业的供应链组织也不能脱离企业这个母体，它们相互依存、相互支撑。而一个公司的生命周期包括初建期、发展期、成熟期和衰退期。每次公司进入生命周期的新一阶段，都需要一套适合的新机制来适应新的环境，并发挥内部功能与外部市场相联系。

而供应链数智化成熟之路也是一步一个脚印。如图 5-10 所示，从数字化到数字功能，再到数字供应链、数字价值链、数字生态系统，这五个阶段中每个阶段的特征和内容都是基于前面的基础，这是逐步发展提升的过程。

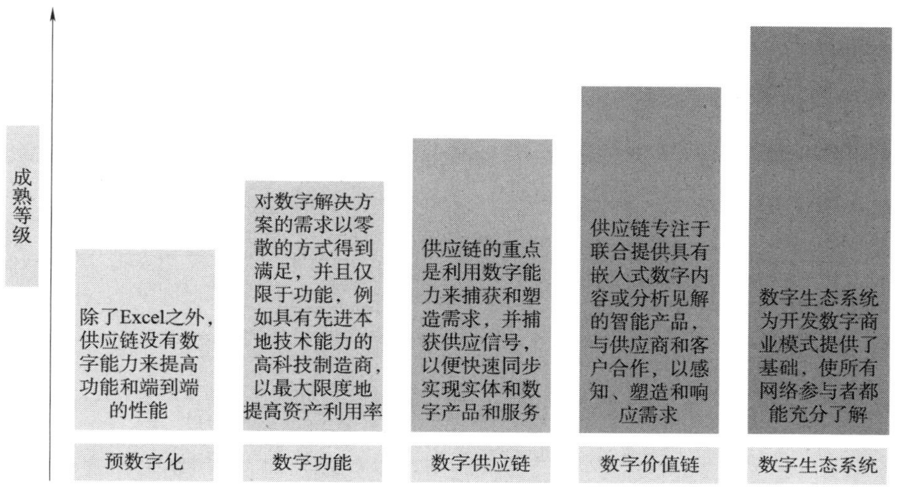

图 5-10　供应链数智化成熟之路

在数智化的过程中，很多公司专门迭代了自己相应的模型，以评估供应链的数智化程度并制定相应的方案来提升能力和解决问题，如图 5-11 所示。中国物流与采购联合会也发布了《国有企业采购供应链数字化成熟度评价模型》，以数字化基本目标为导向，从六大维度展开评价，将企业的采购供应链数字化水平划分为五个成熟度等级，突出模型四大设计特点，通过三级指标体系和五挡分级标准，旨在对企业的采购供应链数字化成果进行 360 度全景画像。企业在供应链数智化转型中，及时实施组织诊断可以帮助管理者从解决单个问题到更全面地看待组织，通过组织成熟度的测评，以供应链的场景作为原型，评估在数智化转型前和转型过程中的组织成熟度。

五能评估法

正如成语所说，"授之以鱼不如授之以渔"，五能评估法可以帮助管理者从根本上解决问题。公司管理者在供应链数智化变革中需要查看最终是否可以达到以下"五能"，从而实现成功的数智化转型。

（1）能发现企业管理的基本问题——执行效果；

（2）能为部门主管提供发现问题、改善管理的工具；

（3）能为管理者指导基础管理的提升提供参考；

（4）能为控制质量、节约成本寻找目标和方法；

（5）能提高经营回报和管理水平，挖掘内部机会。

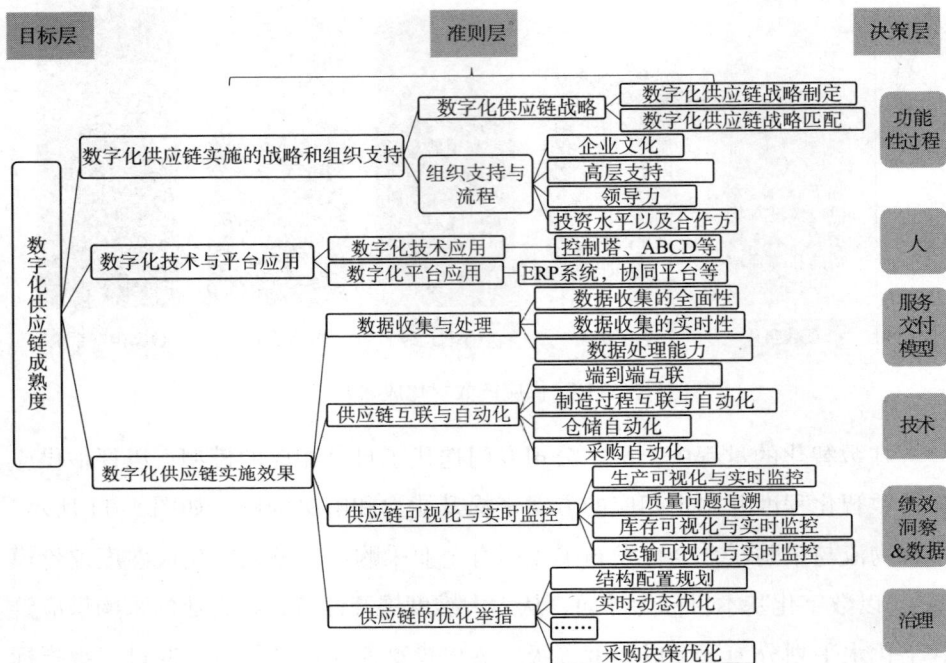

图 5-11　成熟度评估

　　企业在供应链数智化转型中，若能及时实施组织诊断，有助于管理者从局部到整体地看待问题，全面评估供应链组织在数智化转型前的成熟度。通过供应链组织成熟度的测评，可帮助供应链部门的负责人认清自身管理中存在的问题。

　　此外，数智化转型中的供应链组织还需要重新构建新的岗位或技能，而仅仅改变头衔，比如换成"数字孪生工程师"等，恐怕难以成功。这就像二十一世纪初，物流岗位被频繁地改称为"供应链管理"，但实际上并没有使角色和职责产生实质性变化。为了避免重蹈覆辙，供应链组织必须以具体的方式定义所需的数智技能和角色。

　　综上所述，供应链数智化转型需要一个全新的供应链组织，要建立流程型文化，营造持续学习的氛围，强调数智化意识，培养成长性思维，围绕企业整体经营目标统一思想，让数智化服务于业务，致力打通上下游并构建一个高效、活跃、不断自我优化完善的生态圈。

5.2.3　数智化供应链组织："特战队"

共享协同：拧成一股绳，劲往一处使。

在供应链管理中，不同的产品和行业要求不同的供应链组织。传统的功能型组织通常只注重各个职能之间的管理，而缺乏整体性的协调，难以适应"以客户为中心"和"小批量多品种"的趋势，因此，平台型组织和网络共生型组织的兴起，强调共享和协同，成为未来发展的趋势。

随着供应链管理的变化，组织的结构也应该向着特战队式的方向演变，从传统的科层制向更加灵活的结构转变。在数智时代，强调核心无团队的组织结构，根据业务需求灵活组建敏捷团队，迅速适应变化的市场环境，成了竞争力的关键。

互联网时代，小米公司的成功经验表明，虚拟团队、跨职能举措及项目能够带来响应能力的提升。而在数智时代，商品丰富，客户需求多变，这就要求组织具备快速适应变化的能力，这是当前供应链管理的一个痛点。各种新型组织形式不断涌现，企业也在进行各种尝试，例如阿米巴组织、无边界组织、虚拟型组织、平台型组织、合弄制组织、合伙人模式和众筹模式等。未来组织的核心是决策的质量、效率和执行力，只有具备快速适应变化的能力，才能在竞争中立于不败之地。

特战队组织的三个特性和三个典型特征

特战队式的组织才是最适合数字化和智能时代的组织形式，而这种判断正是基于目前发生的——以客户为中心的商业趋势。物极必反，传统的组织形式可能已经不能适应现代商业高频竞争和快速变化的环境。

1. 组织的敏捷性

数智化转型需要建立敏捷的组织和精益的文化：火车跑得快，全靠车头带。如果说传统组织是"绿皮车"，那么敏捷组织就是"和谐号"，每节车厢都是发动机，又相互协调。数智化时代，高频竞争带来的业务复杂度激增，外部环境的不确定性日益加剧，企业的"绿皮车"必须升级到"和谐号"。

2. 组织的专业性

组织或企业应该拥有自身的主营业务，有一技之长的专业化的拳头产品才是立身之本。

类比联合特种作战部队，又下辖有陆军特战队、海军陆战队、空军陆战队等专业兵种。再比如各类专业工作室，财务、专利服务外包公司已经不是什么新鲜事了。企业通过某个专业平台外包了广告设计，可以仅享有使用权，而不必拥有它。

另一层含义是组织内部的专业化。例如技术型、知识型员工比例进一步加大，传统岗位向新型岗位转变，这对组织领导者的要求也更高，要求他们从过去的行政型领导者向项目经理型转变。

传统的职能部门划分的概念在这类组织中开始弱化，但是其功能并没有消失而是有机地分解到了不同的核心岗位中，专业人员分散到各个业务部门，如人力资源变成人力资源业务合作伙伴（human resource business partner，HRBP）、人和组织（people & organization，PO），IT 转型为数据分析师分散到各个组织，财务人员成为事业部的财务计划和分析师 FP&A（financial planning & analyst）。

3. 组织的协同性

组织同时满足敏捷性和协同性是很难的。有些组织敏捷了但不协同，还有些组织协同了却不敏捷，恰恰是特战队这种组织能兼顾两种特征。在组织内部，稻盛和夫的阿米巴模式是企业内部部门模拟外部客户进行市场化结算的一种形式；而数智化转型后的企业细胞像一个个独立的特战队，它们依托内部共享职能部门的支持，可以直接面对外部客户，也可以自行获得客户与社会资源。与此同时，因为协同作用使企业之间的边界正变得模糊不清，甚至出现一种"无边界组织""自组织"。

这种现象又有以下三种典型的特征。

一是跨组织集成。比如甲方没有研发部门，可以和供应商一起组建跨组织的团队共同研发某种产品，知识产权共享。

二是能租的就不买。以一些咨询公司为例，他们的咨询业务都是按市场化的方式，分别从外部专家库寻找合适的队员组成项目小组，然后进一步组织相关业务的实施和交付。

三是产品服务化。比如法国阿科玛公司，原本是单纯出售一种玻璃瓶用涂料的，但是新的业务模式要求他们提供设备和人员进入客户厂里，为客户提供一揽子涂装服务。服务是最好的广告。

组织变革的原则是从根本需求出发，能够现实落地，让结果满意。组织变革的目标是打造"智慧总部、强健一线"的敏捷化组织。在传统科层式的组织向灵活、拼接式的组织演进的过程中，岗位、薪酬、绩效、职业发展和企业文化各要素要匹配组织能力需求的变化，共同构筑完整的管理体系。

因此，数智化转型中的供应链组织将从以前长期稳定的、科层式的组织架构升级成为持续动态调整的、网络化的、多样化的、特战队式的敏捷组织模式。数智化供应链管理的基本特征是平台化，组织结构从传统的直线职能式、矩阵式、事业部式等典型的复杂结构，趋向极少层次的极简扁平化型组织。

在未来的供应链中，我们将需要类似以下全新的组织架构来支持端到端的供应链管理，人和机器人共事将是常态，如图 5-12 所示。

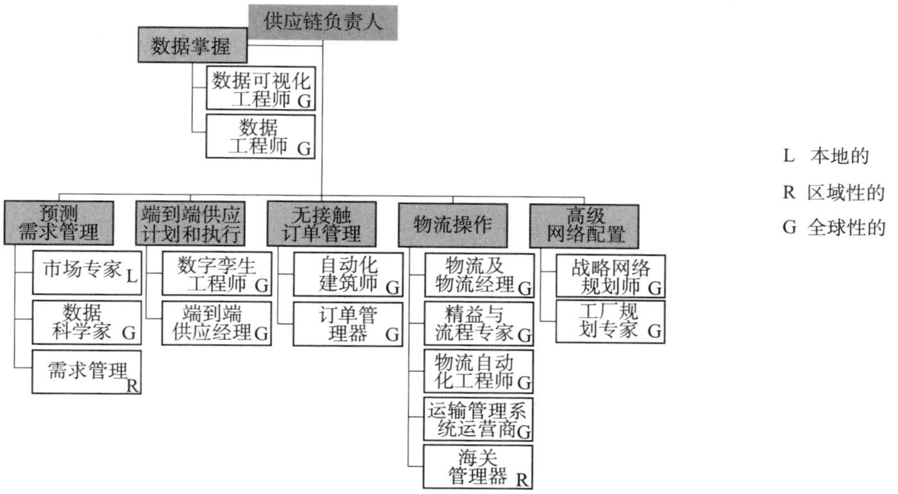

图 5-12　未来数字化供应链组织

与传统的物流和后勤不同，供应链组织以"一体化"的计划职能为标志，形成了为销售提供支持的"中台"，这些中台通常包括计划、物流和采购三大核心职能，有助于降低企业产品的总成本，甚至包括运营性现金流（如库存和应付账款）。

值得一提的是，在一些集团企业中，有一种供应链业务中台，也被称作流程智能卓越中心（center of excellence，COE）供应链专家中心，这个中心是供应链组织的特战队，它不仅在传统的"流程优化和卓越运营"职能基础上发挥作用，而且在企业数智化业务中台方面也拥有专业的能力，这使得它与IT部门的技术中台可以共同组成双中台。在某些领先企业，这也会被称为供应链竞争力中心，这个中心甚至独立于传统的运营部门，作为企业战略规划部门的一部分。

以宝洁公司为例，它拥有一个大中台，包括数据中台、AI中台和业务中台。数据中台基于数据湖加入了商业智能，将消费者数据与商业数据相结合，从而提供更准确的洞察和预测。AI中台则利用数据挖掘、算法模型、图像识别等关键技术，提供基于人工智能的服务。例如，通过对历史促销数据的挖掘，给出促销方案的建议。业务中台则包含订单中心、会员中心、客户中心、产品中心和二维码中心等共享业务。

这种大中台的模式有助于宝洁公司实现业务的快速响应和灵活性，提高其市场竞争力。同时，这也是未来供应链组织的发展方向，通过数据和技术的整合，不断提高组织的智能化和自动化水平，为企业带来更多的商业价值。

随着供应链数智化的深入，新一代的供应链将运用更多先进技术，其中一些技术可以把烦琐的手工任务转化为高度自动化的流程，极大地提升供应链数据的管理水平，这也意味着越来越多的新岗位将在供应链部门涌现。如脱胎换骨般的供应链服务部门，他们快速地建立和扩展物料代码，审核供应商和商品信息，并将所有维护工作云端化。在供应链数智化的进程中，每个部门都有自己的数据和信息系统生态，这也让供应链部门需要懂业务的数据治理人员，开发高效的业务报表，甚至是类似于产品经理一样的供应链信息系统“架构师”等新型职业。

- **数据处理团队**：为了确保数据的可用性和质量，这个团队提供专门的解决方案来进行数据分析和主数据管理，毕竟这两者都是数智化供应链的关键。

- **需求预测岗**：通过优化预测软件使用的算法，预测需求管理团队将向供应链的其他部门提供准确的需求信号。同时团队还需要人为干预创建需求计划和预测的异常情况。例如新产品的引入或产品生命周期结束。

- **端到端（End-to End，E2E）供应计划和执行团队**：他们将维护生产计划和调度模型，并采取行动解决任何发生的供应异常。他们就像拔刀相助的英雄，时刻准备为供应链的顺畅运转而奋斗。

- **无接触订单管理团队**：将维护自动（或无接触）订单到发票的流程，同时管理任何异常情况的发生。他们就像供应链的守护神，保护着每一个订单的顺畅运转。

- **物流运营团队**：物流运营团队是自动化（或半自动化）仓库的设计、运营和改进的主力，他们不仅负责管理和执行各种操作任务（如实施新的程序、进行培训、维护文档和审查工作时间表），还包括物流经理、管理物流服务提供商（LSP）以及外部供应商等一系列成员，这支团队通过协同合作，能够让物流运作更加流畅、高效，最终实现降低成本和提高客户满意度的目标。

- **网络配置与风险管理团队**：负责处理与网络设计相关的工作和任务，例如决定新产品的生产足迹，针对关税和汇率波动来优化网络，同时定期对供应链风险进行评估，这支团队需要具备风险控制的意识和应对风险的能力，能够在不断变化的市场环境中保持敏锐的洞察力和前瞻性，确保供应链运营的平稳和可靠。

- **人工智能团队**：将日常重复的活动流程化，通过数据的积累能帮助供应链和采购人员更高效地工作，这支团队可以快速搭建成本模型、实现智能核价和定期进行供应商绩效评估，甚至能够开始应对简单的电子谈判工作，其终极目标是实现从智能决策到智慧运营、从智能反馈到智慧改善的数智闭环。这支团队需要有开拓创新的精神，能够熟练应用人工智能技术，为企业创造更多的商业价值。

● **价值工程岗**：运用所有成本数据和价值工程杠杆制定量化目标成本和价值驱动因素，评估和确定采购部件在指定技术领域的最佳成本和价值位置，这支团队需要有量化分析的能力和全局思维，能够为研发和工程部门提出按价值设计措施，以及量化的财务影响预期，利用数智化工具和技术识别，量化并推动供应链合作伙伴的整体生产力，提高共赢谈判的透明度，从而实现企业价值的最大化。

数智化供应链需要高绩效的供应链管理组织。在智能时代，供应链组织应具备协同性、专业性和敏捷性的特征，以客户为中心，帮助业务增长，实现研发、生产、供应链、营销等业务流的升级，提升业务协同能力；统筹规划，向着产品服务化和服务智能化方向发展，从而赋能和强化供应链的核心竞争力。具体来讲，它通常具备以下几点。

（1）需要描述一个令人奋进的团队愿景，还需要看得见、摸得着。在外企常见的说法"路线图"（roadmap），通过构建信息化基础，以数据驱动为决策标志，全面进行数智化供应链管理，打破数据孤岛，推进智能化供应链，以 AI、机器人流程自动化（robotic process automation，RPA）等技术应用实现自动控制为目标。

（2）保持以客户为中心的理念。供应链部门应同样遵循客户至上的原则，其包括内部的销售、生产和外部客户。

（3）营造坦诚的沟通氛围。供应链部门需要充分沟通才能真正达到供应链在企业内"神经中枢"的作用。如果像一些不成熟的企业一样，销售抱怨物流总是不能按时交货，物流抱怨生产的产品不是客户要的，生产抱怨计划老是在变，计划又抱怨销售预测不准，那这一切将是无休止的恶性循环，因此，必须建立开诚布公的内部沟通氛围。

（4）建设学习型组织，不断提高专业素养，倡导成长型思维。如 Yammer 等社交工具已成为员工自主学习供应链专业知识和在线学习的良好平台。企业员工点击主页，不仅能了解个人学习时长，还能看到企业员工的平均学习时间，这或许是数字化发展最为直观的体现，它激励人们不断超越自我。

（5）授予前线员工充足的决策信息，提供决策优化和算法模型支持，使前线响应迅速，犹如听到炮声一般快速作出决策。唯有这样，才能真正做到有效地解决问题和应对挑战，成就企业的辉煌业绩。

用众人之力，则无不胜也[①]。

最适合自己的才是最佳的供应链组织结构。供应链组织不是一成不变的，企业应该根据企业自身的战略目标、成熟度和发展阶段来选择最佳的结构。在这样的组织中，管理层与基层员工各司其职，对不同工作范围和不同层级的关键绩效指标进行监控，这样的组织形式正在悄然崛起，它将更加敏捷，更容易适应当前的巴尼[②]时代。在数智化转型的过程中，组织的管理模式也在向员工自组织、扁平化和柔性化的方向转变，组织自身也在向柔性化、扁平化、数据化、平台化和生态化的方向发展，同时与产业链上下游进行协同，连接大量组织内外部的用户和伙伴，实现生态共生，这一切都基于数据这一关键生产要素和万物互联，并且数据在组织内外的充分流动，运用算力和算法挖掘数据的价值。在数智化供应链环境下，外部链接与共享创新是平台化管理加非平台化管理，它可以实现智能化、动态化管理，需要数据支持，并通过谈判和协商来解决，其核心包含两点：一是及时便利的链接和共享，二是风险的预防和阻隔。

---

① 出自《淮南子》。

② 巴尼时代，（brittleness，脆弱性；anxiety 焦虑感，non-linear 非线性；incomprehensibility 不可理解，简称 BANI。）体现了一种心理不稳定、持有怀疑和恐慌迷乱的心理特征。

案例：

宝洁公司为了实现数字化转型，采取了一系列组织能力与文化建设举措，采用了"4D模型"进行多维度数字化转型，这个"4D模型"包含数商、数字化能力、专注地投入和文化与消费者需求契合。宝洁注重内部人才的培养，特别是数字化能力的提升，即"数商"，公司加大资金和人力投入，建设内部数字化团队。宝洁采用"去层级化"和"去中心化"的管理模式，持续进行组织赋能，其中，去层级化采用"大中台、小前端"的方法，以支持前端业务的快速发展；去中心化则通过畅想家项目（Idea Lab）"进行创意策划和项目孵化，开发新产品。此外，宝洁还建设数字化文化，以满足消费者需求并与消费者产生共鸣。宝洁鼓励员工追求卓越、敏捷工作，不断试错学习，同时也向外对标，与消费者产生情感共鸣。

没有一个人是完美的，但是一个团队可以做到（Nobody is perfect, but one team can be）。

笔者需要强调的是，作为供应链部门的掌舵人，需要积极鼓励数智化的各种应用，对于成功者应该予以褒奖，对于失败者则应给予鼓励，持续调动员工的积极性，以带动企业其他部门。众所周知，成也团队，败也团队。作为供应链部门的基层和中层管理者，更应该发挥"传帮带"的作用，坚持将公司的战略落实到业务流程中，不断探索如何将数智化工具应用于"工作流"当中。对于基层员工而言，我们则更需要积极适应公司的发展，持续学习新的数智化技能，培养创新思维，主动拥抱变革，只有这样方可在数智化转型的浪潮中立于不败之地。

5.3 以人为本：兵马未动，人才先行

什么是人才？**人才 = 能力 × 担当 × 贡献**。能力是指在今后工作中所需要具备的知识、技能和价值观；担当则是指勤勉工作，投入时间和精力把部

门交办的任务做实、做好，与企业战略目标紧密相关；贡献则是指员工通过洞察力、勤勉工作，利用能力取得成良好绩效，为企业创造自身价值。

因此，作为企业领导，必须懂得择优而用，发掘、选择正确的人才，培养优秀的人才，这是企业成功的重要因素之一。而作为员工，应该不断学习新的知识和技能，不断提升自己的能力和担当，以实现自我价值和为企业创造更大的贡献。

总之，人才是企业发展的重要基石，只有通过对人才的合理管理和有效利用，才能够实现企业的长足发展。

5.3.1　数智化供应链人才画像："特战队员"

"散是满天星，聚是一把火"，形象地表达了人才聚合对于供应链数智化转型的重要性。中国物流与采购联合会在 2021 年指出我国未来三年供应链人才缺口将高达 430 万，特别是在制造业领域，缺乏能够应对设备互联、MES 和 ERP 对接等复杂场景的专业人才，这让数智化供应链的转型变得更加迫切。

"π"型的复合型人才

为了满足未来数智化供应链的需求，供应链管理人才需要成为一种类似"π"型的复合型人才。传统的 T 型人才需要具备跨职能或跨行业的知识和能力，同时需要在供应链领域的专业深度作为支撑。而未来的供应链人才需要掌握利用数据和人工智能进行辅助分析和决策的技能，成为 π 型人才，能够在各种条件下完成作战任务，这种趋势也顺应了供应链管理组织扁平化、柔性化的趋势。

电商企业中的供应链人才，如亚马逊和京东，不仅需要能够理解 IT 的设计理论，还需要读懂数据，知道哪些数据可以被分析以及如何与 IT 人员沟通。因此，作为数智化供应链转型的桥梁，专业的供应链数智化团队需要建立好业务方和 IT 方的沟通桥梁，通过匹配业务和 IT 的过程，打造高效专业的数智化供应链转型团队。

真正的强敌，都在行业之外，不得不让大家感叹，企业的竞争对手真是无处不在。其实，采购与供应链职业又何尝不是如此？数智化供应链人才是具备数智化供应链管理理念、理解数智化供应链本质、掌握数智化技术的专业人才，包括具备数智化供应链战略管理、技术创新、建模优化、数据分析等方面能力的人才。数智化供应链人才至少具备 IT 工程师、资源整合者和创新者这三种角色的特质，如图 5-13 所示，他们不仅精通数智化工具，还具备内在驱动力，能够影响周围的同事，使大家共同朝着组织目标前进。

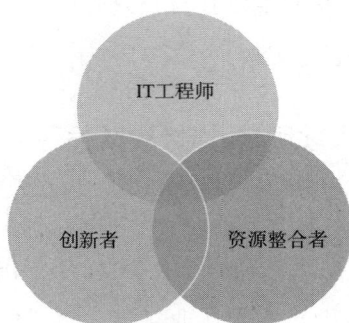

图 5-13　数智化供应链人才

数智化转型需要跨学科的人才团队。例如，优化算法和人工智能等领域需要数学知识，这是理科生的专长；平台架构和技术架构需要工程知识，编程工具需要技术架构，这是工科生的优势；商科生则更擅长针对业务场景进行相关业务流程、规划与优化；为了推进数智化项目，需要建立相应的企业文化，进行组织架构调整和推动变革，这是文科生的擅长领域。供应链人才需要综合各学科知识，整合数智化和业务能力，这样才能成为优秀的人才。

随着时间的推移，越来越多的职业人士从技术、质量或研发等领域转岗至供应链管理，这些人才有着技术背景，对产品的理解更加深入，对新技术更加敏锐，善于学习数智化技能，能够为整合供应链内外部能力提供有力支持，推动信息传递流程，实现数据的及时共享。他们对数智化有着强烈的亲和力，可以成为企业智能化供应链的特战队员。

从"集成供应链"的概念提出开始，供应链管理作为企业中枢与各业务单元相接，需要处理大量信息，因此可以被视为数智化转型中的"中台"，这就像是今天的高铁、地铁运营，或者智能化的仓库，需要"中央控制室"或"调度中心"的指挥。未来，企业都会需要这样的中枢人才。

尽管未来的数智化供应链人才需要掌握更高级的技能，但是供应链管理需要吸引具有不同教育背景和经验的人才，以创造更加多元化的生产力。而对于供应链员工来说，并非所有人都必须成为全面的技术拥有者，供应链数智化转型和运维需要匹配各种数智化人才，包括数智化供应链战略管理、技术创新、建模优化、数据分析等角色。

a. **战略管理人才**。战略管理人才需要深刻理解数智化供应链的本质，洞察供应链发展趋势，具备战略眼光和团队领导能力，能够把握数智化供应链发展方向，组织制定企业数智化供应链发展目标和方案，持续推进企业数智化转型。

b. **技术创新人才**。技术创新人才则需要熟悉前沿技术，具有先进信息技术研发、集成应用和运维技术保障能力，为供应链数智化转型提供技术支持。

c. **建模优化人才**。建模优化人才需要熟悉数字供应链的决策场景和需求，具有供应链建模优化、算法设计和编程能力，赋予供应链决策智能。

d. **数据分析人才**。熟悉数智供应链结构特征和数智化特点，具有供应链生产运作和商务数据智能分析、解释与信息提取能力，赋予供应链运营诊断与商务分析智能。

以预测需求管理、端到端计划和非接触订单管理岗位为例，下面将详细介绍数智时代对这些职位的要求。

预测需求管理领域

预测分析和其他新技术正在改变着需求管理的模式，比如通过流程自动化技术实现需求规划，能够改善预测的准确性，这是一种全新的预测团队，需要同时了解商业和供应链，作为运营与商务部门的桥梁，此岗位的基本要求如下。

（1）能够收集市场和客户相关的信息。例如有关促销、产品发布和最新销售点的信息，然后将这些信息整合到预测当中，这些专业人员应当深谙市场情况，并能将市场情报和他们所了解的需求信息有机结合，充分了解竞争对手的动态。

（2）需求规划和数据处理能力。能够结合内部和外部的数据输入，使用预测分析方法提供高质量的需求分析，因此，这类岗位需要具备专业的统计知识、编程和数据库查询的经验，通晓各种编程语言，对机器学习技术有深入的理解；同时，需要具备业务需求规划的能力，并且拥有可持续改进的思维。

需要特别指出的是，未来的需求经理岗位会变得更加重要，要求也会更高。

（1）具备商业和供应链知识以及强大的跨职能解决问题的能力（例如在综合业务计划流程中），通过销售和运营计划（S&OP）或集成业务计划（IBP）与销售、市场等利益相关方达成需求共识，包括处理需求规划中的异常（例如在新产品导入或产品生命周期结束时）。

（2）需要良好的人际关系、沟通和绩效管理技能，能够衡量关键绩效指标，管理预测的准确性以及偏差。

（3）必须对提供预测的人工智能系统有很好的理解和掌握，这样才能知道在某一个节点进行有效干预。如今，基于SKU（最小库存管理单元）的需求规划已能够实现流程自动化，只有少部分SKU（约5%~30%，具体取决于各自的行业）需要人工管理。

端到端的供应计划与执行岗位

这是供应链运营的中流砥柱。在数智化时代，我们必须具备新技术的应用能力，比如数字孪生技术。未来，随着供应链数字孪生工程师这一新角色的出现，还需要不断学习、持续改进，以保持在数字化供应链领域的竞争力。

我们需要高超的规划技能、卓越的数字孪生技术知识和供应计划流程经验，以及敏锐的沟通、异常管理和问题解决能力，这些能力是我们在数智化供应链中的竞争优势。此外，我们需要了解优化算法、机器学习、编程和统计等计算机语言，这些技能是数字孪生技术和高级规划系统的核心。

在这个充满变化和挑战的数字化供应链时代，我们需要具备持续学习的心态和基本的供应链知识，以及对高级规划系统的深刻理解。锲而不舍，金石可镂。只有通过不断的学习和持续改进，才能在数字化供应链领域取得成功。

非接触式订单管理岗

这里提到的"非接触式订单管理岗"是一种高科技的管理岗位，它能通过流程、技术和管理的综合能力提升，实现"无接触"的订单管理。例如使用移动端客户自助订购、电子数据交换和流程自动化机器人等技术，这种岗位可以分为两大类：自动化架构师和订单经理。

以自动化架构师为例，这是一个非常重要的岗位，他们需要熟悉最先进的流程自动化应用，如智能光学字符识别以及领先的 RPA 技术，如 UiPath（罗马尼亚的软件公司）和 Blue Prism（英国机器人流程自动化服务商）等。同时，还需要具备编写统计、计算机语言（如 R、Python 和 SQL）的经验和能力，以及流程挖掘、设计和实施的能力，还需要有流程改进的经验和敏捷开发的方法。最重要的是，需要保持持续学习的心态，并具备基本的业务理解能力和供应链知识。

这样的高科技岗位，正是以技术驱动的新时代的产物，也是供应链数智化转型的必经之路。

数智化不仅仅是一种技术手段，更是一种洞察力，能够将商业应用与数据结合起来，并将其转化为真正的价值。对于从事数智化供应链工作的人来说，必须具备前瞻性的数智化转型战略眼光，拥有数据分析和数据挖掘。以及算法和架构搭建等产品研发的能力，以应对日益复杂的商业环境。此外，我们还需要具备流程自动化和智能制造等技能，以便更好地应对未来的挑战。

要想充分发挥出数智化发展的潜力，必须掌握软技能，比如领导能力、应对变革的能力，以及与人际交往能力等。只有具备这些软技能，才能更好地应对日益复杂的商业环境。

对于供应链员工来说，了解数据并具备数据分析的基本能力和思维，是非常重要的，这种思维方式将促使他们学习应用大数据、机器学习和自动化技术，通过根本原因分析做出数据驱动的决策。与此同时，我们也需要具备深厚的供应链专业知识和理解力，以及创新思维和对行业的深刻认知。

以出租车司机为例，尽管他未必需要了解汽车动力系统的所有信息，但他需要知道在不同的路况下如何驾驶，这也是数智化思维的一个重要方面。对于供应链员工来说，也同样如此，需要掌握如何在数智化供应链中应用最先进的技术和方案，同时拥有数据分析和数据挖掘的基本能力和思维，以此来应对未来的挑战。

5.3.2 数智化供应链人才能力评估：胜任力模型

要挖掘数智化供应链人才，企业首先需要建立一套评估标准，通过人才胜任力模型对人才测评，分析现有员工与胜任力模型，以及与岗位要求之间的差距，再制订具体的培训计划，以提升员工的能力和素质。如何对供应链数智化人才进行评估，可以参考数智化供应链的胜任力模型，如图 5-14 所示。

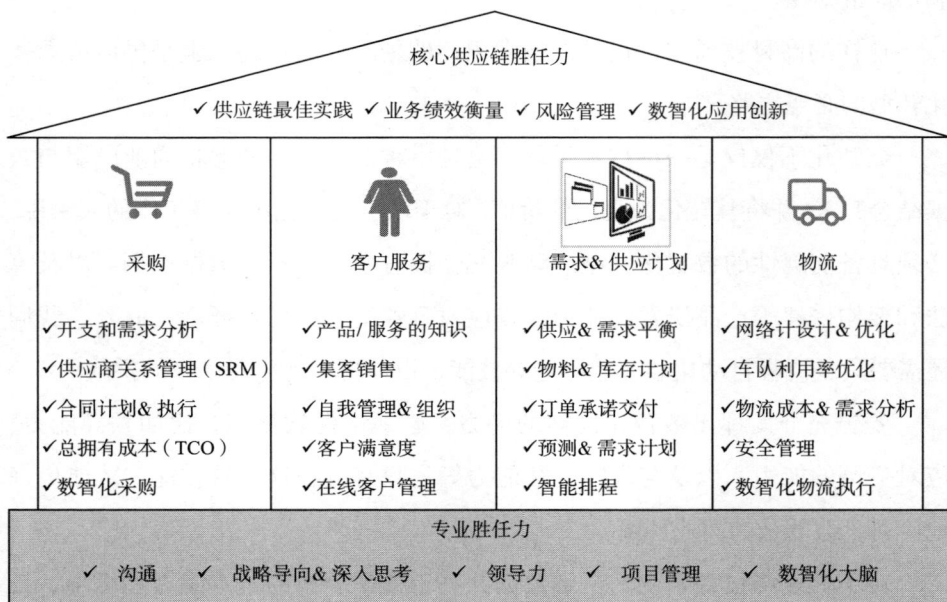

图 5-14 数智化供应链的胜任力模型

　　数智化时代的供应链人才能力需要通过绩效来长期跟踪，在这方面同样可以通过数智化的手段实现。使用一个在线的人力资本系统（human capital management，HCM)，例如 Successfactors[①]、员工在线能力评估（online capability assessment，OCA）等在各大公司已经不是新鲜事。

　　具体来看，供应链人才测评应涵盖以下几个方面。

　　其一，数智化转型战略的前瞻性，具备将数智化与商业应用结合，并将其转化为价值的洞察力。其二，数智化运营能力，包括数据分析、数据挖掘、算法和架构搭建等产品研发能力，以及设计、测试、质量、流程自动化等运营能力，还需要掌握智能制造和各类数智化供应链的技能。其三，数智化发展潜力，强调软技能，包括在巴尼时代领导或应对变革的能力，快速学习和解决多样性问题的智力潜能，在扁平化、柔性化组织中与各类人进行合作的人际交往潜能，以及挑战新高度、探索新问题的自驱动潜力。

领导力胜任素质岗位模型

　　供应链数智化转型需要得力的团队和干将，而企业供应链的人才画像、人才需求也必将发生一定的变化。供应链数智化项目能否成功，首先取决于能不能找对人，即能不能找到精通业务、掌握基本信息技术，能架构供应链体系的领军人物，而且他需要有强大的沟通能力，能够推动项目的实施。

　　领导力胜任素质岗位模型如图 5–15 所示，在数智时代，由于采购与供应链人和业务部门更多的是业务伙伴关系，他们要一同为了业务发展打拼，因而供应链人需要具有思维领导力、人员领导力和结果领导力，而不同的岗位需要不同的领导力。从思维领导力来看，他们需要洞悉未来、突破创新、敏捷应变。从人员领导力来看，他们需要赋能团队、合作共赢、影响他人。从结果领导力来看，他们需要高效执行、果敢坚定、追求卓越。

---

① Successfactors 是一种端到端的员工全生命周期管理套件。

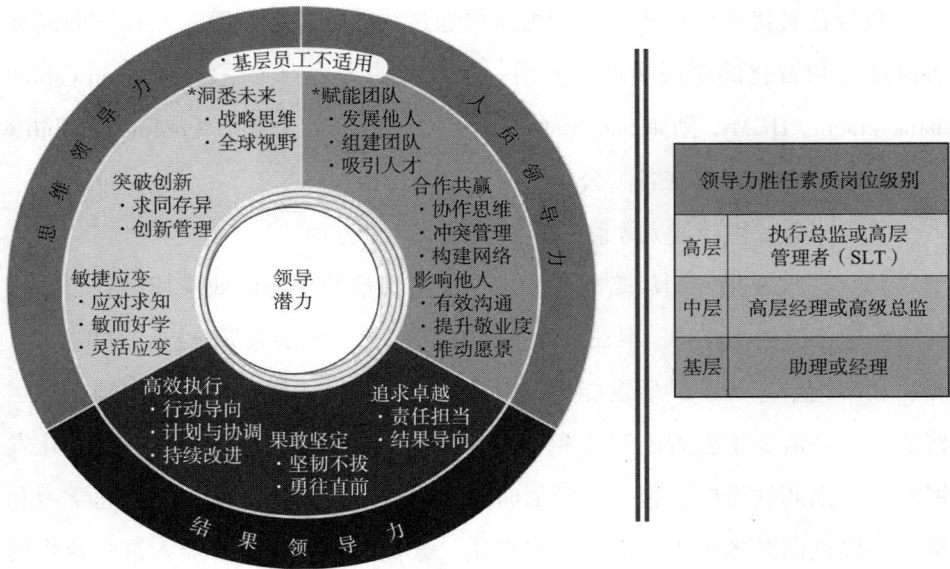

图 5-15　领导力胜任素质岗位模型

5.3.3　数智化供应链人才：发展才是硬道理

如图 5-16 所示，在采购与供应链领域，从思考力、结果导向和人的角度结合具体情况总结了不同的岗位的经理、总监需要具备的领导力。

这些要求不会因为数智化而不需要了，这些是作为供应链领导者的基础，而供应链数智化转型领导者往往要求更高。这些人才有的来自企业内部，也有特定招募的具有数智化技能的新人，企业要利用这些人才来影响组织内的其他人，逐步打造一种新的数智化供应链文化，从而实现数智化转型的可持续发展。

能够利用数据、算法和工具进行供应链端到端建模的人才，是最紧缺的高端供应链人才。他们需要将供应链运营管理理论实践与数理优化方法相结合，掌握数据准备、诊断方法和建模的基本原理和分析框架。

在采购与供应链领域，特别是在间接物料团队，与业务伙伴的紧密合作是关键。作为可信赖的伙伴，其领导潜力主要包括驱动力、影响力和判断力，而这些潜力的表现见表 5-1。

BP角色 / LC	寻源/采购（专员或经理）	BU BP（高级经理或AD/D）	国家BP（总监或高级总监）	全球品类经理（高级经理/ED或AVP）
思考	·比较基准和市场洞悉 ·在项目层级理解项目需求 ·从买什么到为什么买 ·在平衡结果和关系之间作决策	·洞悉供应链的市场情报 ·联系点 ·洞悉未来业务和发展走向 ·开放和包容 ·在资源有限的情况下进行优先级排序和平衡	·针对国家行业情况的深入洞悉 ·鼓励多元化和包容性 ·在资源有限的情况下对不同利益相关方的优先级排序和平衡并作决策	·全球思维和丰富的品类专业知识 ·能够形成BP机制，以不断满足全球业务增长的需求 ·具有创新解决方案，挑战利益相关方 ·引导并利用多元化 ·前瞻性思考
结果	·用坚定的原则满足冲突的客户需求 ·通过扎实的战略采购技能交付项目	·富有成效的OKR以满足BU ·深入参与关键项目，通过供应商主导的创新挑战突破性成果	·提高采购价值的协作 ·能够驱动采购变革	·将业务需求转化为全球品类战略 ·在高度复杂的全球环境中用创新和韧性达成品类KPI
人	·L2倾听需求 ·提出有力的问题，关心什么和为什么 ·阐明价值影响决策	·L3倾听 ·在BU领导层和LT+1之间树立新人 ·影响品类管理团队以满足BU需求 ·能够阐明采购价值观	·用政治雷达进行L3倾听，表现出强烈的利他主义 ·在国家领导层、全球采购领导层以及LT+1之间树立信任 ·能够影响品类战略以促进国家业务增长 ·赋能团队，促进成长	·用敏锐的政治雷达进行L3倾听 ·在全球利益相关方和国家/区域采购领导之间树立威信 ·影响各个层级的人员 ·有效沟通和引导技能

图 5-16　供应链业务伙伴的领导力

表 5-1　领导潜力特征

领导潜力	业务伙伴应具有的特征
驱动力	·能主动与关键利益相关方建立和保持联系 ·遇到困难和阻力，愿意多走一千米 ·对工作的意义能进行深度思考，并与自我人生意义连接 ·能进行或者已开始自我探索，能关注有意思、有意义的事情，不以成败论英雄
影响力	·具备故事力，能用故事阐述采购的价值 ·展现积极乐观的正能量：对自我接纳，能营造健康的长期协作关系 ·具备同理心，心怀善意，实践利他 ·具备全然倾听的状态 ·面对权威不卑不亢
判断力	·具备知识的广度和思维的深度，对产业链和业务有洞察 ·具备对人的好奇 ·能够把自己放下，从关键利益相关方利益出发作决策 ·有勇气以业务为先作决策

　　然而，笔者注意到许多供应链从业者在人力资源管理方面并不是很擅长。

优秀的管理者应当具备人力资源管理的能力，否则如何有效地管理员工呢？此外，许多企业存在"特战队员"培养困境，由于"特战队员"技能具有个性化、单兵能力强，所以长期凝聚力较差，且与企业文化不匹配，同时也存在外部来源匮乏的问题。在数智化时代，"人"和"数据"一样重要。

此外，数智化供应链管理人才的评估体系构建也是企业发展的重要推动力之一。评估数智化供应链高层管理人才可以参考以下两个标准。

1. 三个责任

（1）保障经营目标完成责任。

（2）内部与外部客户的满意责任。

（3）刚性纪律执行责任。

2. 三个能力

（1）计划制订与分解能力。

（2）业务整合能力。

（3）团队打造能力。

这些标准有助于确保企业拥有出色的数智化供应链管理人才，并推动企业在市场竞争中获得优势。

企业如何提升竞争力呢？除了市场地位和内部效率外，还需建立完善的战略支持体系和高效执行能力，更重要的是明确人才战略框架，确保每个层级都达成一致的目标，以便调动各类资源。

而在未来，数智化供应链人才将是企业的战略资源，但不同的人才具有不同的核心能力和特质，获取渠道也各异。

一方面，企业可采取既有人才转型的方式，通过招聘有相关专业基础和学习能力强的人，并进行深度专业培训，符合要求后上岗；或在项目团队中招聘内部人才，进行初步专业培训后参与数智化转型项目实施，并根据过程表现选聘。

另一方面，战略供应链管理人才和技术创新人才需要高度稀缺又综合性的人才，适宜通过社会招聘方式或猎头公司推荐选聘；而建模优化人才和数据分析人才则属于高度专业性的人才，适宜通过高等学校招聘方式选聘。

最后，企业还可以考虑招聘供应链数智化转型项目咨询方的临聘项目成员，通过考评后受聘入职企业。

当企业进行数智化供应链的变革时，需要顾及原有利益被破坏的风险。为此，企业需要赋能员工，给他们学习新知识和到新岗位工作的机会。以下是一些具体的赋能员工的方法：

（1）提供新技能和知识培训。

（2）在岗实践，建立平台型思维，有更多的数智化体验。

（3）开展和各行业领先企业的对标、参观和学习，逐步将数智化的理念内化。

（4）走出舒适区，有计划地轮岗，让他们形成新的兴趣。

（5）设立内部的交流机制，形成无边界的非正式组织。

（6）鼓励参加外部的职业社区，以获得外部实践分享的知识，拓展眼界，取长补短，博采众长。

（7）打造多元化的团队，鼓励不同年龄层的员工之间互相学习，促进掌握不同信息技术、数字技术和业务能力的员工之间互相交融。

（8）建立容错机制，鼓励创新，鼓励员工由兴趣驱动，勇于尝试，数智化就是在玩中学习，学习中实践，不断进步。

（9）从员工职业发展、薪酬体系等全方位给予支持，采用流程机器人等方式，优化业务流程，形成敏捷和高效的组织，以实现更大的价值。

作为供应链从业者，大家要紧跟智能化的步伐，掌握新商业形态下的数智化能力和素质，成为 "特战队员" 式的复合型人才，这需要我们具备智能供应链的战略视角和全局观，能够从数据中概念化和抽象化，揭示供应链现象背后的逻辑，并系统化地思考供应链中事物的相关性；同时，还需具备供应链数智化的执行力，能够在智能化条件下进行供应链协作，优化资源配置，敏捷应对各种不确定性并获得预期的结果。此外，提升供应链的创新力也是非常重要的，我们需要持续地学习和吸收新知识，突破传统思维方式，基于智能化场景来实现供应链创新的能力。

分享的过程也是一种复盘，多和其他企业交流才能快速发展。和供应商及客户分享成功经验是培养数智化的土壤，因为数智化供应链本身也是一种用以获得竞争优势的创新思想，因此，联盟和交流分享必定会给供应链带来更多的创新应用和场景。

案例 1："新生代"员工

新生代员工管理是当下的热门话题，据不完全统计，我国"90后"到2020 年已经年满 30 周岁，总数达 1.88 亿人。不同于"60后"和"70后"，他们更注重兴趣和愿景，除了薪酬，更在意感受。与其关注待遇，他们更喜欢在工作中获取和掌握新技能。如果能将工作任务与员工内在的责任感联系起来，员工的贡献将会倍增，对企业和团队的认同感也更强烈。

目前，许多新兴公司非常注重这一点。如果你有机会去这些公司参观，你会发现他们办公室的座位摆放、会议室的形态，以及休息区和健身房的设置可能都不尽相同。

人变了，岗位变了，人才也变了，因此管理人才的方式也在发生变化，我们不能用过去的管理方式来管理现在的员工。

管理"数智化原住民"这样的新生代员工和人才，也需要采取有针对性的方法。这代人多为独生子女，伴随中国经济的崛起而成长，无论是人群特征还是生活方式都具有鲜明的特点。他们生活较为舒适，更愿意享受二人世界，追求个性化的生活方式，同时注重健康和自然，大多分布于三线及以下城市。

因此，针对这样的人群，可以从以下几个方面入手。

健康。提供员工食堂解决员工饮食问题，设置茶/咖啡室、活动室，以及健身房等设施。

自然。定期组织徒步、参加跑步比赛等活动，让他们走近大自然，同时通过团队建设提升凝聚力和归属感。

安逸。考虑到城市越来越大，通勤成本高，部分企业已经开始尝试弹性工作制和延续远程办公的模式。

个性化。针对 "90/00 后" 员工追求个性化的特点，采用更加灵活、有效的管理方式。

另外需要注意的是，观察发现有些 "00 后" 直接从供应链科班毕业，掌握了如 R 语言等数智化能力，还能同时操作多任务。在数智化时代，他们具有无限的潜力，未来一定会成为团队的重要力量。

未来商业世界，很多的流程和执行流程的岗位可能会被机器人所替代，但是数智化供应链体系的中高级管理人才依然存在而且将会不可替代！

案例 2：数智化时代的快速学习方法

个人能力的 π 模型

如今，社会对人才的需求越来越高，所谓的 "π 型人才" 不仅需要掌握专业知识和技能，更需要具备独特的竞争力和突出的专长。这种人才的特点是抗风险能力、应对市场变化的能力将会更强，有潜力成为企业不可或缺的人才。

企业需求由高绩效人才向数智化人才改变。因此，许多人除了专业技能外，也希望通过学习数智化等其他技能来提升自己的竞争力。

一般的供应链人员往往不具备专业数智化背景和计算机专业知识，因此需要做好心理准备，积极面对学习过程中可能出现的调试和程序问题的挑战。尽管这个过程可能会让人感到枯燥和烦躁，但当程序按照自己意愿运行时所带来的满足感，足以弥补学习过程中的辛劳。

时间安排的准备

由于个人兴趣的学习需要专门安排大块的时间。大家可以在晚上抽出零散的时间学习一些零散的知识点，并思考适合自己的学习路径；此外，还可以利用周末和假期安排更多的时间来进行系统性的学习或处理较为复杂的任务。在学习的过程中，我们需要有恒心和毅力，以克服困难和挑战，而有所成就之后，成就感和自我满足感也会让学习之路变得更加有价值。

学习的方向

（1）数智化自学的方向。现今社会对人才的要求越来越高，要求除了专业知识和技能，还需要有其他独特竞争力或专长，进行数智化自学成了很多人的必修课。常见的学习方向有以下几个方面。

- 数据处理。分析、整理、综合、转换批量数据（特指原始数据）以获取有用信息的过程。

- 数据可视化。将处理后的数据通过一定方式展示出来，目的是借助图形化手段，清晰有效地传达与沟通信息。

- RPA（机器人流程自动化）。是一种应用程序，用于模仿最终用户在电脑的手动操作方式，将人从电脑前的重复劳动中解放出来。

- 工作流自动化。将不同人员之间的工作流通过平台系统连接起来，减少流程中的错误，并减少纸张使用。

（2）相对应的平台或软件介绍，以下建议更多针对个人用户免费以及网上学习资源相对较多的软件。

- 数据处理包括"表哥""表姐"必备的 Excel 技能，进阶的 Excel 技巧查询增强版（power query），或者再复杂一些的，比如大数据处理工具 KNIME。

- 数据可视化对个人免费的可考虑微软 Power 三件套之一的 Power BI desktop。

- RPA 的免费软件有 Uipath 的社区版本以及微软 Power 三件套的 Power 自动化云端流（automation）。

- 工作流自动化的范围比较宽泛，按照不同的需求可以考虑多种低代码开发工具，比较容易上手的还是 Power Automation 搭配微软 Office 365 套件。

使用 Power BI 做的图表可以让信息接收者一个直观的感受。文件完成后，使用者每天仅需要抓取当天信息放入 Excel 表中，运行 Power BI 一两分钟后即可获得最新情况，甚至还可以进一步做到用 RPA 机器人定时自动抓取数据刷新报表和自动上传等全部动作。

工作流自动化在供应链应用领域的应用举例。成本分析方面，可以用于比如自动原材料市场变化及趋势预测和对特定物料的成本影响分析；零件历史价格纵向比较和横向比较；供应链风险方面比如交货时长和准时率的大数据分析；ERP 系统中主数据的自动维护；供应商质量管理流程平台等都可以用数智化和流程化的工具来实现。

学习的方法

1. 学习的步骤

对于一个软件或者学习方向的初级入门者来说，你要先判断这种软件是否能解决你的问题，再判断这种软件的学习资源是否充足以及学习难度是否合适。可以以 Excel 为基础，先学 Excel 的增强功能包括 Query 或者宏，之后再根据兴趣和需要以及难易程度，考虑 Power BI, Power Automation，然后是一些低代码或者要求稍微高些的开发工具比如 Uipath, Knime，这些学习资源很多视频网站都相对容易获取。

2. 学以致用

以笔者的经验，数智化工具学习目的是解决实际的问题，因此带着问题来学习是最好的学习方式，特别是如果能针对实际问题提出技术细节，在网络上找寻相关技术细节的解答，是最快的自学方式。

3. 学习气氛

尽可能在周边找到同样有兴趣的同事或者同学一起学习，互相探讨。

4. 外部鼓励

学习过程中实现的任何小目标，解决的实际问题，都可以分享给周边的朋友，外部的鼓励也是进一步学习的动力之一。

学习体会：

博学之，审问之，慎思之，明辨之，笃行之。[1]

---

[1] 出自《中庸》。

1. 逻辑思维

逻辑思维是计算机领域数智化思维和学习的必要条件。任何天马行空的思路，都需要落实到具体操作中。在计算机领域，任何的一个小差错都可能导致程序无法运行。

2. 鼓励小进步

把实际问题分解为多个小问题，任何对于小问题的改善都是有益的，也都是值得庆祝的，不仅仅是因为解决了此问题，也因为自己获得了解决同类问题的能力。

3. 敏捷开发

参考敏捷开发的概念，每次只考虑解决一个小问题，通过频繁迭代的方式得到最后比较成熟的方案。

5.4 流程再造：供应链数智化战略的抓手

谈及流程，人们对不同类型的企业持不同观点：有人认为民营企业的流程更加灵活，有人则认为外资企业的流程更加高效，还有人则觉得国有企业的流程更加严谨。在供应链岗位上工作的五百强企业员工大多认可一个观点：流程是企业管理的重要组成部分，尤其是对于那些已经存在百年之久的企业而言，其管理体系已经相当成熟。然而，面对日新月异的数智化时代，我们是否还能继续坚守这样的观念呢？有部分优秀企业正在从流程驱动走向数据驱动。

5.4.1 听领导的还是听流程的

"不为流程而流程，流程要服务于业务"，这句话道出了许多供应链人的心声。端到端的供应链管理流程是从客户出发，以客户为终点，应该注重用户体验。流程管理的宗旨是为了向客户提供更好、更快的产品或服务，然而，在实践中，优化供应链流程的时候往往会忽视客户，甚至不知道客户是谁。

有流程比没有流程强，好的流程比差的流程强，但是，即使流程再好，也需要不断改进。一个企业是有生命周期的，而流程也是有生命周期的，流程的生命周期见表 5-2。某网站上长期标记"beta"这样的字眼，表示不断迭代，追求进步的精神。

表 5-2　流程的生命周期

流程进化	1.0 阶段	2.0 阶段	3.0 阶段	4.0 阶段
内涵	流程启蒙	流程觉醒	实施业务流程	数智流程
标志	团队在扩张，主动或被动地制定一些规章制度	主动或被动地实施 ISO 9000	新型数智化流程挖掘工具的应用	流程自动化、智能化、AI 和 RPA 规模应用
企业	初具规模的企事业单位	单一的规模化企业或集团化公司	综合性集团化公司	行业领军综合集团
目的	解决管理幅度和公平性	解决效率问题	解决部门间协同问题	解决企业转型和创新

笔者在调研了许多民营企业后，特别是初创民营企业，发现他们成功的原因是抓住了"客户至上"和"反应迅速"这两个关键点。在这种理念下，即使没有正式的流程或流程不严谨，他们也能在市场上立足甚至击败那些大型国企和外企。

然而，当这些企业发展到一定程度时，他们发现管不住或漏洞百出，每个员工的做法都是一种风格。企业习惯了过去的灵活决策，领导者们在决策中也承担了很大的风险和责任。然而，当企业快速成长到一定规模后，原生的企业文化还是"听领导的"，所以国内众多民营企业的供应链人经常问自己，是听流程的还是听领导的，服从客户需求还是服从公司流程？

在这种情况下，"船小好掉头"这种优势变成了劣势。企业需要思考如何建立有效的流程控制风险，然而，随着时间的推移，他们发现流程过于烦琐，重复循环。在流程固化的过程中，企业也会陷入为了走流程而走流程，为了制定流程而制定流程的僵局，忘记了流程本来的意义，因此，企业需要寻找一个好的流程和工具将他们对接起来。

在复杂多变的商业环境下，大公司的流程经常滞后于实践，如果总是用过去的眼光和流程来管理现在和未来，往往会阻碍企业的发展。一个好的流程可以提高企业的应变能力，并促进企业的创新与发展，然而，流程在固化的过程中，有太多的噪声和干扰，例如"部门墙"即部门之间利益的博弈、技术上的限制以及各种风险的考虑等。因此，一个企业的流程体系往往设计得非常复杂，并且可能与业务的本质相背离。在企业里面，供需错配，供需脱钩的现象更是比比皆是。例如产、销断层，造成渠道库存不合理；采购与生产断层，要么缺料，要么呆滞；各配送网络不能协同，造成物流成本浪费等。

供应链流程的优化却往往会忽视客户的体验，只关注自身的业绩。有的企业流程管理分散在各个部门，导致各自为政，端到端的打通谈何容易。有的企业头痛医头，脚痛医脚，流程的优化并未站在客户视角，也未能进行系统性的分析和思考。有的企业缺乏专业的流程管理人才，画了一张流程图就认为是有流程了，实际执行如空中楼阁，最后束之高阁。

正因为这些问题的存在，管理者们意识到了问题的严重性，正试图改善企业的文化，重新构建业务流程。企业不再是简单的"听领导"的，或者用流程去控制权利，也不是让流程成为业务的绊脚石，而是"听客户"的。

在企业价值链中，一个业务流程就是一组以顾客为中心从开始到结束的连续活动，可谓"环环相扣"，所以当价值链的概念被提出后，以顾客为中心设计业务流程、供应链流程的理念就已经被普遍接受了。而流程优化的本质，就是企业针对价值链上的活动进行优化的过程，正如"打铁还需自身硬"。

供应链的核心是要解决供需匹配的问题，而供应链流程要借助新的数智化技术，消除业务流程中的壁垒和断点，实现信息的敏捷传递，在全面网络协同中为客户创造价值。企业在供应链数智化转型的过程中，有了数据以后，业务决策的流程会被打破，有一些以前要去线下审批的，或者给主管、经理们报备的，现在数据会直接同步过去，可以事半功倍。

这些执行过程中展示的数据需要全面的数据和一个端到端完整的流程，从而让决策者能够快速地决策，提高决策效率，因此，整个信息流的打通和反馈机制，包括决策点的机制可能都会重新再做一次，所以流程与数据是要融合在一起的，这样才能分析出来缺什么样的 IT 工具。这些工具在服务业务流程的同时把数据串在一起，去识别主数据存储到数据库，再到业务层面，不管是"商情通""供应链通"，还是数据监控、数据挖掘、数据清洗和数据补齐等，这些其实都是在最后才会去落地的，即所谓"筹划再好，也要落实到位"。

简单来讲，供应链数智化转型就是业务、人、流程、数据以及 IT 工具，先不要去考虑工具有多难，工具有多贵，而是先想清楚业务到底是在创新发展，还是在变革发展，或者是在突破管理模式，把这些想清楚以后，再来看需要的人，需要的钱，需要的流程和需要的工具，做到谋定而后动。

5.4.2　敏捷供应链：扁平化、标准化、精益化、在线化

在供应链数智化转型的过程中，流程先行是至关重要的一步。要想打通各个业务板块，就必须先将供应链里的四流合一打通，包括商流、物流、现金流和信息流，这些流程之间的无缝连接可以通过强大的设计来实现，同时也必须保证公司数据的安全性，以消除业务之间的沟通壁垒。万事开头难，只有流程先行才能为供应链的数智化转型奠定基础。

越来越多的企业开始采用供应链流程的数智化、工具化和在线化，实现了供需之间的高效对接，从而减少了供应链上各个环节的信息不对称和不协同的影响，提高了供应链的效率，使其更加智慧和敏捷。具体而言，这些企业可以在产品研发阶段充分考虑消费者的个性化需求，选择与公司需求相匹配的供应商和物料，并制造出符合各项指标和工艺要求的产品。此外，他们还可以通过精准配送等物流过程实现敏捷对接。

然而，要实现敏捷对接，除了考虑数据基础外，还需要考虑业务层面的诸多要素，因此需要加强对业务层面的细节把握。只有全面考虑各个方面的要素，才能使供应链更加高效、智能和敏捷。

1. 扁平化：更短、更灵活

传统的金字塔型科层管理虽然基于职能，但决策链长、反应慢、官僚化、效率低等缺点明显。在乌卡时代，信息爆炸，客户"喜新厌旧"，各种快文化和快时尚的要求迫使企业必须快速响应，否则就会失去市场竞争力，这时，传统的组织管理方式已经无法适应市场的需要，企业供应链组织必须更加敏捷，因此，建立扁平化的柔性管理体系是必然趋势。

在过去的科层制组织中，每个部门的员工提起采购申请 PR，部门经理进行审批，采购部门在收到审批的需求之后才能着手寻源。采购部发一个 RFX（询价）都需要两到三次审批，到真正开始询价时通常已经是两天之后的事了。这种信息层层反馈的决策流程，浪费了大量时间和精力，客户往往无法等待这么长时间，因此，企业必须建立更科学、更精减、信息更流畅的流程设计，以使企业具有更强的应变能力、快速响应的能力和更大的灵活性。

某大型制造型企业在实施战略采购转型的过程中，对品类管理进行变革。过去，品类策略的决策流程需要经过五个层级的汇报，变革后实现对品类分级分类的管理，缩减到三个以下。对于影响产品核心竞争力的关键品类，品类总监赋予最高的责权利，品类策略直接向总裁汇报；对于重要品类的采购策略，审批至采购部总经理；对于一般品类的采购策略，直接由采购部副总审批。这种精减决策流程能够快速确定采购策略并落实，使组织对外界的反应速度变得更加灵敏。

2. 标准化：拷贝不走样

大型企业内部通常会设置业务流程拥有者（Business Process Owner，BPO）这一专家中心，但经过一段时间的运行后，却发现公司内部没有人真正懂得如何设计流程，或者没有人深入理解流程管理的目的，特别是在跨领域的业务流程中，需要一个协调一致的机制或流程。供应链领域常用的流程工具是销售和运营计划（S&OP）。

例如，负责订单到收款的流程与运输执行的流程之间会发生冲突。原有的流程设计是由客户服务人员在创建销售订单时，就在信息系统中预定运输计划"叫车"，但实际情况下，现场物流人员可能无法及时地将货物拣选打包好，即使有库存也不行。此时由于"一致性"问题，客服人员认为运输计划已经提前下达，现场物流人员就应该实时检查信息系统，以保证提前备货；而现场物流人员则认为，运输计划也需要提前期，而且订单常常修改，实时检查信息系统中的"叫车"计划不仅增加了工作量，而且对提高准时发货的绩效帮助不大。他们认为这个指标主要受限于销售预测的准确性和过多的紧急订单，因此，供应链经理通过努力决定在销售和运营会议上提出这类问题，希望客户经理团队和物流经理团队能够达成一致。

另外，有些企业只注重内部流程，未能与外部商业资源进行互动。而供应链协同平台可以将与供应商或客户互动的流程，例如询价、计划、订单、合同和付款等流程，实现平台化协同，这是供应链数智化的功劳。但是，供应链协同平台在与外部平台或信息系统对接时，也需要达成双方的协议，包括数据格式和接口的一致性。

3. 精益化：精益化和流程再造

通常，供应链数智化的前期需要花时间进行精细化管理，在简化、标准化的基础上进行精益化。而流程再造是为了打通原有各部门相通的地方，通过组织和流程再造，借用 IT 工具打通供应链数据。企业从原材料入厂到成品制造再到销售的全过程在系统中打通，其重点在于充分利用数据打通断层，从而达到组织间的协同和系统协同。

4. 在线化：实时在线和敏捷响应

供应链数智化使用的各种数智化工具，例如供应链控制塔，能够实时地知道事件的进展。通过链路，全天候的实时在线，供应链人可以通过移动终端及时查看和批复，而对于流程异常可以及时预警和锁定。

在流程输入物录入云端后，采购与供应链部门通过自动化流程机器人，自动发起流程并对外部供应商和客户进行相应的流程操作，这大大节约了人力，从而能够更好地将精力聚焦于战略采购与规划活动。接下来，让我们看看流程自动化的威力。

5.4.3 掘金供应链流程：流程自动化

不是一直重复的就是正确的，只有有价值的流程才是对组织和客户有意义的。从客户的角度出发，设计端到端的流程，并不断进行流程优化，这样才能够不断前进。正所谓千里之堤、毁于蚁穴，只有将每个流程环节都处理得精准无误，才能够实现精准研发、精准计划、精准采购、精准制造和精准交付，从而提升内部或外部客户的满意度。

巴尼时代，人们早已不满足于一般的标准化流程和系统对接。如今，随着技术的不断进步，出现了一些新的应用场景，例如自动票据机器人和机器人客服等。另外，为了实现数智化供应链流程，必须将每个环节和数据记录下来，实现全流程数据贯通，做到一切皆数字，一切皆可控。只有将需求产生到需求实现交付的全过程让管理"看见"，才有可能实现可追溯、自动化，让流程真正成为可自处理、自反馈、自适应的流程。

尽管目前供应链流程自动化的比例还比较低，但未来可能会出现颠覆性的变化，更多的工作将由系统自动化来配合人类完成。然而，很多企业业务流程的更新迭代往往是滞后的。例如审计部门在事后审计才发现供应链流程在设计上存在缺陷，然后相关部门才启动流程的优化，以解决审计问题。因此，在业务流程自动化的不断发展中，必须加强自动化的流程编排、机器人自动化等方面的研发，从而实现更高级的自反馈、自适应功能，只有这样才能够更好地适应未来的发展趋势。RPA 的发展如图 5-17 所示。

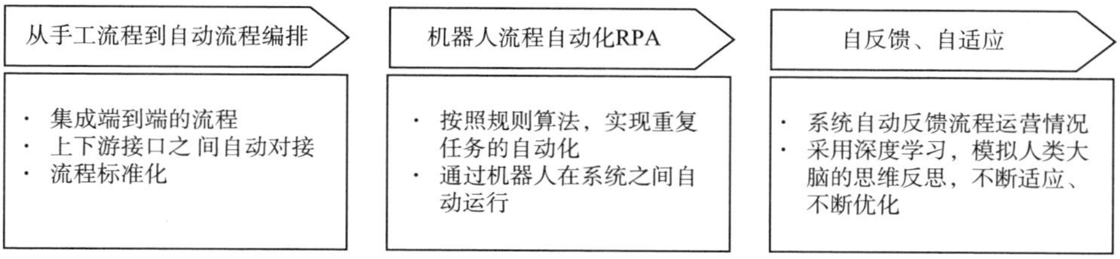

图 5-17　RPA 的发展

RPA

RPA 作为机器人流程自动化的新宠，通过软件机器人的交互动作，可以模拟和执行业务流程，是一种高效、智能的技术，它可以像人类一样操作各种 IT 应用程序，如浏览器、Office 软件、Java.net 等语言编写的程序、ERP 软件（SAP/Oracle）等，实现大批量、烦琐、重复的工作任务的自动化，为企业的生产和运营带来更高效的保障。

与人不同，RPA 软件机器人不需要休息，能够 7 × 24 小时执行任务，具有超高的执行效率和稳定性，不会受到人为因素的干扰和误操作的困扰。此外，RPA 还具有成本低、非侵入式、开发周期短等优点，是供应链业务自动化的得力助手。

低代码开发平台为供应链业务人员赋予应用开发和迭代的敏捷能力，从而提升业务的敏捷性和韧性。据德勤的《2021 年全球首席采购官调研报告》显示，高度韧性的敏捷的采购组织，全面部署和扩大规模使用 RPA 的比例超过了 50%；相对照，低绩效的组织的比例只有 17% 左右。因此，采购组织应该积极推进 RPA 的应用，以提升供应链的韧性和敏捷性，从而更好地应对复杂的市场环境和业务挑战。

时下 RPA 越来越受欢迎，它的优点是即便没有开发软件背景，也可以生成适用的自动化程序，模块化和可视化的开发环境对开发人员基本没有太高的要求，好处是可以跨平台运作，不需要太多的软件代码开发对接，这就大大地降低了开发成本，还可以结合 AI 进行不断优化。此外，它的投入回报期相对较短、轻便，且容易实施，其成果可以用立竿见影来形容。很多企业通过使用 RPA 把操作人员解放出来后让他们从事更多具有战略意义的供应链管理工作。

机器人通常分为无人值守和有人值守两种，目前大多数 RPA 平台是由设计平台、机器人和控制平台的三部分组成。如图 5-18 所示，制造业的 RPA 应用越来越多。以供应链全流程为例，有许多需要快速完成的重复性工作场景都已经应用了 RPA。目前 RPA 已经应用在如询价、物料清单自动生成自动化跟踪、采购订单创建与管理、订货单核对、入库管理、出库管理、盘库、物流跟进、退货处理、工厂记录管理及报告等制造业典型场景，以减少业务操作流程中人为操作失误所带来的非计划停机损失等。

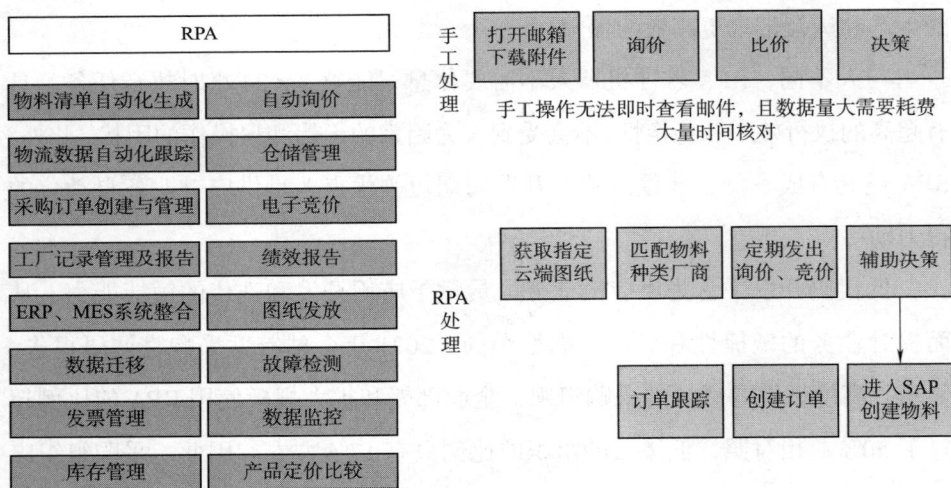

图 5-18 制造业 RPA 举例

在一些偏流程的事务性工作上，可以完全取代，纯粹地通过自动化替代人工，24 小时运作，提升效率，减少出错，这是 RPA 的基础价值。在此基础之上，企业再不断地积累这些操作基础上产生的信息，判断业务链条上流程的合理性并做改善，获取辅助信息决策的支持性信息，然后再通过 AI 来进行相应的学习和调整模型。

在采购数智化的过程中，企业也涌现出越来越多的案例。以西门子的 SmartPR（智慧采购申请）为例，它集成了 myMall（我的商城）、Fieldglass（望远镜）和 Smartbuy（智能购买），内置的静态目录搜索功能将协助用户高效匹配采购需求与相应的采购平台。值得一提的是，SmartPR 配置了 Click2PR（采购申请）平台，原先通过 OneSRM（一体式供应商管理平台）提交的 free text（自由文本）订单采购需求，以后可以通过 Click2PR 平台上进行创建提交，基于人工智能开发的 ESN（物料品类编码）推荐功能会帮用户尽快匹配到对应的采购员进行后续跟进。此外，该机器人小助手实现了 SmartPR 和 OneSRM 的平台对接自动化，加速订单流程，给用户带来了前所未有的采购体验。这个成功案例展现了以下优点：

- 集成度高：单一入口连接多个采购平台，实现多平台切换无忧；
- 流程自动化：机器人助手自动完成订单，实现采购流程无"人"化；
- 流程可视化：订单搁浅在哪一步？通过平台查看订单状态；
- 多维度搜索：静态目录辅助匹配采购需求与相应的采购平台。

RPA 机器人的确能够给我们带来很多的益处，但是好多企业还是一看到"机器人"三个字，就以为是非常高的科技，担心是否会望尘莫及。实际上，企业可以从小处着手，逐步引入 RPA 机器人来提高工作效率。举个例子，美妆行业需要跟踪和记录新品研发、投产、上市等各个环节的时间节点和交付物，这些资料分散在不同系统和人手中，利用 RPA 机器人下载数据并按需填写记录，可以实现系统间的接口和数据的自动化传输。同时，利用机器人动态追踪新品项目的动态，识别供应风险，以便人工有针对性地干预延期风险、查看交付物并管控供应。这样可以大大提高工作效率，降低人为错误，使企业更加智能化、高效化。

RPA 的设计和实施，往往可以从自身供应链的痛点出发，企业可以选择容易突破的先下手，再把成功经验推广开来。

数据驱动流程创新：流程挖掘（process mining）

RPA 早已带来了许多"一刀切"的成本节省，但是，大多数情况下，任务是流程和操作的一部分，变更是最常见的特征，因此需要反复推敲和优化。提到流程挖掘，许多人可能首先想到工厂的生产线，但其实供应链中的计划、采购、生产、物流等流程也可以进行挖掘和优化。从技术的角度看，它也可以被定义为 RPA 的延伸；但从数据这一数智化的核心资源的角度来看，数据驱动流程创新。一个企业的流程优化往往牵扯很多因素，而数据作为 21 世纪最重要的资产，它是最客观和最清晰的。数据能够帮助管理者发现问题，并驱动流程的创新。过去，企业可能并不知道在流程中存在浪费。只有发掘流程可视化的数据和工具才能真正去驱动流程创新。

在系统中，无论是机器还是人工操作，每一个动作都会被记录下来，产生日志。在大公司里，无数的流程无时无刻不在运行着。以供应链的 P2P（采购到付款）为例，一张订单从采购需求到最终付款需要多久时间呢？和标杆企业相比，它的差距是多少呢？订单中的重复操作和错误是否导致了效率低下？订单中的价格是否与品类管理人员维护的价格一致？订单中的付款期是否与供应商原始维护的账期一致呢？通过审核的供应商比例是多少？采购员们需要关注哪些尚未通过审核的供应商呢？通过流程挖掘工具的可视化呈现，无论是领导还是操作员工，都能一目了然地看到理想状态和现实之间的差距，然后再针对这些差距制定相应的改善措施，就能更高效快捷地解决痛点，更有利于流程优化和操作改进。流程挖掘已经在许多行业得到广泛应用，如金融、医疗、制造业等。对于大型企业来说，例如汽车行业，通过部署流程挖掘，可以获得极大的商业回报。

按照过程挖掘之父威尔教授（Wil van der Aalst）的说法，流程挖掘（process mining）犹如工作流中的"X 射线"，它通过从现有事件日志中挖掘知识，发现、监控和改进实际流程，这种可视化、数智化的流程挖掘工具，有助于企业审视供应链流程，避免不必要的审批和冗余步骤，提高效率。

如图 5-19 所示，流程挖掘能够实时监控和分析流程运营情况，向业务领导人展现流程绩效（KPI）以及流程的合规性，辅助决策。机器学习技术能够依据数据不断学习来优化流程，实现反馈闭环。在数智化时代，流程挖掘成为跟上供应链快速发展节奏的必备能力，能够帮助企业实现流程简化、精益、敏捷等全面升级。

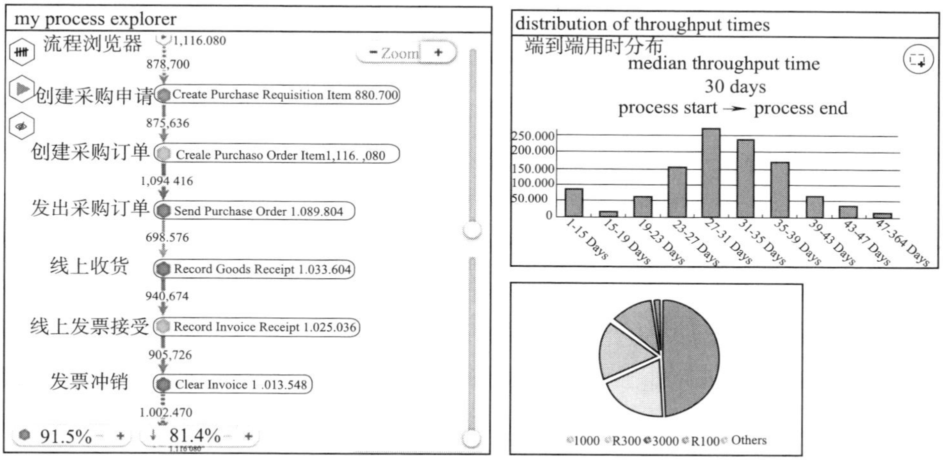

图 5-19　流程挖掘

经过十多年的发展，流程挖掘的意义和价值正在被越来越多的企业所认可。为了帮助企业成功落地流程挖掘，软件厂商将其核心技术打包在易于使用的商业智能（BI）工具中，并提供其他分析相关的服务，包括机会发掘、实施和提供最佳实践方法。流程挖掘供应商与 ERP、CRM 企业级应用的协作，可以通过分析核心流程中的根本原因，发现实时流程执行问题，从而寻求偏差的原因、延迟原因以及导致成本上升的因素。通过分析和简化工作流程，流程挖掘可以大大提高业务敏捷性。供应商们积极推动流程挖掘，以提高这些应用程序的效率。使用敏捷方法快速实施低代码案例管理，可以自动化或消除手动步骤、活动和流程，同时也消除了堵塞系统的文档。

流程挖掘的意义是多方面的，它提高了企业的效率和生产力。它不仅能够以高规模和低人力调查整个企业的流程，而且还能缩短端到端的流程时间，提升企业的竞争力。企业在流程挖掘的过程中，还能发现流程中的浪费，帮助企业锁定自动化准备的限制、偏差和低效流程，为企业节省成本。此外，流程挖掘还能发现流程中长时间没反馈的节点，增加自动化和数智化采购平台的使用，使它们变成不接触或低接触，提高了业务流程的效率。

流程挖掘还能发现集中采购的机会，通过集采提升效率，为企业提供更多机会。同时，它还提供简单易用的仪表板，快速向业务利益相关方报告，持续监控流程，衡量改进影响，帮助企业应对各种挑战。

流程挖掘的优势不仅仅是以上几点，它还能直观形象，民主化流程数据，让员工对流程有更好的控制，简化对完整审计跟踪和报告的遵从，提供单一流程数据来源，减少部门间的分离等。除此之外，流程挖掘已经进入了流程以外的领域，例如一致性检查、生产力提升、客户交互和社交网络，它甚至已经扩展到物联网、制造和物流配送网络领域，为企业的各个方面带来优化。

根据 Gartner 研究报告，预计到 2025 年流程挖掘市场将达到 22.5 亿美元，2021 年至 2025 年的复合年增长率高达 32.6%，其中大中华区的增速为 37.2%，这也说明流程挖掘的重要性日益凸显，已经成为企业数智化转型计划的基石之一。流程挖掘不是一蹴而就、一劳永逸的事情，需要不断监控、测量、挖掘和改善才能切实可行地助力业务增长。

5.4.4　实战案例：认知智能化

案例：天陈科技采购智能机器人——小采侠

2019 年可谓是 RPA 技术在中国蓬勃发展的元年，众多国产 RPA 厂商也是在这一年纷纷推出了自家的产品，此举引发了国内大型企业的广泛关注。由于 RPA 技术具有见效快、部署迅速、ROI 可量化、安全性高等优点，因此在企业内部得到了大量应用。

在 RPA 落地实施的过程中，RPA 还可以结合一些 AI 技术解决更为复杂的问题。RPA+AI 的组合可以打造新的能力边界，如使用知识图谱、OCR、语音、自然语言处理（natural language processing，NLP）、机器学习、智能决策等技术，提升企业的独特竞争力。例如，在货运代理领域，文档处理是一项乏味的工作，但通过运用 RPA 和光学字符识别（OCR）等技术进行自动化，可以大大提高效率和准确性。因此，近两年来，智能自动化或认知自动化（intelligent process automation，IPA）的概念应运而生。

当前，结合 RPA 技术的 AI 技术主要有 NLP、AI-OCR、语音识别、语义分析等。在采购供应链领域，IPA 有着广泛的应用场景，如合同理解与签署、供应商发票的识别与确认、对账单的识别与比对、供应商的自动评价、海外供应商发票的识别与确认等。

天陈科技运用 RPA 结合 AI 技术代替采购供应链从业人员手动重复操作，不仅可以提高工作效率，还能有效避免人为操作可能出现的错误。

1. 企业情况

某企业为消费者提供高品质和种类齐全的母婴用品和服务，产品涵盖了母乳喂养、奶瓶奶嘴、宝宝肌肤护理、衣物清洗、水杯餐具等哺育宝宝的方方面面，在全球有几十家分公司，在中国有三家公司。

2. 实施 RPA 前面临的问题

该公司内部有 5 名采购人员，业务上重复性工作特别多，员工积极性有影响，比如重复的请购单、采购单制作，生产旺季，采购人员加班时有发生；另外，供应商的发票与 SRM 系统的数据经常有出入，包括小数点后的差异，让每个月五百张发票的对账工作异常艰辛；其 2021 年刚上线的 SRM 系统操作不友好，反而增加了采购人的工作量。

经过针对生成请购单操作的 PoC 验证后，该公司最终决定部署 7 个采购机器人：

（1）请购单生成机器人

机器人到 ERP 系统中，查找所有请购单，并对这些请购单进行提交审核操作，使之转化成可采购的请购单。

（2）采购单生成机器人

机器人到 ERP 系统中，获取所有需要做采购的请购单，依次生成采购订单，保存、提交、审核后，订单进行 PDF 打印并通过邮件发送给供应商。

（3）发票签收机器人

机器人扫描供应商发来的电子发票，调用 AI-OCR 技术识别发票数据，并到 SRM 系统中查询发票并识别金额是否一致，不一致则进行修改，最后对系统中的发票进行签收操作。

（4）请款单生成机器人

机器人到 ERP 系统中，对已通过财务部审核的应付单进行请款操作。

（5）海外发票录入机器人

机器人到 ERP 系统中，把海外客户发来的海外发票录入 ERP 系统中。

（6）目的地查验机器人

机器人到海关网站，查询海关通告，并筛选带有查验等字样的通告，将邮件发送给内部人员，内部人员对这些通告进行人工处理。

（7）采购订单催确认机器人

机器人每天到 SRM 系统查看供应商是否及时确认采购订单，如果没有在系统里做确认，机器人会发送邮件到供应商的对接人。当天不确认，第二天会继续发送邮件。

3. 应用效益

RPA 机器人的导入大大提高了采购工作的效率，降低了出错率。

导入前每个月平均 4 个人作业，导入后平均每月 1.5 个人作业。员工加班的情况不再出现，幸福指数增加。

笔者经过梳理总结，将 RPA 的成功归纳为九个秘诀如图 5-20 所示，供读者参考。可以想象，未来 RPA 即将遍地开花，供应链人员也将摆脱原来单调乏味的重复操作，转而投入研究和实践新的战略和技术以提升企业竞争力。

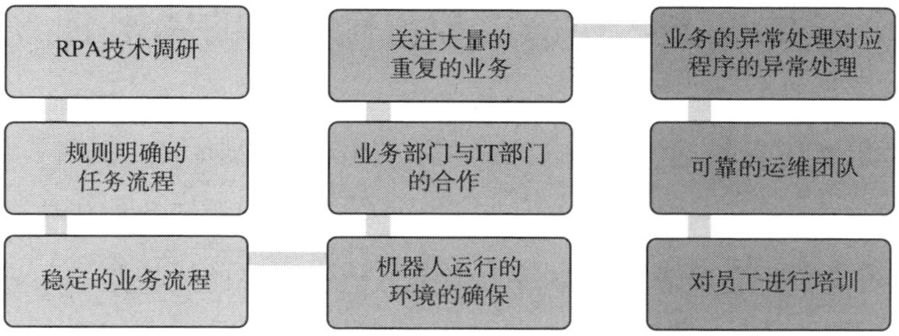

图 5-20　RPA 成功的九个秘诀

笔者绘制了一张图如图 5-21 所示，鼓励读者思考哪些流程适合使用 RPA，哪些适合使用人工智能，哪些则需要混合技术。人工智能擅长处理非结构化的数据，倾向于以判断为基础；而 RPA 则更适合处理结构化的数据，以规则为基础。如果企业将两者结合使用，就需要采用混合技术。RPA 本身并不具备学习和思考的能力，因此在设计阶段需要使用封闭式的规则，让机器人按照规则执行相应的识别和操作，这些操作往往是重复性的。而人工智能则可以对海量的非结构化、碎片化的数据进行集成分析，寻找其中的联系和特征，从而进行判断和预测。

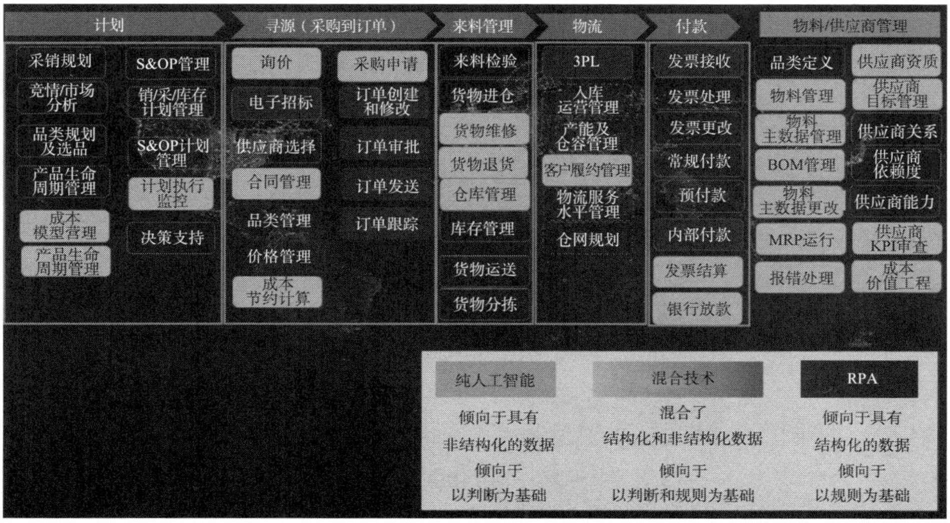

图 5-21　RPA 与人工智能

5.5 科技赋能：供应链数智化转型的催化剂

乱花渐欲迷人眼，浅草才能没马蹄。如图 5-22 所示，制造业供应链越来越多地应用各种数智化技术。许多企业已经认识到数智化对供应链的价值，愿意投入资金构建各类软件和系统，但是，他们面临的挑战是"买不到"，市场上的软件和数智化解决方案跟不上企业业务发展的需求，尤其是无法适应市场需求的快速变化。企业自主开发缺乏 IT 和业务融合的人才，一旦需求发生巨变，传统的供应链数智化解决方案就难以满足客户需求，这就导致一批行业领先企业开始自建系统。

		设计	计划	采购	生产	履行	服务
自主事物	无人机和自动驾驶汽车	—	—	无人机监控	无人驾驶物料搬运	无人机送货	维修机器人/无人机用于缺陷检测
	机器人	机器人按设计编程	预测输入的数据收集和清理	合规追踪机器人核算	自导式制造设备	自动拣选/包装/配送	数字援助
人类增强	分析	研发分析—面部和情绪识别	—	动态贴现	库存监测	自动拣选路径优化	提前预测/预测性维护
	认知性计算（人工智能）	—	预测和分配分析	消除风险/实时控制塔	实时路线优化	自动化订单建议	自动路径/服务水平优化
超自动化	自动化和数字孪生	协作设计和原型制作	—	—	缺陷检测/通过孪生进行数字模拟	—	预测性/规范性维护
XR	虚拟和增强现实	虚拟样机/模拟	RFID/最新的库存位置	生态系统展示	虚拟制造说明/工人效率	使用AR的订单拣选/包装	由AR驱动的远程服务/移动现场服务
实用区块链	区块链	—	—	原材料可追溯性	循环供应链	E2E可见性	售后管理
透明化和可追溯性	物联网	需求感应/资产管理	—	网状网络	实时制造状态和控制	货箱/托盘传感器/智能货架	远程诊断/维护
	3D打印	数字样机	业务评估和分析	—	零件和产品印刷	通过3D打印交付	服务零件3D打印

图 5-22　数智化供应链技术

特斯拉采取了一种不同的做法，他们没有采用传统的 ERP，而是重新开发了一套系统，包括财务、销售、采购、CRM 和在线服务，直接面向消费者，构建面向消费者的研发、生产、采购和服务的完整闭环。更多的企业仍然通过购买第三方系统来满足需求，然后对员工进行培训。

接下来，我们将针对当今主流的技术进行简单介绍，以期帮助企业更好地应对这些挑战，如图 5-23 所示。

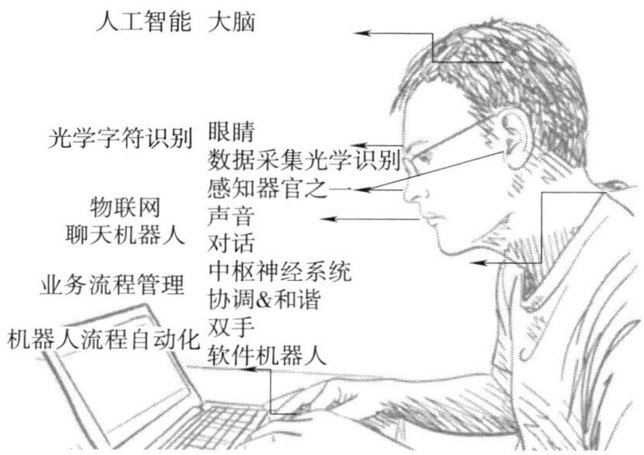

图 5-23　技术一览

5.5.1　物联网

IOT 即 internet of things，也称物联网。国内物联网的通用定义是通过射频识别装置、红外感应器、全球卫星定位系统、激光扫描器、环境传感器等信息传感与执行设备，按约定的协议，把任何物品与互联网相连接，进行信息交换和通信，以实现智能化识别、定位、跟踪、监控和管理的一种网络，它被称为继计算机、互联网之后世界信息产业发展的第三次浪潮。它是集成了一系列的实物、虚拟对象等并通过传感器、信息流等链接成与内部、外部环境可以交互的网络。如果再结合供应链做个表述，它是将公司及其上下游企业的物理设备、对象做数字连接，可以感知、监控和互动，从而在整个链条上形成上下游的可见性、信息共享并跟踪控制、协同管理整个供应链流程。

企业使用物联网技术的目的往往是实现物与物、物与人，所有的物品与网络的连接，以方便识别、管理和控制，物联网技术广泛应用于网络的融合中。

如图 5-24 所示，物联网和 5G、云计算、大数据、人工智能之间的技术关系，围绕数据的采集、传输和应用来展开。它主要有以下三个层次：

- 感知（sense）——利用 RFID 传感器、二维码等随时随地获取和采集物体的信息，通过物联网连接，感知与供应链有关事件的发生，发生在何处，谁在做什么。

- 分析（analyze）——通过耦合分析，对海量的数据和信息进行分析，知道事件发生的原因，所发生事件的意思，以及对业务有何影响。

- 响应（response）——通过认知赋能科学预测和决策，对物体实施智能化的控制，即采取最优的下一步行动；了解可能发生的异常，启用学习系统。

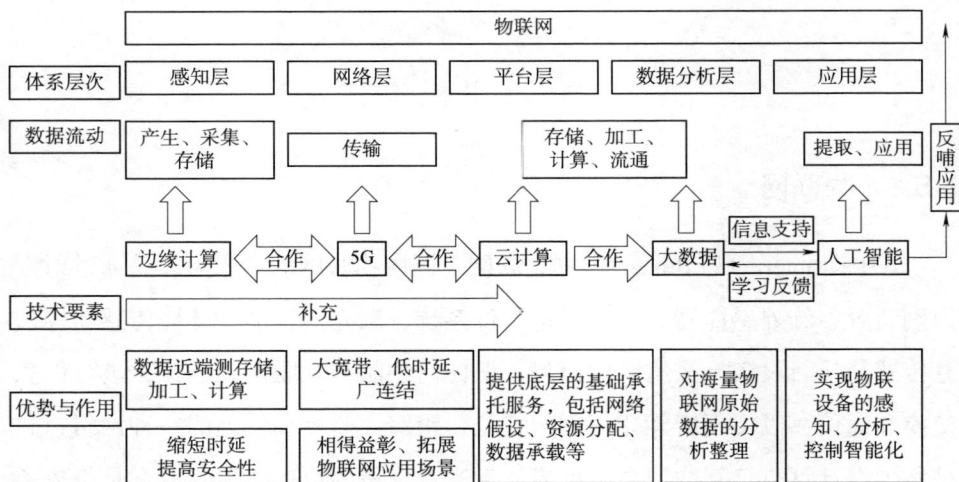

图 5-24 物联网与多种技术关系解构

互联网数据中心（internet data center，IDC）数据显示，2022 年全球物联网总支出规模为 7 300 亿美元，2027 年预计接近 1.2 万亿美元，五年复合增长率为 10.4%。

物联网感知设备和技术的普及，使"一码扫天下"让大家习以为常，而

RFID 技术则不仅在制造类企业应用广泛，而且在消费品零售行业大放异彩。企业在仓库中使用 RFID 进行批量扫码，大大提高了运营效率。

随着物联网技术的发展，各种设备产生了大量的数据，如何对这些数据进行定义和利用已成为各个企业的关注重点。企业在订单、库存和仓配等方面的跟踪中，需要利用实时的过程性数据，而非结果性数据。只有分析过程性数据，才能将数据更多地应用于前瞻性、预测性的分析，而不只是历史总结和绩效评估。例如，西门子和嘉岩供应链等企业利用物联网技术和大数据及 AI 算法进行预测性维护，以便在仪器、设备出现问题之前提前预测并进行相应维护，从而提高设备全方位、全生命周期管理水平，并将被动监控转变为主动防御。

融合 RFID、智能传感器、视频、红外等多种感知技术设备，通过物联网和 5G 通信技术的应用，可以实现对区域活动、设备安全、状态监测、人员活动、巡检监控等方面的智能化管理，这种管理方式已经在越来越多的企业得到实现。例如，联想等企业基于云平台和物联网系统，可以实时准确地监控整个生产系统，甚至全球的供应链网络，从而改善端到端供应链性能，或改善供应链的可用性、可视性和可靠性。这种技术不仅可以应用于自己分布全球的工厂，还可以用于自己的外包供应商。为了实现供应链上下游协同，以及了解供应商的设备和产能情况，物联网技术正在赋能企业的供应链管理。

而物联网技术在供应链的应用场景主要包括产品溯源（智能追溯）、物流过程的可视化、智能物流配送、冷链控制、安全运输、车辆上的路径优化等方面，其部署通常需要如下几个层次。

a. 使用 RFID 和传感器的数据集成层，RFID 技术使得集成供应链成为可能；

b. 使用互联网或者手机等流程连接层，尤其是与上游供应商、下游客户等的联系，这一层面可以促进供应链的高效运转；

c. 服务和交互界面层，作为物联网的顶层设计，它在提供智能化服务和人机交互方面具有重要作用。

物联网在供应链的典型应用场景

物联网在供应链的典型应用场景有许多，其中最为典型的包括以下几种。

- 追踪实物流转、工厂信息可见性、协作仓储和运输环节的智能化管理，通过追踪实物在供应链中的流转，可以实现对供应链的虚拟控制；
- 而工厂信息的可见性、生产过程的网络管理以及产品过程控制，可以帮助实现虚拟工厂的系统设计；
- 协作仓储可以提高安全性，提高库存管理的数据准确性；
- 而运输环节的传感器和网络则可以实现及时数据传输，并通过手机等设备读取实时数据，助力物流运输的智能化管理。

5.5.2 大数据

如图 5-25 所示，供应链数据可以沿着整个供应链收集——挑战在于数据映射、整合和有意义的分析。一般人可能觉得大数据和大家应该没有什么关系，其实并非如此，现在大家去政府部门一次性办妥的很多事情都与这个大数据息息相关。例如，浙江的许多城市都建立了城市数字大脑，这是基于"数据中台"和"应用中台"双中台理念构建的通用型智能中枢平台。未来的产业链和价值链都将以数据为驱动力，那么到底什么是大数据呢？

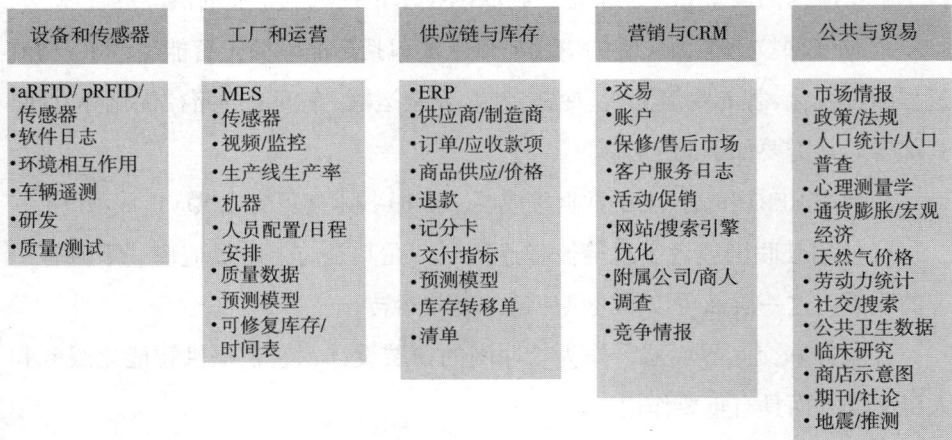

设备和传感器	工厂和运营	供应链与库存	营销与CRM	公共与贸易
•aRFID/ pRFID/传感器 •软件日志 •环境相互作用 •车辆遥测 •研发 •质量/测试	•MES •传感器 •视频/监控 •生产线生产率 •机器 •人员配置/日程安排 •质量数据 •预测模型 •可修复库存/时间表	•ERP •供应商/制造商 •订单/应收款项 •商品供应/价格 •退款 •记分卡 •交付指标 •预测模型 •库存转移单 •清单	•交易 •账户 •保修/售后市场 •客户服务日志 •活动/促销 •网站/搜索引擎优化 •附属公司/商人 •调查 •竞争情报	•市场情报 •政策/法规 •人口统计/人口普查 •心理测量学 •通货膨胀/宏观经济 •天然气价格 •劳动力统计 •社交/搜索 •公共卫生数据 •临床研究 •商店示意图 •期刊/社论 •地震/推测

图 5-25　数据映射、整合和有意义的分析

　　大数据通常包括结构化和非结构化的海量数据集合，这些数据通常无法在一定时间范围内用常规软件工具进行捕捉、管理和处理，这就需要新的处理模式才能处理这些海量、高增长率和多样化的信息资产，并具有更强的决策力、洞察发现力和流程优化能力。我们熟知的东方文明擅长使用夜观天象和因果关系，而西方文明则擅长公理、定理、推理逻辑和因果关系。亚里士多德创造的演绎法，其三段论是一个比较完整的演绎推理理论，是初级的公理化系统。亚里士多德在《工具论》中的《分析篇》中提到演绎推理的基本办法，即经典的三段论——"大前提，小前提和结论"，他认为可通过单一命题推导出更多命题，是一种通往必然性的方法。

　　在经历了一千多年的发展之后，弗兰西斯·培根发表了划时代的巨著《新工具》。培根为表示与亚里士多德《工具论》的区别，故取名《新工具》，并在该书中阐明了他所论证的归纳法。现在在大数据时代，归纳法再度占优，人们利用它发现关联关系。在大数据背景下，由于海量无限、包罗万象的数据存在，让许多看似毫不相干的现象之间发生一定的关联，使人们能够更简洁、更清晰地认知事物和把握局势。

　　大数据时代，不再局限于随机分析法（抽样调查），而是涵盖所有数据的分析处理。正如《大数据时代》一书所言，数据是"大量（volume）、高速（velocity）、多样（variety）、低价值密度（value）、真实性（veracity）"这5V特点的集合。随着供应链的不断发展，数据量也不断增大，根据 SCOR 模型的分类，供应链管理包括计划、采购、生产、交付、物流等多个环节，数据的体量极其庞大，对其进行价值挖掘可以为供应链管理带来极大的能力拓展。

　　从数据分析的角度来看，大数据分析方法论趋于成熟，如图 5-26 所示，这一演进过程有助于唤醒高价值的数据。

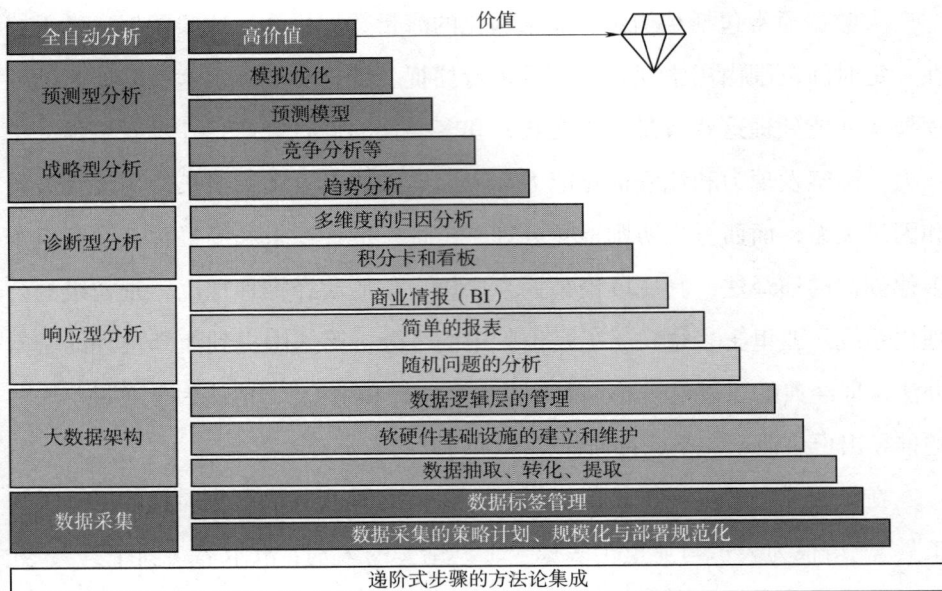

图 5-26　大数据方法论演进

根据美国易安信（electron machine corporation，EMC）报告，2020 年，数据宇宙的总量已经达到 40 000EB，相当于每个人人均数据量为 5 000GB，且过去两年的数据量比历史上所有数据量还要多。在供应链领域，数据也十分丰富，可以分为结构化和非结构化数据。供应链中的全量数据有 52 种来源，其中包括 8 种内部数据源，如 ERP、CRM 等，以及 44 种外部数据源，如 EDI 连接、供应商或三方物流反馈、公共交通服务信息等。除了以 ERP 结构化数据为核心的数据分析，现在还有半结构化数据和非结构化数据的增加，这些数据来源包括 EDI 连接、供应商或三方物流反馈、公共交通服务信息、天气数据、地理位置 GPS 数据、交通数据、社交媒体数据，以及来自传感器和人工智能物联网的数据等。

以上这些数据细致入微地描绘了整个供应链的流程，然而令人忧虑的是，供应链中 80% 有价值的数据都是图像、文本等非结构化的数据，这也是个巨大的挑战。如何在这些繁杂的数据中挖掘有价值的信息，实现供应链的实时可视化、信息共享以及决策赋能，是一个十分棘手的问题。不过，就像宝洁公司在中台建设中所做的那样，进行业务大数据的建设可以帮助我们建立完善的数据分析基础，让各类系统服务于业务，从而形成数据可以服务于业务的内部数据生态系统。

大数据的落地点都是小数据，我们需要从海量的小数据点中寻找共性或相关性，从而分析更为复杂的、不规则的信息，而不需要理解因果关系。传统的关系型数据库无法处理这些海量、非结构化的数据，因此供应链管理需要注重全维度、全过程、全场景的数据采集，并确保数据维度的完整性。如图 5-27 所示，大数据从采集到准备、存储和挖掘都需要一套完整的架构来支撑。

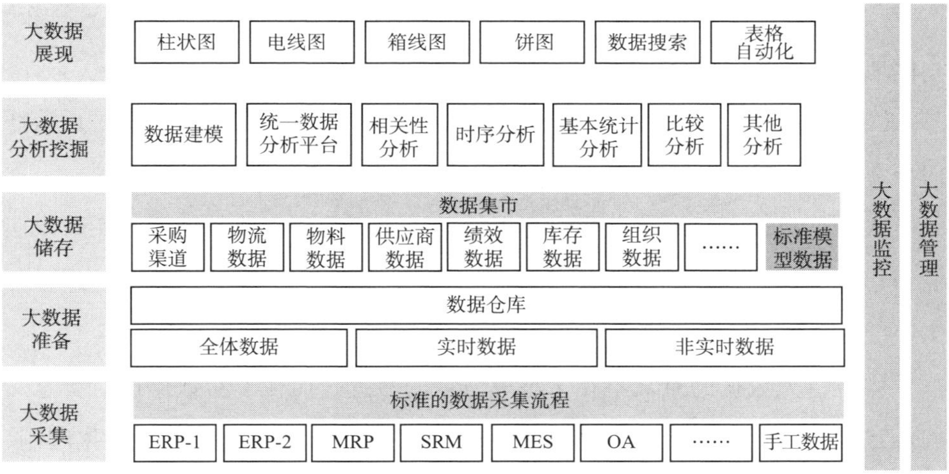

图 5-27　供应链大数据架构[①]

某位网络博主进行了一个实验，他耗时 9 个多小时来确定 Excel 有多少行，最终结论是 104 万行。很多同学都有过这样的经历：当 Excel 加载超过 5 万行时，打开速度明显变慢，计算等操作也变得非常缓慢。但是，基于分布式计算（hadoop）等大数据处理技术，大量、多源异构的供应链数据的存储和计算变得可行了。

① 韩胜建. 大数据赋能供应链管理 [M]. 北京：机械工业出版社，2022.

大数据威力巨大，你可以遁入空门，远离尘世，但你可能很难摆脱天眼系统的大数据筛选。大数据的巨大潜能与作用现在难以进行估量，而揭示事物的相关关系无疑是其真正的价值所在。

从大数据挖掘、大数据分析开始，到今天的神经网络、自然语言处理（natural language processing，NLP）等深度学习技术，都是为了模拟人类的思考和归纳过程。

大数据在供应链的典型应用场景

（1）结合历史销售趋势的数据积累，预测未来的销量情况，指导后端作库存水位的预期分析；

（2）基于历史运输线路成本分析，对现有运输线路部署、运输日程排布、仓储地点选择等作持续优化；

（3）大数据可以和物联网设备结合使用，在生产制造过程中及时预警任何异常情况，减少因设备突然中断造成的生产效益和客户交付期的损失。

大数据挖掘与机器算法将会普遍用于供应链管理，让品牌商的实时供应链与市场的实际需求完美地连接起来，实现网络共享、机器和人行为共享。供应链各环节的智能化协作使整个供应链更具灵活性和敏捷性。

供应链大数据的意义不在于掌握海量的数据，而在于对数据进行有意义的加工处理，促进供应链、物流治理的新改变，主要为了实现个性化定制、智能化生产、网络化协同、服务化延伸的业务目标。而时间、收益和成本是未来企业竞争力的核心，压缩时间是创造价值的核心。供应链大数据实施战略可以总结为加减乘除。

加：提质增效，客户定制，业务延伸；

减：降低成本，降低次品，降低能耗；

乘：构建产业生态，与供应链有效协同；

除：聚焦专业化目标，实现更轻资产运营。

数据在智能时代的作用，好比工业时代的"石油"和"电"，已成为必不可少的基础能源。实现供应链数智化的重要基础是端到端的数据采集和整合，这就如同建造高楼大厦的基石一样重要，为此，通常需要打通订单管理系统（OMS）、仓库管理系统（WMS）、运输管理系统（TMS）和 ERP 等管理信息系统，建立大数据分析优化能力。现在由于企业的数据维度更多，大数据的运算能力更强，模型需要快速去做动态适应。实际上，打通端到端最重要的是底层架构、底层数据，以及做到互联互通，需要做到有数据、有主数据的标准，数据全面，数据在线，更新的"活数据"，要有数据有组合应用，这主要是指涉及具体一件事的所有数据都打通，并且能够组合起来应用解决问题。举个例子，分析供应商一个产品的准时到货率的时候，除了要看准时到货率本身这个数值，还要看准时到货率的统计口径（比如，是按照外部客户要求的最后成品的交货期，还是按照计划要求的到货日；是按照采购和供应商协商好的到货日，还是"自由落体"——供应商按照双方已经达成的标准交货周期。差之毫厘，谬之千里）、平均交货周期天数、入库及时率等。最后要使用数据决策，这是现阶段很多企业数据应用的高级形式——让数据决定下一步行动，而不是人。比如，每年"双十一"的时候，决定推给每一个购物者什么商品页面的不是淘宝的员工，而是算法机器人，它们都是依据数据作决策。当然，在某些特殊的场景下，人也可以参与决策，并且最后拍板。

大部分企业面对的实际情况是：供应链运营手工数据多，准确性低，质量亟须提升；电商运营平台、传统渠道、服务终端网点等销售数据获取难度大，而且数据口径不统一；高价值数据沉淀不足，数据类型单一，非结构化数据（图片、视频等）采集与处理能力匮乏；数据价值未充分挖掘，数据应用能力欠缺，对产品的创新，供应链运营决策支持不足。

企业数据应用的发展历程一般可分为以下三个阶段：

（1）统计分析阶段，Excel 工具；

（2）决策支持，BI 雏形；

（3）赋能业务，智能决策。

统计分析阶段

随着统计技术的广泛应用，各行各业都或多或少地用到了统计分析工具，在这个阶段，主要以 Excel 分析为主要手段。大多数企业都希望通过各类信息系统来提升管理水平，有的甚至义无反顾地投入大量资金建设信息化系统，这样的投入确实也将业务的运营情况通过数据保留了下来。

在统计分析阶段，企业一般都有一些业务数据积累，最常见的是日报、周报、月报、季度和半年绩效报告分析，一般也仅针对业务所涉及的 KPI 指标进行单维度的分析，帮助业务找到一些表面上的，凭经验也能判断的问题。而供应链在这个阶段主要是收集数据的阶段，只能形成单一的供应链 KPI，并没有以数据应用为导向来沉淀数据资产。

管理决策支持阶段

稍有前瞻性的企业，意识到大数据的重要性后，积极引入大数据的管理和应用，最典型的就是商业智能（BI）的导入，如图 5-28 所示。企业通过设立专门的数据中心，对各业务模块的数据进行汇聚、管理和分析，看趋势、找规律，并且进行可视化，逐步构建商业驾驶舱，为管理决策提供支持。

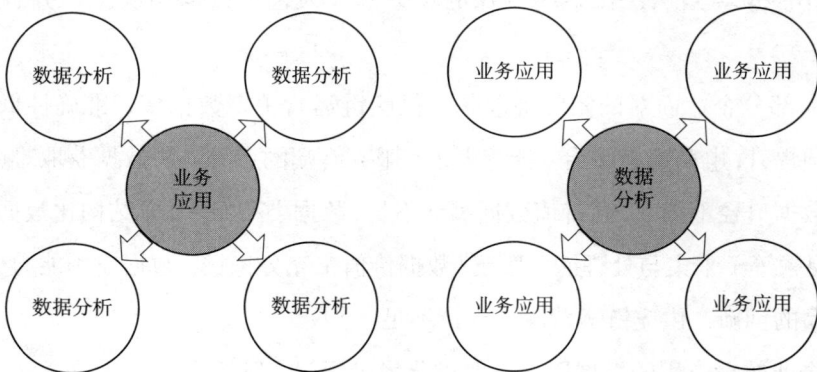

图 5-28　类 BI：以业务为中心；数智化：以数据分析为中心

供应链类 BI 的应用，不仅实现了数据多维度分析，而且注重对数据质量的把关和数据安全的管理，如黄金一样珍贵，此阶段的数据以应用为中心，仅对来自本业务应用的数据进行分析，是面向应用的数据管控。因此，这阶段的 BI 数据输出是基于特定周期和特定频率的数据更新，比如各部门的 IT 系统数据，在周、双周和月度的数据更新后，呈现在 BI 的数据报告中。

供应链高管可以不再完全依赖 Excel，而是实现在线可视化，按照自己的要求拖拽各个模块盒子和参数，像指挥家一样掌控数据。此阶段的 BI 数据为管理层的决策提供了数据支持，但依然有一定的滞后性。

数据赋能业务阶段

数据赋能业务阶段，企业对数据的应用不再停留在某些维度上的分析和总结，而是以数据为核心进行深度挖掘和精准分析，如腾飞的雄鹰猛扑猎物。应用 ERP 系统（如 SAP 等）的企业，能够感受到系统里还有大量的原始数据的价值没有被挖掘，尤其是电商行业。在面向千人千面进行推广产品和业务的情况下，如何利用大数据进行精准营销，真正实现数据驱动业务？这是目前非常热门的话题。

供应链数智化转型或许就是快赢落地的突破口。该阶段的企业在广泛使用大数据技术的背景下，开始基于海量数据的积累，利用机器学习进行数据的深度挖掘和精准分析，不断开辟业务新领域，从而通过数据驱动业务发展，提升现有业务能力，最终推动企业的智能化升级。供应链全链数据开始从支持管理决策逐步转向具体业务和产品的大数据迭代分析，通过机器学习算法赋能业务，反馈闭环，形成数据驱动的一体化供应链，实现数据驱动决策，进行精准营销，从而提升用户体验。在这个阶段，数据已成为企业发展的金钥匙。

在此阶段数据只有分析才有意义，如图 5-29 所示，虽然经典的 BI 解决方案用于描述性分析，但高级分析侧重于预测性和规范性查询，与数据赋能阶段基本没什么区别。

	商业情报（BI）	先进分析方法
方向	后视	前视
问题类型	发生了什么？ 什么时候，谁，多少？	会发生什么？ 如果我们改变一件事会发生什么？ 接下来是什么？
方法	· 报告（KPI、指标） · 自动监视/警报（阈值） · 仪表板 · 记分卡 · OLAP（联机分析处理）	预测建模 数据挖掘 文本挖掘 多媒体挖掘 描述模型 统计/定量分析 模拟与优化
大数据	是	是
数据类型	结构化的，一些非结构化的	结构化的和非结构化的
知识生成	手动	自动
用户	业务用户	数据科学家、业务分析、IT、业务用户
业务主动性	被动反应	主动反应

图 5-29　BI 与先进分析

供应链数据中台

有一些企业开始建立业务中台和供应链数据中台，试图用来打通数据。供应链数据中台（后面简称中台）并不是凭空出现的，它是随着业务的发展而慢慢形成的，中台的建设也是一个持续完善的过程，没有终点。

供应链数据中台，如一座汇集各类信息的中央枢纽，是企业打通数据的重要途径，它的建设是一个不断完善的过程，始终在不断进化。如图 5-30 所示，它集成了来自各个功能领域的数据，并进行中心化的存储、调用和管理。这种技术平台并不具备业务流程性的特征，但它需要先规划整个企业的供应链全流程和业务全景。只有深入了解企业生产运营中的数据来源、形式、流动过程、维度和产出等，才能合理地建立数据中台。具体来讲，它实现的前提是需要具备以下四个方面的能力。

- 要具有场景的打通和连接的能力；
- 要有需求与供应链高效匹配的能力；
- 要有订单与供应链调度管理的能力；

● 要有商品管理和物流管理的能力，可以针对需要采购、入仓、备货的商品，进行选品、定价、采购及物流的调拨、库存管理等。

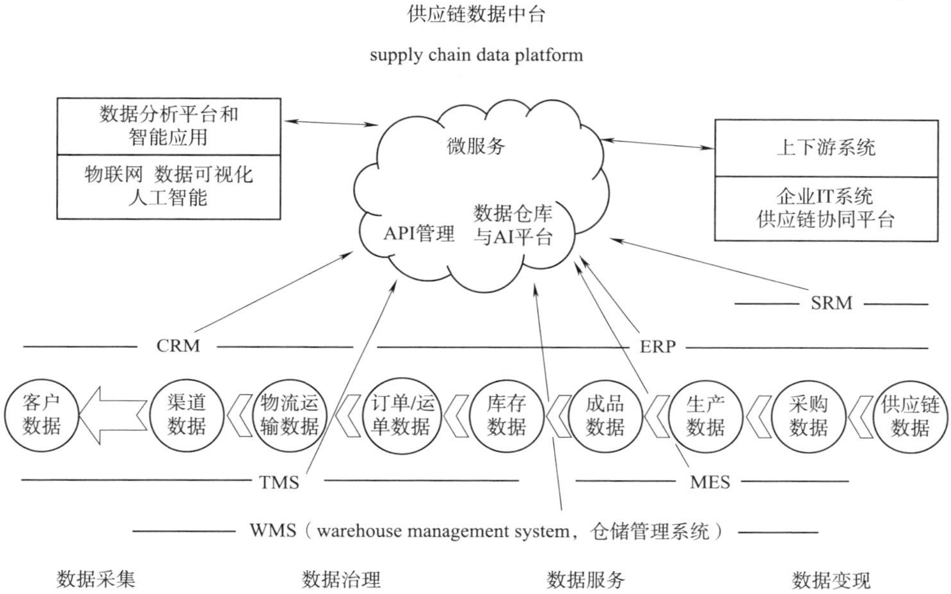

供应链数据中台

supply chain data platform

图 5-30   供应链数据中台

客户和消费者通过云平台或物联网找到所需服务或产品，品牌商则需要分析需求分布和产品分布，一些企业还会建立跨企业的预测平台。例如美的和海尔等品牌商兼生产商兼研发商，都建立了自己的供应链数据中台。宝洁也利用数据中台建立了可供分析的数据，并将其应用于 AI 中台，实现了机器辅助决策，从而打造了业务中台。

需要注意的是，供应链数据中台与数据库不一样，它能够支持企业的不同前台门户、业务需求和风险预警的应用，借助链接法务、财务和自然灾害等信息，对供应商的各种风险评估和预警；此外，还提供了一些大宗物资的市场价格合理性的分析工具等，为企业决策提供参考。跨企业平台做得好的企业，不仅是互联互通，而且会对产品和服务进行深入剖析，同时可以从研发端开始开发爆款的产品，跨企业平台的核心价值是提升对数据的管理能力，激活数据的商业价值，并赋能运营和决策。

随着订单的碎片化和下层化，很多企业在 2B 的基础上增加了 2C 的业务，减少了中间商原来一张百万级的订单，现在变成很多小金额订单。从信息流角度讲，原来客服人员接到客户订单后在 ERP 输入，现在出现新的技术工具，比如在微信端设置订单端口，由终端消费者直接生成订单，审核后传输到 ERP 系统。而供应链决策中台就像一部智能手机，在这个终端上，各种参与供应链决策的人员，可以在一个软件平台打开各种 App，完成各种供应链决策的场景。

像青岛啤酒这样使用 SCATLAS 供应链决策中台的企业，能够统筹成本最佳的产销计划并落地，每年带来数千万元成本的减少。物尽其用，SCATLAS 供应链决策中台让企业的资源得到了最大的利用和价值释放。

5.5.3　人工智能

由戴密斯·哈萨比斯领衔的团队开发的阿尔法围棋，以其深度学习的功夫，第一个战胜了围棋世界冠军，这一胜利背后的功臣正是人工智能。随着人工智能技术的日益成熟和广泛应用，其在供应链管理方面的应用也开始普及。

通过人工智能，计算机系统运用数学和逻辑来模拟人类学习新信息和作出决策的推理过程。人工智能是一门研究、开发用于模拟、延伸和扩展人类智能的理论、方法、技术及应用系统的新兴科技。简而言之，人工智能是计算机系统模仿人类认知功能（例如学习和解决问题）的广义概念。就像任何一个人一样，人工智能应该首先学习信息和过程。机器学习作为人工智能的子集，通过从数据中学习来解决问题，该领域的研究包括机器人、语言识别、图像识别、语言处理和专家系统等。

人类大脑有时会被类似抛硬币这样简单的事情所困扰。当连续五次抛到正面时，人类会想："下一次一定还是正面"，但从统计学的角度来看，下一次还是 50% 的概率是正面。人类往往容易产生认知偏见。在工作场景中，定价往往是令销售和采购方犯难的问题，除了需要了解历史定价、市场行情价、产品的必备属性和定制属性，还需要预测未来的需求量，以及供应链的上游供应商和供应链数据对该产品的未来潜在供应情况。人工智能和机器学习在基于数据预测未来趋势方面将变得越来越重要。

　　人工智能分为运算智能、感知智能和认知智能三个阶段。运算智能让系统"能存会算"，感知智能让系统"能听会说，能看会认"，而认知智能让系统"能理解、会思考"，也就是可以联想推理。认知智能是未来数据智能应用中最重要的方向，也是推动企业数智化转型的核心力量。数据作为企业的重要资产，最能反映企业经营的真实状况。

　　随着人工智能（AI）在采购与供应链管理领域的广泛应用，数据处理效率得到了显著提升，客户满意度也随之提高。以下是几个关键的应用场景：

- 预测分析工具：利用历史数据与市场趋势预测未来的供需状况，帮助优化库存水平，减少库存积压。

- 自动化采购系统：实现订单、支付和供应商通信的自动化处理，自动向供应商下单，减少人工干预并加快采购周期。

- 供应商风险管理工具：评估供应商的风险，包括财务稳定性、合规性和环境影响，及时发现潜在问题并采取预防措施。

- 价格优化与谈判支持：分析市场价格动态，为谈判提供数据支持，帮助确定最佳采购时机和谈判策略。

- 智能仓库选址与供应链优化工具：智能化管理仓库，优化供应链网络，降低成本并提高响应速度。

- 提升透明度与追踪能力：实时监控供应链状态，提高透明度，使采购人员能够及时了解供应链的运行情况。

- 合同管理：实现合同审查与合规性检查的自动化。

2023 年，在伦敦的 Luminance 公司总部，两台人工智能系统在无人直接参与的情况下，自主协商并最终达成了一份保密协议。AI Autopilot 开创性地展示了无需人工直接介入的合同自主协商能力。它利用从过往协议中学习到的信息，自动识别并突出显示合同中的争议条款，然后根据公司的谈判偏好进行修改。经过几轮修改后，AI 们达成了一份双方满意的保密协议，并最终通过 DocuSign 进行了签署。

RPA 和 AI 的结合使用可以说是珠联璧合。如图 5-31 所示详细描述了从 RPA 到 AI 的步骤，最终实现自动化。机器人具有自主判断的优点，它可以在初始失陷后继续学习，从而自动提高精度和范围。

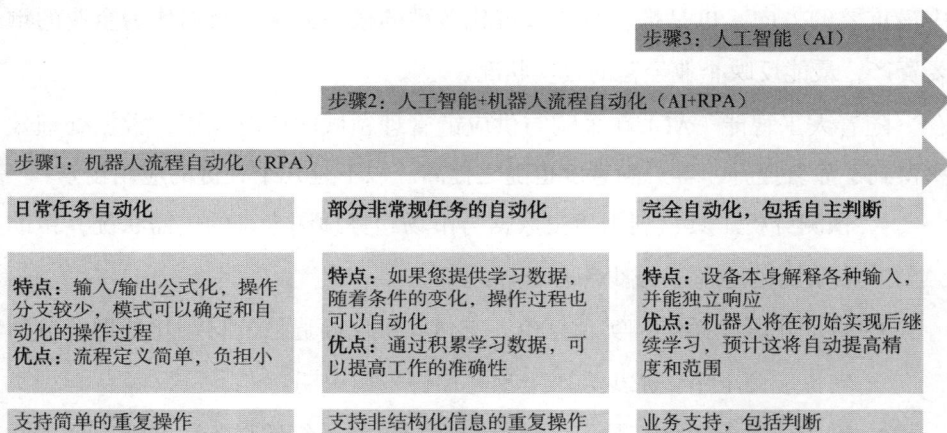

图 5-31　使用人工智能时的实现场景潜力

5.5.4　ChatGPT

以 ChatGPT、GPT4 为代表的新一代人工智能，既可称为通用人工智能（artificial general intelligence，AGI），又可称为人工智能生成内容（AI generated content，AIGC），还可称为生成式人工智能（generative artificial intelligence，GAI）。生成式人工智能是指基于算法、模型、规则生成文本、图片、声音、视频、代码等内容的技术。

生成型预训练变换模型（chat genrative pretrained transformer，ChatGPT）。

潘多拉魔盒

有人说："以前的人工智能像人工智障，现在的 ChatGPT 是人工精灵吗？"

也有人说："我为啥感觉 ChatGPT 就是个职场'万金油'，知名'面霸'，啥都能答上来，但言之无物呢？"

如果只有一个提问的机会，你会问啥？有人问股票，有人问健康，有人问事业……笔者问了此书中的一段话可否润色一下，当时的结果如何呢？它说的都对，而且语言紧凑，但总觉得缺点啥，最后，笔者还是用了自己的语言表达方式。那么，究竟什么是 ChatGPT？

ChatGPT 是由 2015 年成立的 OpenAI 开发的，它是基于 GPT–3.5 架构的大型语言模型，是一款基于 AI 的对话聊天机器人。2018 年，OpenAI（开放人工智能）推出了 GPT 的第一个版本。2022 年底，现在的 ChatGPT 首次上线，仅仅两个月时间，ChatGPT 的活跃用户数量已突破一亿。

ChatGPT 居然带着"Chat"这个词，自然会让人联想到它只是普通的聊天机器人，但实际上并不是。当你与 ChatGPT 对话时，就像与一个理解力强、非常聪明的人在交流一样。与普通聊天机器人不同的是，ChatGPT 拥有快速处理海量信息的能力，因此可以更快速地回答问题、找到相关资料，帮助你更快地解决问题。ChatGPT 与普通聊天机器人的核心区别在于使用了来自人类反馈的强化学习（reinforcement learning from human feedback，RLHF）算法对模型进行训练，这个算法涉及使用人工智能训练器和奖励模型，它们将 ChatGPT 开发成能够挑战错误、回答后续问题和承认错误的机器人。因为其智能算法和模型，我们在与 ChatGPT 对话的同时也在为其提供新鲜的"食物"。通过大量文本对话数据集的训练，ChatGPT 使用自我调整机制来学习人类对话的模式和结构。

ChatGPT 算法背后的架构是转换器模型（transformer），使用自注意力机制处理输入数据的深度神经网络。自 2017 年发布 Transformer 以来，该架构已被广泛应用于自然语言处理任务，如语言翻译、文本摘要、问答等。而

ChatGPT 中的"GPT"则指"预训练转换模型"，是处理语言的一种方式。

古人说过："是骡是马，牵出来遛遛就知道了。"即使再好的工具，使用过后才能真正分辨其优劣。对于供应链行业的"表哥"们和"表姐"们，大家最常用的工具可能是 Excel，这个备受争议的软件。但实际上，只要清晰阐述自己面临的问题，ChatGPT 就能为我们自动提供高度可行的解决方案，甚至编写 VBA 宏来应对复杂的表格处理难题。我们的团队同事为了验证 ChatGPT 的代码编写功能，特地带着三个业务场景进行测试：

（1）编写 VBA 程序；

（2）利用计算机编程语言（Python）自动生成销售预测模型，并在可视化基础（Visual Basic，VB）环境中运行；

（3）使用 C# 自动生成焊接机器人的控制工艺代码。

实践证明，与口头谈论不同，ChatGPT 的实际效果令人惊叹。我们得出以下结论：

①学会正确的提问。在对话中，我们需要清楚地描述表格结构和需求，这对于不熟悉表格的人来说是一个较高的门槛。为了成功解决问题，我们需要提出高质量的问题，如问题的完整性、具体性、简洁性、准确性和直接性。

完整性。形成闭环。简而言之，就是提出一个有明确结论的问题，而不是让回答者摸不着头脑的问题。

具体性。比如你问，"能帮我润色一下文字吗，XX？"不如说"能帮我把这个文案从头到尾润色一下，改得通俗易懂、流畅自然吗？"

简洁性。能用一句话就不用两句话。你的问题越简洁，ChatGPT 理解起来会越容易，响应速度可能就更快（更少的流量）。比如："什么是数智化供应链？"

准确性。准确的一个标志是用数字来表示（当然，前提是数字/数据是准确的）。比如，请用大约 200 字写一个供应链数智化转型的文案。

ChatGPT 给你的答案可能是这样的：

"供应链数智化转型涉及企业内部业务的数字化、数据分析、应用软件和智能化决策等方面，可以帮助企业优化供应链规划、提高预测准确度、实现成本控制、提高生产效率等。与传统供应链管理相比，供应链数智化更加灵活、高效、透明，有助于企业提高市场竞争力和适应市场变化。

在供应链数智化转型的过程中，企业需要积极推进技术的应用和内部能力的提升，并制定明确的数字化战略和目标，建立完整、准确、实时的数据基础，建立适合企业特点的数学模型，并应用数智化工具实现对供应链的智能化管理。最终，企业可以实现供应链的全方位数字化和智能化，提高业务效率和质量，迎接未来数字化时代的挑战和机遇。"

直接。直奔主题，别拐弯抹角。别忘了，ChatGPT 是一个 AI 的应用，机器还是直来直去的，没有那么多的隐晦表达，痛快淋漓，爽快得很。

②和采购做数字化时使用低代码一样，一开始的确是傻瓜式的操作，但到了复杂问题的时候，还需要获得有 IT 知识的同事的支持。

③ AI 生成的解决方案不一定就是正确的结果，所以得有一定的知识积累和方法来判断和验证。

④对于原有工具的知识要求没有变，因而，如果我们想让 ChatGPT 解决 Excel 问题，我们还是得有一定的 Excel 基础，对于 Excel 要有一个整体的、系统性的认知。

以 Prompt（启动对话的方式）方法为例，还是可以总结出几个要点帮助使用者得到更好的答案：明确目标的表述、设定问题的具体情境、具体问题（要求具体且详细的答案）、控制输出（确保回答简洁明了）、追问细节、引导思考、限定范围、追问假设、反馈调整、持续对话。

此外，尽管作为 AI 语言模型的 ChatGPT，可以进行预测，但它的预测结果可能受到许多因素的影响，如输入数据的质量、数据样本的大小、算法的可靠性等。它可以回答很多问题，但擅长基本的、常见的、概括的、总结的观点相关类问题……但它不擅长强逻辑的、不常见的、超出它数据时效的问题解答，特别是需要更深入的思考和推理的，或者涉及人类情感和价值判断等方面的时候，我们的判断和决策仍然是不可替代的。

原斯坦福大学教授李飞飞说："AI取代的可能不是岗位，而是某一项任务，或者任务中的某个工作流。"如果想在采购工作中运用AI，我们就首先要熟悉采购工作中有多少工作流/工作流程。然后根据AI的应用场景，判断哪些工作流/工作流程可以被AI化。对于采购人来说，要想用好AI工具，也需要"人工：熟悉采购业务"+"智能：会用AI工具。"

大模型给供应链带来的价值

根据彭博行业研究报告的预测，到2032年，生成式人工智能市场的规模将达到1.3万亿美元，年复合增长率预计可达43%。

生成式人工智能具有超越历史数据的创新能力，它能够提出全新的想法或解决方案，而不仅仅是依赖于过去的数据或经验。具体来说，包括以下方面：

- 创造性问题解决能力，根据独特提示创造内容：可以根据特定要求或指示创作出独一无二的内容，而不是简单地复制或修改现有的模板。

- 自我进化能力：能够自行生成训练数据，持续提升自身能力，使得性能不断进步。

- 大语言模型：经过大量文本训练的高级人工智能系统，能够理解和生成自然语言，完成各种复杂的语言任务。

在供应链管理领域，应结合具体的业务场景和企业面临的痛点，选择合适的技术。大模型的应用正在深刻地改变着采购和供应链管理。

- 寻源和风险管理：智能机器人提供了工具和洞察力，以优化对重要合作的监管机制。帮助采购人员快速了解供应商资源分布情况和供应商表现，并通过分析供应商的质量、交货时间、价格、供货能力和信誉等因素，为供应链团队提供最优的选择。它通过识别供应商绩效和市场动态的模式和趋势，支持制定既能减轻风险，又能增强合作关系韧性的策略。

- 提高生产力：智能机器人应用程序与语音识别、人工智能和自然语言处理等技术相结合可以解决内部客户下订单、跟踪货物状态等问题。在定价和谈判动态方面，利用实时市场数据和高级分析，可使采购团队采用动态定价策略，确保企业能够获得更好的交易。

- 提高效率和上下游客户体验：与人类相比，它们可以全天使用，用户在提出请求后不再需要等待，如更新 SRM（供应商关系管理）、CRM（客户关系管理）、安排会议和生成文档等，这种 24/7 的运营能力确保了诸如数据分析、供应商沟通和合同管理等工作的持续执行。

- 提供实时支持和合规监管：采购人员可以随时向智能机器人咨询采购策略问题，获得实时的建议，从而帮助他们做出更明智的决策。同时，它还为采购和采购中的监管遵从性、复杂性提供了一种动态解决方案。

大语言模型的出现让众多企业和个人回到了同一起跑线上。大模型并非全能的"超人"，而更像是一个"文科生"——它不是孤立存在的应用，而是要与业务系统相辅相成。对于采购管理者而言，具备业务知识（人工）与智能（AI）工具的能力至关重要。采购专业人员需要精通市场动态、成本控制、供应商关系管理及采购流程等方面的知识。通过大模型、私域知识学习、数据建模和业务建模的方式，可以优化任务执行，增强采购能力，改变采购的工作方式，从而对技能、人员和组织产生积极影响。借助办公软件与人工智能的结合，采购人员以往用于处理重复、琐碎事务的时间得以大幅减少。这要求采购人员进一步提升技能，包括数据获取、数据质量提升，以及技术应用整合等能力。而对于采购组织，则需要考虑投入产出比、数据安全和道德伦理等问题。

5.5.5　云计算

云计算（cloud computing）以其按需付费、便捷可靠的网络访问模式，让计算资源共享池（包括网络、服务器、存储、应用软件、服务）能够被大众用户快速提供，这种技术创新中心，以其动态、易扩展、虚拟化的特点，促进了数字时代的进步。

云计算体系主要有基础设施即服务（IaaS）、平台即服务（PaaS）、软件即服务（SaaS）、数据即服务（DaaS）和商业即服务（BaaS）这几种形式。

IaaS 就像没有家具的公寓，企业需要自己建立信息系统的基础设施，例如华为、阿里和百度等企业的数据中心。

PaaS 则比喻为有家具的公寓，企业在自己建好信息系统之后，还要自己搭建操作系统和配置环境，类似于软件公司的开发平台，例如微软的 Windows 系统或西门子的 Xcelerator 平台。

而 DaaS 则基于数据及数据相关处理能力的服务，是一种新型的基于数据的 PaaS。SaaS 比喻为有着独特特征的全家具公寓，企业在配置好操作系统和环境之后，还需要自己开发各种应用软件，例如客户关系管理软件（Sales force）或基于云的 SAP S4 HANA。BaaS 则属于 SaaS 层的，可以跨端多场景地将商家和消费者更加高效精准地匹配起来。

云计算可谓是三足鼎立，分别是公有云、私有云和混合云。要实现云计算服务，就必须依靠强大的产业布局和开放的流量端口。目前，越来越多的头部云计算厂家和企业已经签订了框架协议，并开始开发各种领域的 SaaS 解决方案，以便为客户提供更好的服务。据统计，提供云计算服务的前三名厂家分别是亚马逊、微软和阿里。

在制造型企业中，如果采用运输云，就可以实现物流信息在供应链各组织间的实时共享，所有成员都可以根据业务需求进行信息查看和下载。企业通过将原来的一些线下表格和文件模块化以及可同步编辑的方式放在云上，其便捷性和可实时输出的优势十分明显。现在，越来越多的供应链管理相关软件开始步入云端，例如 SRM 软件等。

此外，云还在重新定义计算体系架构，将之从以中央处理器（central processing unit，CPU）为中心的传统架构，向以云基础设施处理器（cloud infrastructure processing units，CIPU）为中心的全新体系架构演进。未来，由云定义的软硬一体化，将实现系统级的深度融合。

　　然而，值得注意的是，在使用云计算的过程中存在风险，其中一个主要风险就是对提供程序的隐式依赖，也就是行业所称的"供应商锁定"，企业一旦与供应商合作，就很难（有时甚至是不可能）从供应商那里进行迁移。此外，云中的隐私安全也是许多企业关心的问题。除此以外，还有以下几个问题需要引起重视：

- 缺乏清晰的愿景 / 战略；
- 过度定制化；
- 缺乏把云技术和组织的原有系统进行整合的前瞻性计划；
- 没有创建对于云解决方案的内部管理框架；
- 绩效最低标准不清晰；
- 处理问题的报告机制不健全；
- 供应商定价机制不透明。

5.5.6　区块链

　　区块链（block chain）技术被认为是继蒸汽机、电力、互联网之后的颠覆性创新，其最早的应用对象是比特币，作为第一款分布式账本——比特币已经吸引了数以万计的节点并构建了世界上最大的数字加密市场，但比特币底层技术的起源却并不始于比特币。早在比特币诞生以前，密码学、分布式计算、点对点网络、共识机制等技术和理论已经历了较长时间的积累。

　　从狭义上讲，区块链是一种按照时间顺序将数据区块以顺序相连的方式组合成的链式数据结构，并以密码学方式保证不可篡改和不可伪造的分布式账本。从广义上讲，区块链技术是利用块链式数据结构来验证与存储数据、利用分布式节点共识算法生成和更新数据、利用密码学的方式保证数据传输和访问的安全、利用由自动化脚本代码组成的智能合约来编程和操作数据的一种全新的分布式基础架构与计算方式。

　　区块链具有去中心化、不可篡改、开放性、匿名性等关键技术特征。区块链有三种结构，分别是允许任何人加入的公有区块链、需要得到许可才能加入的私有区块链以及公私混合的联合区块链。

区块链的机理可以概括如下：每个区块都包含交易数据和一个哈希值，这个哈希值是通过全网公认的科学算法得到的，每个区块通过哈希值彼此相连从而形成区块链，但是在区块加入区块链之前，区块需要被认证，这个被认证的过程可以采用工作量证明的方式进行，也就是所谓的"挖矿"。区块在得到认证之后就会加入区块链，从而形成可审查但不可更改的交易记录。

有一个寓言说，一个蜜蜂要想让所有的鲜花都变成蜜，就必须飞到每一朵花上。同样，如果你要让所有人知道你的交易记录，就必须在区块链上进行记录和分发。区块链技术通过分布式共识机制确保了交易记录的可靠性和安全性，同时降低了交易成本，提高了效率。

有一个笑话说，如果你要结婚，就必须去民政局进行登记。如果你想让更多的人知道这个好消息，你就可以举办一场婚礼，邀请尽可能多的亲朋好友参加，然后在双方的朋友圈里发布这个消息。这样，大家都可以见证这个珍贵的时刻，而且这个事件很难被篡改。我们可以从这个故事中认真思考。区块链的分布式共识机制意味着在区块链网络下，所有参与实体都可以了解在交易过程中发生的所有事件，而且这些交易记录是不可篡改的，这种技术的应用可以带来许多好处，比如提高交易的安全性和透明度，降低交易成本，并改善整个生态系统的效率。

区块链技术可以保证交易的真实性、完整性和不可篡改性，它的应用领域不仅限于金融行业，还可以应用到供应链管理等其他领域。区块链技术取代了烦琐的手动流程，实现了流程自动化，并提供了更高的可追溯性。区块链记录交易并将其分发给全球网络中的其他用户，确保了更高的安全性和即时传输。

如图 5-32 所示，人们通过对供应链痛点和区块链适用性进行分析后发现，涉及多方主体协作、对数据共享、数据可溯性、数据真实性、信息传输效率有较高要求的场景最为适宜区块链技术落地。

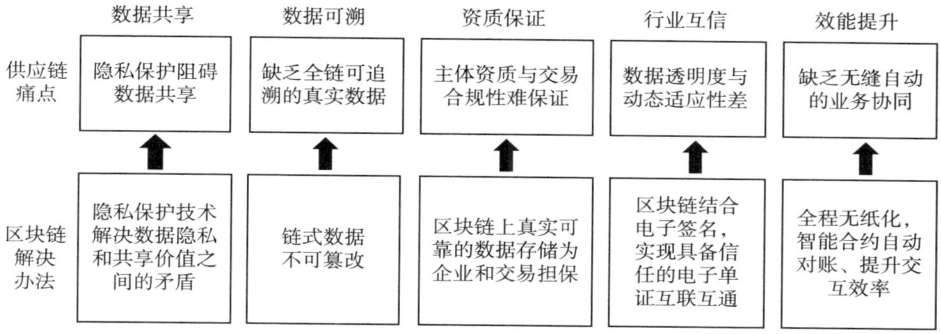

图 5-32　区块链技术直击供应链痛点

目前区块链技术在供应链领域主要应用于以下代表性场景。

1.可追溯与可视化

利用区块链和物联网技术，确保产品从供应链上游到下游的全程状态信息真实可溯。例如，许多人对生鲜冷链食品的质量缺乏信任，不知道产品是在哪里生产、哪里加工以及如何运输，然而，利用区块链技术，我们可以实现可视化追踪，使消费者更好地了解产品的源头和质量，并增强他们对产品的信任；此外，一旦发生纠纷，证据和追溯将变得更加清晰和便捷，能够有效保护消费者的权益。通过区块链技术，各方可以获得一个透明可靠的统一信息平台，实时查看状态，降低物流成本，追溯物品的生产和运输整个过程，从而提高供应链管理的效率。

2.供应链协同

供应链行业的复杂性令人望而生畏，它包括物流、资金流和信息流等多个信息来源，需要多个实体相互交错、相互协作。传统的供应链管理模式下，各个实体仅保存自己的供应链信息，容易形成信息孤岛导致信息不透明、时间成本和资金成本过高。因此，实时数据共享机制成为必要的手段，它可以使企业更准确地掌握供给和需求信息，并在此基础上及时调整生产、采购、库存管理和决策，优化供应链管理，降低成本。然而，在传统的供应链中，各方使用的信息系统往往是各自独立的，数据整合非常困难。一方面，由于体制之间的差异，跨体制的整合本来就很困难；另一方面，彼此的数据未必可靠，这也给整合带来了困难。因此，区块链技术成为解决这一问题的良方。区块链技术在促进供应链多主体协作、提高供应链上下游数据透明度、降低信息交互成本等方面有着重要的价值。

3. 区块链技术在供应商管理方面有着独特的价值

通过存储在区块链中的供应商数据，企业可以预先验证供应商的身份和业务信息的真实性，因为区块链能够确保数据不会被篡改和伪造，保证数据的可审计性。这些验证过的供应商档案数据也可以用于简化供应商评估流程，从而加快供应商注册的时间，可以将之缩短几周或几天。区块链的优势在于能够建立网络，同时控制共享数据的类型和安全性，它能够克服数据完整性、保密性、价值和相关性等方面的一系列挑战，消除跨市场网络的障碍，包括来自竞争对手、监管机构、供应商和客户等各方。在这方面，国内的联想已经开始应用区块链技术，为企业的供应商管理提供更高效、可靠的支持。

4. 电子合同和流程优化

区块链能够创建一个共享和可信的供应商网络，通过智能合约优化交易流程，并提高采购和物流合同的签核效率。在美国的初创公司 dexFreight（一物流平台公司）中，他们利用区块链技术构建了一个协作网络，实现了货物的智能分配和运输，保证了文档安全和双方的合法权益，为现代物流行业带来了革命性的变化。

5. 供应链金融

它能够动态调整客户或供应商账期，既可解决账期问题，又可谋求财务优势。但是，传统的供应链金融方式并不能满足中小微企业的融资需求，而区块链技术能够提供可靠的交易背景和链主企业的信用信息，从而解决了传统金融模式中存在的信息不对称问题。此外，区块链技术还可以实现债权分拆和跨境支付等功能，为中小微企业提供更加高效、便捷的融资渠道。

6. 物流碳足迹记录的区块链化

将区块链技术与绿色物流应用相结合，能够帮助物流企业管理排放交易、碳通证和绿色碳标记。在此过程中，物流企业需要收集货物运输的多种数据，例如货物重量、起始地点和目的地点、运输方式、燃料消耗量等信息，这些数据可以通过物联网技术，如传感器、GPS 设备等进行实时监控和记录，从而进行数据处理和决策优化，这一方法将有助于数智供应链赋能可持续发展，进一步提高企业的绿色供应链管理水平。

京东数科的区块链技术品牌"智臻链"如璀璨明珠般，在防伪追溯领域闪耀夺目，其平台不仅提供消费品和药品全流程追溯服务，更实现了产品流通数据的可追溯，从而实现了防伪和品质溯源的目标，让人们的生活更加安全可靠、放心无忧。此外，霍尼韦尔和阿里巴巴也广泛运用区块链技术，实现了农产品质量安全追溯领域中的可追溯质量控制。这些早期案例充分说明，越是信任价值高的领域，越需要自动化程度高的技术，而区块链则具备了这一重要的应用价值。

然而，区块链技术的应用发展还处于早期阶段，需要平衡风险与机遇。为了更好地应用于供应链领域，区块链技术需要与其他技术如大数据、人工智能、物联网等实现紧密联动。只有通过这些联动，才能实现区块链技术在供应链中的广泛应用。

海尔公司正在积极尝试"区块链 + 物联网"的结合，卡奥斯 COSMOPlat 海链区块链 BaaS（blockchain as a service）平台则以区块链技术为底层支撑，通过产品化包装和行业落地经验抽象化，形成 SaaS 服务，让区块链技术得到更广泛的应用，这种创新模式能让人们更加方便地享受区块链技术的好处。

综上所述，区块链技术在供应链中的应用前景不可限量，但其应用需要与其他技术的联动和融合，只有这样，才能真正实现供应链的可追溯和可靠性，为人们的生活和工作带来更多便利和安全。

总结

以上六种重要技术的介绍，简要说明了数智化需要善用技术的重要性。由于篇幅所限，读者若要进一步了解，可以参考笔者的《场景化运用：物流供应链十二大创新科技及实战案例》一书。然而，技术本身并非数智化的终极目标，进入云端并不代表数智化转型成功，技术只是数智化转型的手段之一，无法让企业实现全面的数智化转型。企业在走向数智化的过程中，最难的不是技术本身，而是管理思维和团队的决心，因此，供应链数智化的关键是要以智能商业的思路重新审视供应链业务和流程，注重打通供应链内外部协同的重要性，做到上下同心，左右同频。而供应链协同的关键则是确立清晰的目标，统一步调、各司其职。

实施数智化转型的基础是什么？表面上看是数字，其实包括数字的全面性和数字的质量，就是量变引起质变，而这背后涉及供应链组织的责任是否到位。很多供应链管理组织没有专门的数智化管理小组，导致其上传的数据错误百出。此外，员工能力是否到位也是关键因素，他们是否能够驾驭业务场景和数智化系统，并具备足够的洞察力和持续优化供应链管理的能力。流程也是一个关键点，有些供应链管理组织没有严格的供应商准入制度，供应商绩效考核也形同虚设，数智化转型后同样会"垃圾进、垃圾出"。审批链过长，部门间协调不畅也是一个影响因素。

另外，需要注意的是，供应链数智化转型需要注意投入产出回报的问题，企业在投入前需要确定各个阶段的可衡量绩效指标，比如收入和成本的影响等。美的集团从 2013 年开始数字化转型，累计投入超过 100 亿元，2020 年，公司战略明确为"全面数字化，全面智能化"，以用户为中心，效率驱动为核心目标。公司实施 T+3 业务模式改革，从单点改善向研发、营销、制造、物流、服务全价值链拉通变革，以用户为中心持续改善产品和效率。供应链数智化转型时，企业的投入产出要合算，通过合理的投入，让企业的数智化转型更加有价值。

5.6　供应链数智化转型之成果评估

数据可见，数据可懂，数据可用，智能决策。

任何投入都要看产出、看结果。供应链数智化项目完成后，如何评价该项目的成果呢？简单地看作统计表格的员工数量和员工素质，是简单粗暴的评价方法；最核心的评价准则是：数据可见，数据可懂，数据可用。以前的管理者大多是通过"望闻问切"，层层递进得到答案。而数智化建设之后，系统在线、数据在线、组织在线，通过简单的拖拉拽，移动推送等方式，就可以做到实时辅助决策，智能决策，让靠经验主观决策成为历史。

数据可见：即数据可视化的体系是否健全，比如指标的定义、修改、删除和生命周期的管理是否标准化，且可控。指标数据源是否可追溯，数据集成和钩稽关系是否可视化。

数据可懂：即指标定义是否简单明了，通俗易懂，指标名称是否不容易产生歧义，上下游指标间的逻辑关系是否严谨合理，各类指标的数据标签是否符合业务语言体系等。

数据可用：即数据内容是否符合业务所需的标准和质量要求，数据服务是否具备运维能力，是否可自动重跑、补数据，自动调整、任务资源配比等。

智能决策：数据、算法和模型结合后，通过即时的推送，利用数智化技术形成智能决策。

作者调研了数智化供应链企业，他们在实践的过程中主要有以下几点可供借鉴和参考。

- 数据整合和管理：通过引入先进的信息技术和数据分析技术，建立供应链数智化平台，实现供应商信息、订单信息、库存信息、运输信息等数据的整合和管理。
- 技术升级和人才培养：不断加强对信息技术和数据分析的投入，并建立专门的技术团队和数据分析团队。同时，企业还可以与高校和科研机构合作，共同培养和吸引 IT 专业人才和数据分析人才。

- 供应链风险管理：采用风险评估和监测技术，对供应链质量、交付和库存等风险进行预测和识别，并采取相应的措施进行管理。同时，企业还可以加强与供应商和物流公司的合作，共同应对供应链风险。

- 业务流程重构：对传统的业务流程进行重新设计和优化，并实现业务流程的数字化和自动化。同时，企业与供应商和物流公司等合作伙伴进行更加紧密的协作和沟通，提高整个供应链的效率和协同性。

- 高成本投入：通过进行合理的风险评估和资金规划，确保投入的资金和资源得到合理利用。同时，企业还可以采取一些措施降低成本，例如与供应商进行更为紧密的合作，实现供应链成本的降低。

企业在供应链数智化转型项目需求调研及实施过程中，需要以流程为切入点，从业务全景的视角，规划数智化转型的路线，梳理业务流程，打破部门间壁垒，为数智化转型项目做好准备。这需要我们像挖掘珍宝一样，深入挖掘业务流程的深处，让供应链数智化转型之路更加顺畅。在此过程中，我们需明确"端到端流程"全盘考虑的重要性，全面分析业务痛点、难点，设计结合数智化转型方向的业务优化方案，打破陈规，让业务运作更加高效。

为了实现供应链数智化转型，我们必须注重数据驱动、智能化应用和流程优化，以提高供应链效率和客户满意度为目标，不断推进数智化供应链转型。同时，我们也需要认识到系统问题是数智化转型过程的一个常见痛点，需要在实施过程中认真分析，设计解决方案。解决这些问题，需要我们摒弃旧有的思维模式，以新的技术手段和理念为依托，拆除阻碍供应链数智化转型的一切墙壁。

当然，在数智化转型过程中，风险管理也是必不可少的。在规避时间、成本、质量等不确定因素的同时，我们也要认真分析系统的价值和备用方案，以应对突发事件。对于数据安全和信息安全这些重要问题，我们更需要加强防范和处理措施，确保整个供应链转型过程的顺利进行。

最后，我们需要注意，在供应链数智化转型过程中，成功也需要被庆祝。每一次胜利都需要被珍惜和庆祝，这样能够让整个团队更加团结一心，共同走向成功之路。

只有各方面资源形成共振，时间、火候都到了，方可攸关大局。供应链数智化转完成后，接下来就要注意不断地迭代和创新，保持持续数智化竞争力。供应链数智化转型只有起点，没有终点，是一场永无止境的增量革命。

因此，数智化转型只适合成熟度很高的采购与供应链管理组织，能够帮助他们百尺竿头更进一步，让强者更强。至于那些管理相对落后的采购与供应链管理组织，盲目上马数智化转型只会让你花冤枉钱，绝无实现 "弯道超车" 的可能。打铁还需自身硬，较为落后的采购与供应链管理组织应该先构建自己的能力，提高成熟度，再考虑上马数智化转型。

同样的，想要构建供应链管理的能力，需要对的职责、对的能力、对的流程，只有这样才能产生对的数字，再去做对的事情，实现数智化转型。只有先解决 "数质化" 问题，才能解决 "数智化" 问题。随着一切产品、岗位、流程、业务都高度可控，企业就可以像搭积木一样，在特定环境里搭建和迭代一个特定的数智化企业。

此外，只有客户认可了，愿意买单，数智化才算成功了一半。就像很多企业的餐厅也做了所谓的数智化改造，结果客户排队的时间反而更长了，体验不好，还会抱怨餐厅只是节省了自己的人工，这样类似的例子在供应链数智化的过程中也有很多，特别是数智化平台没有人性化的设计，使用频率一定会受到影响，结果 "功力大减"。

供应链数智化转型只有起点，没有终点，是一场永无止境的增量革命。企业需要不断构筑自己的核心竞争力，方能在竞争中脱颖而出。

本章总结

本章介绍了供应链数智化转型的 "4P+E" 模型和供应链数智化五部曲。

供应链数智化转型是一条漫长的路，包含模式创新、战略布局、组织重塑、人才建设、流程变革和科技赋能等方面。在此基础上，通过流程优化和组织改进，企业可以夯实基础，突破自身局限。同时，数据流和信息流的变化也是这一转型过程中不可或缺的一部分，必须确保全链路数据的在线实时交互和智能决策推进。

然而，一个企业的实施方案不可能适用于所有公司，因此无法形成通用的行业标准。每个企业都必须根据自身情况进行具体问题分析，并利用深度融合的 IT、运营技术（operational technology，OT）、数字技术（data technology，DT）技术促进内外数据的自动流动，从而提高管理系统的智能化水平，进一步解决管理系统中的复杂性和不确定性问题，持续优化资源配置效率，提高竞争力。

战略设计必须基于企业自身实际情况，建立战略执行保障体系，为数智化供应链战略目标的有效实施创造有利条件和提供有力保障。组织创新需要供应链企业审视自身战略，找到战略薄弱点及未来突破口，不断创新数智化运营的组织功能，推动数智化战略落地。在人才转型方面，企业需要组织培训和考核，培养员工的数智化供应链理念、技能及业务能力。

对于供应链数智化转型所带来的领导力挑战，前沿的互联网公司的组织形式和领导力值得研究和对标，传统企业在数智化转型中提倡的文化和领导力变革值得研究学习。企业应该关注如何面对失败、分享信息知识和相互协作、更新迭代激励机制，激励结果和鼓励过程与行为同样重要。

此外，具体在供应链数智化转型过程中，企业在明确的转型目标牵引下，业务的各个组成部分都应随着外界变化而快速响应，这里有四点可以参考和借鉴：

（1）广泛寻找数智化应用场景，围绕业务"广积薪，才能成其器"。在数智化转型过程中，企业需要多方探索和寻找适合的应用场景，以实现更好的业务发展和成长，而不是盲目地去实施技术。

（2）客户为尊。供应链数智化转型必须从客户出发，了解客户的需求和期望，以客户需求为导向来进行战略规划和实施。

（3）群策群力，共谋发展。数智化供应链需要强调网络协同和精准对接，将供应链管理部门打造成企业的价值创造中心。只有各个组织之间高效的网络协同，实现供需精准对接，才能应对风险，为企业的快速发展提供有力保障。

（4）技术为王，但不可偏执。企业需要重视技术的发展，但不可盲目追求技术，要深入挖掘技术的核心竞争力，将技术与业务有机融合，从而提高企业的竞争力和市场占有率。

第6章

数智供应赋能可持续发展：从绿色采购到碳足迹量化

与天地兮同寿，与日月兮同光。

——《楚辞·九章·涉江》

6.1 可持续发展在企业中的实践

绿色供应链、可持续供应链是数智化供应链履约发展的一个重要方向。未来是可持续为王的时代，通过数智化技术，企业可以更好地实现供应链中的环保和可持续发展目标，同时也可以提高企业的社会责任感和品牌价值。

然而，履约不是供应链管理的结束，企业追求的目标是：既要使人类的各种需要得到满足，个人得到充分发展，又要保护资源和生态环境，不对后代的生存和发展构成威胁。因此，可持续发展赋予了供应链更多的使命，企业不仅要考虑经济效益，还要兼顾社会和环境效益，以实现可持续的发展目标。

6.1.1 可持续发展的相关概念

可持续发展概念

可持续发展的核心思想是经济发展与保护资源、保护生态环境协调一致，让子孙后代能够享受充分的资源和良好的生态环境，同时包括：健康的经济发展应建立在生态可持续能力、社会公正和人民积极参与自身发展决策的基础上。

　　所谓可持续发展战略，是指实现可持续发展的行动计划和纲领，是国家在多个领域实现可持续发展的总称，它要使各方面的发展目标，尤其是社会、经济与生态、环境的目标相协调。2015 年 9 月 25 日，联合国可持续发展峰会在纽约总部召开，议程确立了 17 个可持续发展目标，并计划在 2030 年前得到全面执行，如图 6-1 所示。

图 6-1　可持续发展目标

ESG 概念解读

　　环境、社会和治理（environment，social and governance，ESG），是一种关注企业环境、社会、公司治理绩效而非传统财务绩效的投资理念和企业评价标准，分为 ESG 投资与 ESG 实践。

　　环境、社会和公司治理是企业实现可持续发展的三大支柱，是主流的企业非财务绩效评价体系。ESG 是对公司的可持续性和社会影响进行量化评估的一套具体标准，上市公司会按照要求通过报告的形式进行披露。ESG 好比是投资界的卫星导航系统，企业通过透明的 ESG 信息披露，使投资者能够作出信息更充分的投资决策。

为了促成保护全球气候行动，联合国自 1990 年开始组织了一系列的气候峰会，在这一系列的气候峰会期间公开公布了各项气候协议以及相关标准及要求。而我国真正开始参与国际气候峰会是在 2020 年（G20 峰会），中国第一次参加即明确了 2030 年碳达峰，2060 年碳中和的 3060 目标。最近一次的气候峰会，中国更成为主要与会成员国，联合美国发起了一系列的气候保护活动。

碳达峰

碳达峰就是指在某一个时点，二氧化碳的排放不再增长达到峰值，之后逐步回落。碳达峰是二氧化碳排放量由增转降的历史拐点，标志着碳排放与经济发展实现脱钩，达峰目标包括达峰年份和峰值。碳达峰，犹如攀登高峰的冒险之旅，标志着一个国家或企业在控制二氧化碳排放方面取得了重大进展，它是绿色经济的起点，也是低碳发展的基础，让环境和经济发展在一个平衡的轨道上共同前行。

碳中和

碳中和是指国家、企业、产品、活动或个人在一定时间内直接或间接产生的二氧化碳或温室气体排放总量，通过植树造林、节能减排等形式，以抵消自身产生的二氧化碳或温室气体排放量，实现正负抵消，达到相对零排放。

正因为外部环境的推动，而且"3060"目标更为具体，所以零 / 低碳转型变得更具有可操作性和实际意义。碳达峰并不是无止境地增加高碳排放行业或经济行为，它是在现有碳排放结构下实现碳排放达到顶峰。碳中和之前必然碳达峰。目前全球已有部分国家对于碳中和时间进行了立法支持。

此外，成员们呼吁所有欧盟国家单独实现气候中和，并坚持认为，最迟应在 2025 年之前逐步取消所有对化石燃料的直接或间接补贴。

2021 年 4 月，欧洲议会议员与理事会就欧盟到 2050 年实现气候中和的义务达成协议。6 月 24 日，欧洲议会通过了新的《气候法》，将 2030 年减排目标从 40% 提高到 55%，并使 2050 年气候中和目标具有法律约束力。根据欧洲议会的建议，欧盟将成立一个独立的欧洲气候变化科学咨询委员会，以监测进展情况并评估政策是否一致。目前，五个欧盟国家已在法律上设定了气候中和的目标：瑞典的目标是到 2045 年实现净零排放，丹麦、法国、德国和匈牙利到 2050 年实现净零排放。

作为一个企业既然不能置身事外，那就必须知道自己应该做什么或即将需要做些什么，"碳管理三部曲"如图 6-2 所示。

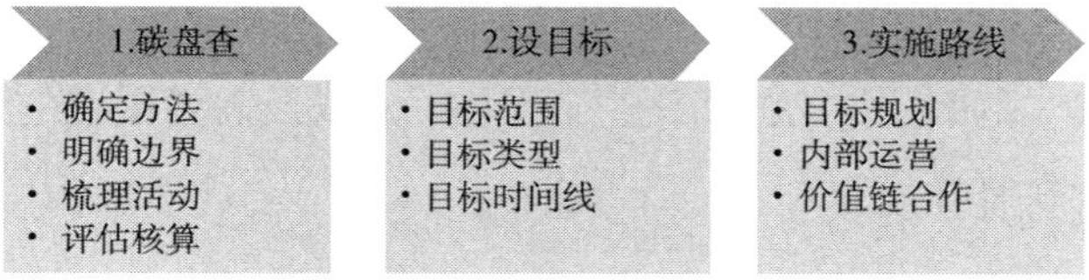

图 6-2　碳管理三部曲

碳盘查：企业可以委托第三方机构或自行开展碳盘查工作，通过识别主要排放源和对重点排放过程的诊断，为后续的目标设定和决策建立基础。

（1）温室气体核算标准。ISO 14000 等均可以作为核算的依据。

（2）通过组织边界的设定，或者碳足迹的追踪确定核查的边界。

（3）根据行业统一划分"范围一"，"范围二"，"范围三"，对排放活动进行梳理，如图 6-3 所示。

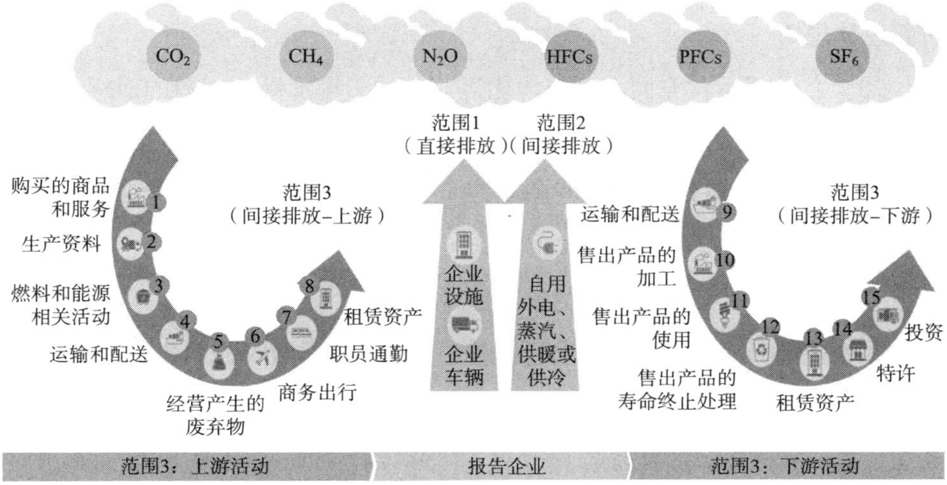

图 6-3　范围一至范围三

（4）通过各类排放数据的收集，以及选择相应的排放因子计算二氧化碳排放当量。

设目标： 通常目标的设定宜长短结合，即通过长期目标的锚定，并将其分解为每个阶段的短期目标；另外，通常从自身运营的碳中和，逐步过渡到上下游整个供应链的碳中和。

（1）通过"范围一""范围二""范围三"，以及需要覆盖的地区和业务单元，选定目标范围。

（2）在目标类型方面，除了绝对指标外，还可以根据自身行业特点设定诸如制造业的绿电采购量占比、建筑业的绿色建筑或低能耗建筑的比例等。

（3）还须设定目标时间线，包括基准时间和基准排放量，并形成完整短、中、长期路线图。

实施路线： 企业可以通过能源结构的清洁化、绿色化，并通过技术手段降低能耗强度开展节能减排；同时，可以引进碳汇技术降低或吸收排放；最后，还能通过碳配额的交易抵消余下的排放。

（1）当企业对自身有清晰认识后，就可以根据自身情况对碳中和的目标进行总体规划。

（2）在内部运营方面，可以优化运营能效，增加绿色能源的使用，甚至改善建筑节能，提倡绿色工作方式等。

（3）进一步通过价值链上的合作，包括产品设计的绿色化、采用绿色物流服务、鼓励供应链上的协作减碳等。

企业实施可持续发展战略的重要性

在企业层面，一汽大众已向特斯拉中国购买碳排放积分。相关数据显示，2020年特斯拉通过出售碳排放积分获得了15.8亿美元的收入，两倍于其营业利润，被专家称为"卖炭翁"。

2021年，我国正式将绿色供应链纳入绿色低碳循环发展经济体系，这个举措为经济转型注入了一剂强心剂。现在越来越多的企业开始注重绿色产品、绿色制造及绿色供应链。比如，美的数字管理通过能效升级改造已经成功覆盖了 20 家工厂，这样单台产品生产用电可降低 15%，这一改善不仅有助于上下游企业和外部客户降低碳排放，而且也显示了企业实践低碳环保的诚意。华为计划在 2025 年前推动前 100 名（top100）供应商制定碳减排目标，这不仅是有远见的决策，也是对企业责任的坚定承诺。隆基在 2021 年度供应商大会上发布了绿色供应链减碳倡议，并获得 150 多家供应商的积极响应，这是协作共赢、合力前行的真实写照。联想则计划到 2025—2026 财年实现全球运营活动 90% 的电力来自可再生能源，这不仅能推动全球供应链减少 100 万吨温室气体排放，还能为企业创造出更具竞争力的经营环境。

可持续发展理念在企业中的应用体现在公司运营的各个方面，贯穿于产品的整个生命周期。绿色、可持续发展多年来一直被看成是对企业优等生的奖品，它像是一项比赛结束后会发给胜利者的花冠，平庸企业似乎无须关注。而现在，人人要有份。绿色、可持续发展成为一种潜在的具有竞争力的技术，低碳成为关键性约束因素。可持续发展的驱动力如图 6-4 所示。

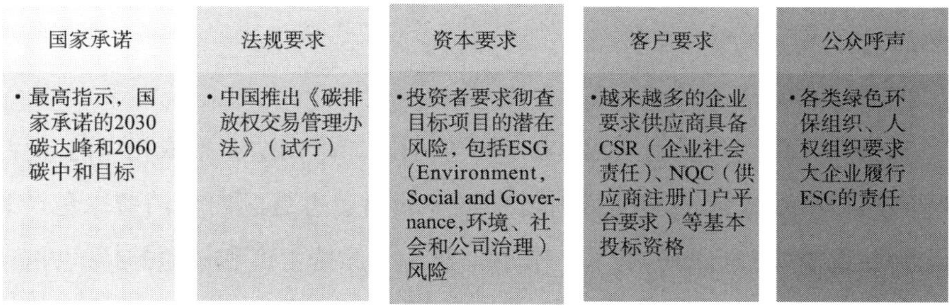

国家承诺	法规要求	资本要求	客户要求	公众呼声
• 最高指示，国家承诺的 2030 碳达峰和 2060 碳中和目标	• 中国推出《碳排放权交易管理办法》（试行）	• 投资者要求彻查目标项目的潜在风险，包括 ESG（Environment，Social and Governance，环境、社会和公司治理）风险	• 越来越多的企业要求供应商具备 CSR（企业社会责任）、NQC（供应商注册门户平台要求）等基本投标资格	• 各类绿色环保组织、人权组织要求大企业履行 ESG 的责任

图 6-4 可持续发展的驱动力

1. 满足国家层面的战略目标

我国力争 2030 年前实现碳达峰，2060 年前实现碳中和，这是国家层面的战略，这一目标的制定，对于国内企业来说已经明确了这样一个时间点，与其到了时间被动改变，还不如现在开始行动，主动进行减碳相关措施。企业越早实施碳排放战略，对提升企业形象和产品竞争性就更有利。

2. 满足相关法律法规要求

相关法律法规的出台对企业的环境行为施加了约束力。2015 年 12 月，近 200 个国家和地区达成《巴黎协定》。协议正式生效后，成为《联合国气候变化框架公约》下，继《京都议定书》后第二个具有法律约束力的协定。

我们国家对企业碳排放也出台了一系列的法律法规，比如《碳排放权交易管理暂行办法》《中华人民共和国大气污染防治法》《可再生能源中长期发展规划》《关于印发全国生态环境保护纲要的通知》等。在这样的宏观形势下，对企业而言，打造绿色壁垒和绿色供应链既是挑战更是契机。

3. 满足资本方的要求

随着国家对节能减排治理力度的不断加深，企业在节能减排方面的合规经营也显得越来越重要，一不小心踩了红线就会导致企业无法正常经营，从而影响投资者或者股东的利益。健全有效的公司治理符合股东长远的利益，破坏环境而导致的诉讼等问题也会对企业品牌造成损害。如果某一家企业总是将月度或者年度业绩表现放在首要位置，而不是以满足长期投资者的利益为优先目标，并且也没有完善的环保风险检查体系，很容易造成企业管治不善的后果。

4. 满足客户需求

市场对绿色产品的消费需求如潮水般涌现，推动企业采取相应的环保措施，实施可持续发展战略。目前越来越多的消费者更倾向于消费绿色产品，在这种绿色消费趋势的影响下，中小企业为了保持生产和效益的持续性，就必须摒弃以往高污染产品的生产，而以绿色环保型产品生产为主，在给消费者和市场带来生态环保效应的同时，增加市场份额，增强企业的竞争力。

5. 应对公众呼声，树立公众形象

在减碳过程中，各类环保组织的力量日益强大，ESG 这个话题一直是各类环保组织的长期呼吁，各类社会团体和国际组织的积极倡议。企业在设定发展战略的时候，应充分重视并考虑如何加强并落实减碳措施，积极响应各类环保组织的倡议，树立公司社会形象。这些环保组织常为政策提供新理念和新方向，同时也可以在推动政策的实施与落地方面提供强有力的支持。从整个公司运营管理角度考虑，管理层也需要提高公司社会形象，保护公司商业信誉，让公司品牌成为有吸引力的投资前景。

如图 6-5 所示，从工业 1.0 到工业 5.0，可持续发展成为欧盟的核心政策，欧盟坚定不移地倡导"绿色经济"，并致力于构建一个环保、低碳的社会。欧盟委员会发布的《工业 5.0：迈向持续、以人为本且富有韧性的欧洲工业》计划通过实施工业 5.0 战略，看名字就能发现其更加注重社会和生态价值。的确，它明确提出提高工业领域的能源资源利用率，实现可持续发展，包括推动绿色技术创新与制造业数智化深度融合，提升企业在资源配置、过程控制、节能减排等方面的智能化水平，鼓励企业通过创新商业模式实现节能减排。比如提供定制化生产和服务、推动二次资源和副产品的再利用等。

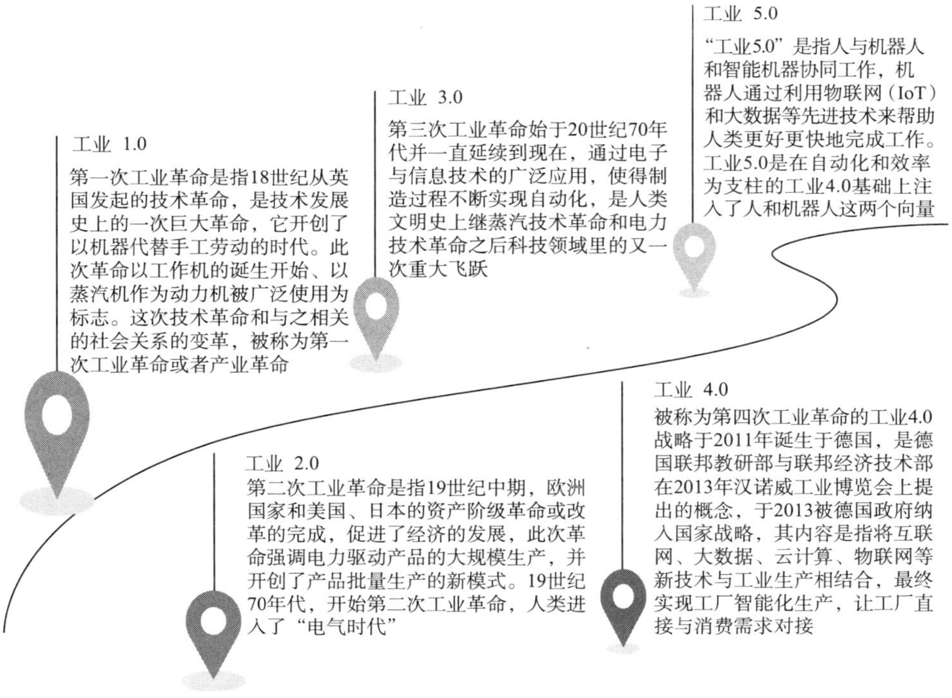

工业 5.0
"工业5.0"是指人与机器人和智能机器协同工作，机器人通过利用物联网（IoT）和大数据等先进技术来帮助人类更好更快地完成工作。工业5.0是在自动化和效率为支柱的工业4.0基础上注入了人和机器人这两个向量

工业 3.0
第三次工业革命始于20世纪70年代并一直延续到现在，通过电子与信息技术的广泛应用，使得制造过程不断实现自动化，是人类文明史上继蒸汽技术革命和电力技术革命之后科技领域里的又一次重大飞跃

工业 1.0
第一次工业革命是指18世纪从英国发起的技术革命，是技术发展史上的一次巨大革命，它开创了以机器代替手工劳动的时代。此次革命以工作机的诞生开始、以蒸汽机为动力机被广泛使用为标志。这次技术革命和与之相关的社会关系的变革，被称为第一次工业革命或者产业革命

工业 4.0
被称为第四次工业革命的工业4.0战略于2011年诞生于德国，是德国联邦教研部与联邦经济技术部在2013年汉诺威工业博览会上提出的概念，于2013被德国政府纳入国家战略，其内容是指将互联网、大数据、云计算、物联网等新技术与工业生产相结合，最终实现工厂智能化生产，让工厂直接与消费需求对接

工业 2.0
第二次工业革命是指19世纪中期，欧洲国家和美国、日本的资产阶级革命或改革的完成，促进了经济的发展，此次革命强调电力驱动产品的大规模生产，并开创了产品批量生产的新模式。19世纪70年代，开始第二次工业革命，人类进入了"电气时代"

图 6-5　工业 1.0 到 5.0

总之，无论是整个社会的发展趋势还是企业自身发展的需要，都要求企业将可持续发展提升到战略的高度加以考虑。面对资源、能源的过度开采和环境的日益恶化，企业发展的环境观念也发生了根本性的改变，企业必须把"可持续性"作为长远的发展战略来实施。

绿色供应链转型

作为一家企业，实现绿色转型可谓是任重而道远。首先，企业必须坚定"绿色转型"的决心和战略；其次，如图 6-6 所示，这个宏伟目标应依靠"数字化""可循环化""低碳化"三根支柱在战术层面的支撑；最后，分别借助数字化工具，利用循环经济的管理手段，通过零碳排放的实践。这一系列"组合拳"才能实现可持续发展和绿色供应链的转型。

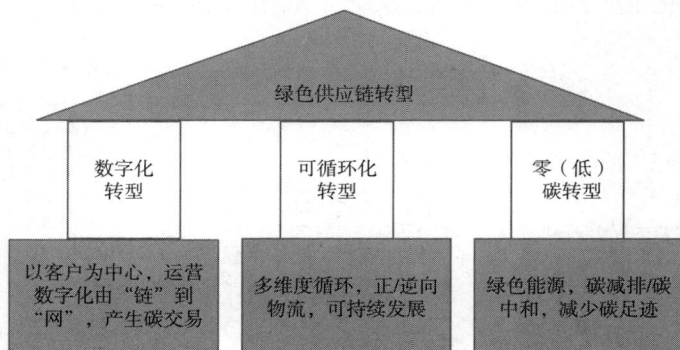

图 6-6　绿色供应链转型模型

6.1.2　可持续发展在世界 500 强企业中的应用

案例 1：惠而浦，信息披露从人权劳工社会安全方面管控

我们以白色巨头全球白色家电第一的惠而浦公司为例，介绍这些老牌的全球一体化供应链公司是如何作为先锋部队针对其全球供应链上下游一体化全方位管控的。

早在 2010 年惠而浦公司就在全球采购部门里成立了专门的责任采购委员

会（CRS）部门。CRS 部门直接隶属于公司环境健康安全部门（environment health safety department，EHS）部门，不隶属采购部门，这样的组织架构划分可以有效地监控和管理所有供应链覆盖的全球供应商在人权劳工社会安全方面的绩效管控。

　　机制健全的前提下，惠而浦公司针对人权、劳工和供应商安全生产管理水平有一整套审核标准，CRS 团队全部具备审核员认证资格。审核标准同样强制要求全球供应商进行年度审核项目。惠而浦在新供应商导入章程就明确规定，新供应商必须通过审核才可以进入合格供方名单。

　　审核标准实施的关键在于管理如何量化，如图 6-7 所示，其主要从管理机制、标准和频次、委托第三方以及采购日常流程等方面考虑。

管控机制	标准和频次	第三方审核	采购日常管控流程
scoc（supplier conformity declaration，供应商符合性声明）Audit（审计）	新供应商两年/次	TUV（technische Überwachungs vereint，德语技术监督协会）/ BV（Bureau Veritas，必维国际检验集团）	新供应商100%
环境专项审核	新供应商两年/次	TUV	新供应商100%
风险评估	KPI Dashboard（关键指标仪表盘）	TUV / KPMG（Klynveld Peat Marwick Goerdeler，毕马威）	纳入采购绩效考核KPI
培训安排线上、线下	一年四次	X	采购全员参与
workshop（需求访问会）	一年两次	X	N/A
andon（暗灯）机制	红线机制设定	X	X
部门KPI考核机制	KPI dashboard	X	纳入采购绩效考核KPI

图 6-7　惠而浦管控机制和流程

信息披露从公司内外部管控机制进行全面管理，报告结果和信息披露公开公平公正，从而实现了标准化管理和可追溯。

案例 2：延锋集团，多管齐下实现绿色发展

延锋集团是一家全球化的汽车部件供应商，2020 年度年营业额 1,105 亿元，位列"汽车新闻（automotive news）"发布的全球汽车零部件供应商百强榜第 17 位，该公司主要产品覆盖汽车内饰、汽车座椅、座舱电子、被动安全系统等，是包括奔驰、宝马、通用等汽车主机厂的最大供应商。正因为该公司的主要客户来自欧美，其对自身的可持续发展策略提出了新的要求，而且延锋集团有志成为全球领先的汽车"车体（upbody）"整合供应商。在内外因素的共同促进下，该公司形成了自己的绿色供应链战略，意图巩固和拓展其在行业内的竞争力。根据 2020 年延锋公司设定的碳排放路线图，延锋公司计划 2040 年年底提前实现碳中和。

第一，延锋公司从组织层面保障了策略的执行。该公司成立了由各职能部门的负责人组成的绿色委员会，监督和保障对绿色发展的投入；另外延锋公司专门新成立了"全球技术研发中心"以加强各个传统模块之间的跨界和整合，比如座椅和被动安全系统的结合，内饰和电子系统的结合等。这是面对汽车产业电子化、汽车供应链绿色化的战略选择。

第二，构建"绿色发展"的文化。公司工会和运营管理部门共同举办节能减排先锋号评选会，通过节能技改项目的评选，最佳实践案例得以分享和借鉴。通过"节能减排先锋号"平台的搭建，公司强化了绿色发展的理念，让更多员工意识到节能减排的重要性。

第三，延锋公司近年来开始大量采购"绿电"，使用"绿电"，并投资相应的储能项目。自 2020 年起，该公司所有新建厂房都 100% 使用太阳能电池，同时针对老的工厂都逐步按条件进行太阳能光伏发电改造。

第四，延锋公司研发新的工艺，以改善现有工艺实现节能减排。例如加大自动化生产的投资，建设"黑灯工厂"，在传统的座舱系统中，采用无焊接工艺。

第五，在物流领域，延锋公司和多数公司一样采取了运输路径的网络优化，通过重新对工厂进行布局、改善包装工程去实现碳排放的降低。

第六，碳排放占比最高的一个因素在于原材料的使用和选择，为此，延锋公司的研发部门已经尝试使用高成本高性能，低排放的生物基材料。例如一款应用于汽车座椅的称作 AIRFIBER 的全新材料，可以实现 100% 回收，从而实现了零排放，但目前主力还在于回收塑料的使用方面，延锋公司通过自身的研发和塑料改性，回料的比例已经能够从过去的 5% 提高到 30%，相应的减碳贡献也得到了显著提升，最高也能达到近 30%。

总之，通过各方面的努力，自 2020 年延锋公司首次参与 CDP 评级以来，短短两年他们已经实现从评级 C 到 A 一的跨越。

案例 3：西门子，数字化赋能可持续未来

作为可持续发展的先锋，西门子在可持续发展方面始终走在行业前列。作为一家科技公司，西门子拥有独特的业务组合，能够帮助客户达成其日益严格的 ESG 目标。从加速推进的减排进程和更大规模的投入可见，可持续发展已深植于西门子的业务运营、投资决策和公司治理之中。

DEGREE（decarbonization 去碳化，ethics 道德规范，governance 治理，resource efficiency 资源效率，equity 平等，employ ability 就业能力）框架全方位呈现了西门子在 ESG 领域的战略重点。在 DEGREE 框架中，西门子明确了在环境、社会和治理（ESG）方面的发展目标。公司在六大重点领域实施整体方法原则，并设定严格且可衡量的指标。

西门子公司 2021 发布的《西门子中国碳中和白皮书》及其官方微信称，在供应链方面，西门子自 2022 财年开始正式在中国将低碳相关指标纳入采购决策过程，可持续发展报告首次纳入新的"DEGREE"战略框架见表 6-1，设立 14 项 ESG 目标。未来，除将继续在自身运营中落实节能举措之外，西门子还力争至 2025 年在中国帮助超过 500 家重点供应商加速减碳步伐，推动产业绿色低碳转型。

表 6-1　DEGREE 框架

DEGREE 框架	具体措施	截至 2021 财年达成	雄伟目标
decarbonization 去碳化	1. 至 2030 年实现净零运营	−36%	−50%
	2. 至 2050 年实现净零供应链	−1%	−20%
ethics 道德准则	3. 努力实现西门子员工 100% 接受"西门子业务执行指南"（每三年一次）	76%	100%
governance 治理	4. 供应商承诺履行"西门子供应商手册"实现供应链上的 ESG 目标	供应商已承诺	—
	5. 基于 ESG 准则实施长期激励	ESG 准则已锚定	—
resource efficiency 资源效益	6. 下一代活跃的生态设计应用于西门子 100% 的产品家族	26%	100%
	7. 自然资源的解耦，通过增加可替金属和树脂材料的采购	零部件生态友好	—
	8. 循环利用，通过在 2025 年减少 50% 废弃物填埋，并在 2030 年实现零废弃物填埋	7 000 吨	−50%
equity 公平	9. 至 2025 年实现 30% 为女性高层管理者	27.50%	30%
	10. 实现员工持股计划：维持高水平并尽量 100% 拓展到全球	98%	100%
	11. 全球承诺实行新常态下的工作方式	继续推广	—
employability 就业力	12. 双倍的数字化学习时间至 2025 年	7 小时	×2
	13. 施行员工帮助项目：2025 年保持高水平并拓展至全球	82%	100%
	14. 西门子全球员工及临时工工时损失率改善 30%	−13%	−30%

　　供应链是产业碳中和的关键一环，工业产品超过 90% 的碳排放产生于供应链。西门子的目标是，到 2030 年实现全球供应链减排 20%，到 2050 年实现全球供应链碳中和，正如该公司首席人力和可持续发展官朱迪斯·维斯

（Judith Wiese）所说，"可持续性正是我们的基因，它不是一个选项，这是业务必需的"。西门子计划重点关注化石能源效率、发电和供热、绿色电力采购、实施节能流程、物流优化、减少商务出行，以及应用可回收材料这七大领域，帮助中国重点供应商实施节能减排。

Judith Wiese 表示：西门子的供应链管理团队已经和外部合作伙伴合作，建立了碳减排信息管理系统，通过基于经济数据建立的模型，分析每一个供应商的碳足迹，目前，这一系统已覆盖近 9 000 家在华供应商。

西门子还使用"碳排放在线评估"（CWA）这一网页工具进行问卷调查，了解供应商的二氧化碳排放，帮助重点供应商设定目标、制订计划，有效减少碳足迹。

通过在采购决策中加入碳排放相关指标，西门子努力制定可持续发展的决策，以构建碳中和供应链，这也向供应商释放了明确的信号，促使供应商推进绿色转型，这一举措正在全球范围内推行。在中国，供应商评估已经纳入了低碳指标，采购决策中加入碳排放指标这一举措也正在试行中。

西门子与生态合作伙伴共同构筑的开放共享的减碳生态——SiGreen 生态网络是第一个可以实现碳足迹（product carbon footprint，PCF）数据精准计算及可信共享，而不是依赖行业平均值或估值的生态系统，它能够通过加密和可验证证书，确保数据的可信度和供应链的机密性。它是一个基于区块链技术的追溯系统，产品直接排放的碳会在生产自动化过程当中被收集起来，再通过计算模型计算出生产过程中相关工艺在制造产品当中产生了多少碳，包括供应链里的原材料、零部件等，实现"从摇篮到大门"的产品碳足迹追溯。

在工业领域，明辨排放来源是实现气候中和的关键所在。西门子利用 SiGreen 开放生态，能够实现供应链透明化，让生态伙伴在开放环境中合作，充分释放数据的力量，这一开放网络不仅面向西门子的客户和合作伙伴，也向友商敞开大门，使彼此同舟共济，共同创造更美好的未来。

所以说，无论是碳中和也好，零净排放也罢，除了企业自身的内在诉求，外部因素也在推动。受全球化的影响，中国企业作为欧洲客户的供应商自然必须成为负责任的供应商，而且不只是一级供应商，这个趋势会逐步地传导到二级、三级以及整个供应链上相关的企业。今天，类似延锋、宝马、西门子、思科、巴斯夫、阿科玛等领先企业，已经在采购和供应链环节增加了可持续发展方面的相关要求，这对于推进整个行业重视和践行可持续发展起到了良好的带头和推动作用。归类一下，他们主要采取了以下举措。

（1）借助环境大数据提升管理效率，确保供应链环境合规；

（2）以生命周期管控为目标，不断向上游高风险、高能耗、高排放环节延伸管理；

（3）如图 6-8 所示，利用数据驱动，借助数智化工具，推动供应链核算披露，形成超越合规要求的持续改进；

（4）通过激励措施，带动直接供应商管控自身供应链的环境表现和温室气体排放情况；

（5）积极与本土利益方沟通交流，不断提升自身供应链管理的透明度和可信度。

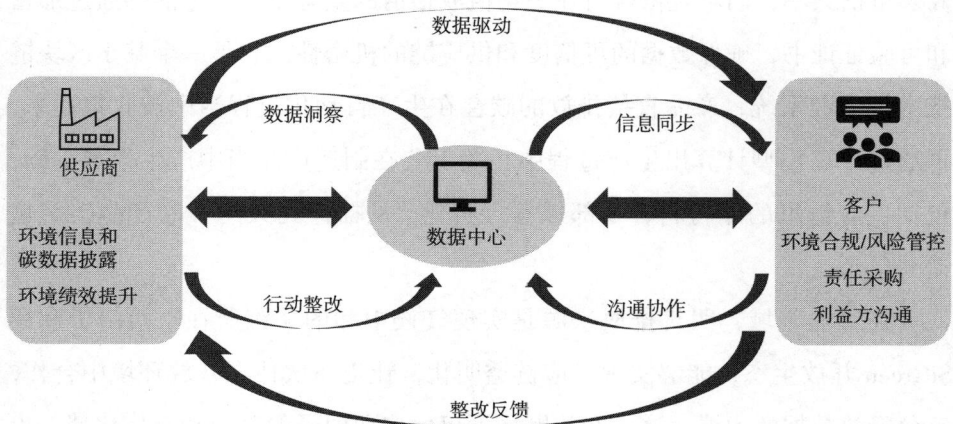

图 6-8　数据驱动下的可持续发展

▉ 6.2　精准定位，构建绿色供应链

人无远虑，必有近忧。企业若无绿色供应链意识，很难想象其会拥有长期竞争力！供应链面临多重挑战，如何在实现绿色低碳的同时保证供应链的效率和成本控制呢？短期来看，这需要我们跳出惯性思维，增加管理成本，甚至会对供应链效率产生一定影响。但是长远来看，发展绿色供应链与降本增效目标并不矛盾，相反，还有助于提高市场认可度，提升品牌形象和国际影响力。同时，在效率、成本等多目标约束下，如何实现多目标协同优化也是供应链运营过程中需要解决的难题。为此，我们需要依靠大数据、运筹优化等技术，进行系统规划，实现总体目标的最优化，达到协同优化的目的。

绿色供应链的目标是要让产品从产生到消失的整个过程都做到环保低碳，这就意味着，供应链各个环节都需要高标准地进行碳排放监测和能源节约减排措施。要实现这一目标，企业需要加强对供应链的管理和监督，借助新的技术手段和创新方法，提高整个供应链的绿色低碳水平，实现经济效益、社会效益和环境效益的协调统一。

6.2.1　绿色采购，把好企业绿色大门

绿色供应链管理融合了全生命周期管理和生产者延伸理念，使其成为传统供应链管理的重要组成部分。通过依托上下游企业间的供应关系，以核心企业为支点，通过绿色供应商管理和绿色采购等关键工作，不断推动链上企业的环境绩效提升，这种环保的供应链管理手段可以扩大绿色产品的供给，从而更好地满足消费者对环境友好产品的需求。

人类在地球上生存需要消耗各种资源，但同时也会造成各种显性或隐性的环境污染，如何应对不可持续的资源消耗和环境污染已成为众多企业面临的紧迫任务。建立绿色供应链已成为企业当务之急。传统的供应商认证在各个行业会各有侧重，一般都会覆盖 QCDS，即质量、成本、交付和服务

四个基本方面。

绿色环保已经逐步成为供应链评价的重要指标，无论是供应商准入还是供应商选择决策，都已经不可或缺。在如今这个注重环保和可持续性发展的时代，企业要想保持竞争力，就必须把绿色环保纳入供应链的核心考虑因素。只有在绿色生产、绿色物流、绿色消费等各个方面做出努力，才能真正实现"绿水青山就是金山银山"的可持续发展目标。所以，对于那些不注重环保的企业来说，他们可能会在竞争中落后、被淘汰。

1P3R 原则

可以明确的是，不管是循环经济倡导的 3R 原则，还是其他专家提出的 10R 原则[①]，这些都是绿色供应链的一种手段。如图 6-9 所示，本书将之归纳为"1P3R"，即 people 人，reduce 减量，restore 复原，replace 替换。围绕这三个核心，消费者、企业、政府等可以从多个具体方面入手，比如改变消费习惯、企业技术创新、政府立法和补贴等。几乎所有的节能改造项目的初期，都会考虑人的习惯和影响，这往往能产生不少的节约。同时，人也是执行各项绿色举措的主体，其重要性不言而喻。

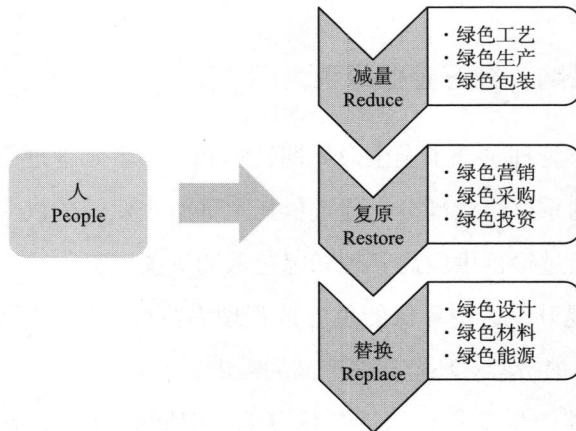

图 6-9　1P3R 模型

---

① 10R 指 reduce（减少）、reuse（重用）、refuse（拒绝）、repair（修复）、refurbish（翻新）、remanufacture（再制造）、redesign（重新设计）、recycle（循环使用）、recover（回收）、rot（堆肥）。

首先，"减量"是节流的常规手段，无论是从工艺、生产运营，还是物流的方面，降低单位产出的消耗，甚至减少个人的绝对消费量都是巨大的贡献。

其次，"替换"可以说是一类开源的方法，比如在设计阶段，实施设计标准化、设计模块化、设计可拆卸、设计可回收；此外，选择新的更环保的工艺、使用绿色材料替换原有材料都是替换的方法，比较普遍的做法就是使用绿色能源替换传统能源。选用绿色材料，主要考虑环境属性、经济性和可降解等方面。

消费者可以通过"环境标志"又称绿色标志或生态标志来挑选商品，这是一种理想的绿色产品的"身份证"，通常它是由政府机构或其他第三方遵循相关的环境标准向有关申请者颁发的证书，被用以证明其产品或服务在研制、开发、生产、使用、回收利用和处置的过程中符合相关环境标准要求，是产品对环境没有损害或损害极小，或者有利于资源回收再利用的特定标志。特别是在国际贸易当中，国内一些企业已经主动布局享受其带来的便利，特别在出口限制和碳关税方面。

最后，"复原"属于第三种选择，企业可以对一些废弃物做无害化处理，材料的回收利用，环境的直接修复等都可以归为这一类。毕竟工业化文明发展到今天，我们的环境已经遭到过多的破坏，急需休养生息。

绿色采购作为绿色供应链管理的重要组成部分，蕴含着可持续发展的理念。实施绿色采购有助于推动企业高效清洁循环低碳发展，构建绿色产业链，为践行绿色供应链发展理念提供有效途径。采购方和供应商应优先选择环保、节能、低耗、可循环利用的原材料、产品和服务，方可真正实现绿色采购的价值，这样一来，不仅能够有效解决能源短缺和环境污染等问题，还能够为发展循环经济、建设资源节约型社会提供有力支撑，最终实现社会可持续发展。

实施绿色采购的主要做法

绿色供应链是指将节约资源和保护环境的理念贯穿于产品的整个生命周期，从产品的研发设计、生产制造到供应商的原材料采购和产品包装、运输、储存、使用及报废处理的全生命周期，使经济活动与环境保护相协调。实践"绿色供应链"发展理念，实施绿色采购就是要公司的采购管理者在采购活动中，预见对环境的影响并采取措施从源头进行治理，通过构建节能、环保、高效、可循环的绿色采购管理长效机制，追求绿色总成本最低，实现社会、经济和生态效益最佳平衡状态。

（一）构建绿色供应链体系，建立明确的规则制度

企业应构建绿色采购管理体系的规章制度，在采购物料时充分考虑除价格以外的环保相关因素，比如安全健康、环境保护、资源节约、循环低碳等，将资源节约和环境保护的理念贯穿于企业从设计选型到报废处理的全过程，优先采购和使用有利于环境保护的原材料、产品和服务，实现资源配置最优、与环境相融的目标。完善企业内部的沟通机制，建立绿色采购委员会来主导和确定物资的采购方式及供应商，为绿色采购决策提供强有力的战略支持。

（二）从源头识别风险，优选低碳绿色原材料和能源

企业的生产和采购部门在提出物资采购需求时，首先要明确所需物资的技术要求或者标准是否符合绿色采购要求，优先选用通过节能产品认证、环境标志产品认证或者国家认可的其他认证的节能环保产品，严格控制供应商准入门槛，主动调研、开发和引入绿色物资，杜绝高耗能、高污染、违反法律法规的供应商及其产品进入企业的供应商名录。

鼓励供应商创新

企业选择供应商时，在考虑公平竞争的前提下，不仅要考虑质量、价格、交货期、服务等因素，还要考核供应商在环保方面的表现，要着眼于采购物料在整个生命周期的成本最小化；同时要与供应商建立绿色采购协同机制，共同推进技术、产品的绿色创新与应用，引导供应商实施原材料绿色研发和生产。对于供应商在新材料、新技术的创新需要鼓励，企业需要建立奖励机制，以获得源源不断的独具匠心的绿色金点子。

（三）阐明绿色采购要求，把控采购实施环节

在采购规章制度中阐明绿色采购管理要求，指导实施绿色采购。企业要充分考虑环保、能耗等全生命周期因素，将节能环保的绿色要求纳入采购技术规格书，明确节能环保相关的技术指标参数，优先选用节能环保的工艺技术和物料；明确绿色供应商和绿色产品的选用条件，并在招标采购的评标办法、供应商资格审查标准和询比价采购预案、定商定价标准中进行参照落实；对供应商的物料生产供应过程，从环境保护、资源节约、企业社会责任及可持续发展等多个维度进行评估，并将评估结果应用于物资采购决策；限制采购已经被国家有关部门列入《高污染、高环境风险》产品名录的物料。

以苹果公司为例，苹果公司采购供应链管理搭建了一整套完整的闭环负责采购管理体系，此体系可以全方位闭环管理其上游供应链，从而实现可持续发展体系"从摇篮到摇篮"的闭环管理体系。

企业对供应商的管理要从源头开始入手，从早期供应商导入，到签订承诺书，再到完善的一体化系统供应商专项评估体系，定期对供应商做尽职调查，针对性地对不同水平能力的供应商进行专项能力提升培训，周期性实施监督评估对绿色供应链评估打分机制做审核。基于以上系统化的量化评估体系，苹果充分展开年度进度信息披露报告给大众，全透明发布政策更新，公开报告和信息披露。

思科公司在绿色供应链领域的措施

思科公司全球供应链运营高级副总裁约翰·科恩（John Kern）称公司一直致力于将"取用——制造——废弃"的线性经济朝着延伸产品使用寿命的循环经济方向推动，以便更好地利用有限的资源，该公司通过设定目标，落实必要的资源，将思科的业务转成循环经济模式。

该公司在其发布的《思科供应商指南》中提出，公司正在转型经营业务、制造产品和提供解决方案的方式，从不同的角度看待物品的生命周期，改变使用科技的方法，帮助客户完成业务转型，这种新方法以循环经济为理念，基于若干个基本原则：

- 从一开始就通过设计避免废料和污染产生；

- 延长产品和材料的生命周期；

- 促进自然系统再生。

思科认为，制造、销售和运输产品所需的自然资源正在逐步枯竭，承诺推动循环经济，明确表示公司积极保护业务的连续性和抗风险能力，为其客户提供额外的价值，这也彰显了该公司经营业务的方式有利于推动可持续发展，为我们的下一代保护地球的健康。思科的循环经济目标涉及与其经营相关的废物排放、产品与包装的设计以及供应商的废物排放，包括：

- 到 2025 财年，减少使用 20% 的全新塑料（在 2018 财年基础之上）。

- 到 2025 财年，思科产品包装减少使用 75% 重量的泡沫（在 2019 财年基础之上）。

- 到 2025 财年，提高产品包装体积效率 50%（在 2019 财年基础之上）。

- 到 2025 财年，100% 的思科新产品与包装采用循环设计原理。

- 在 2019 财年里，思科承诺到 2030 财年减少绝对值 30% 的供应链相关"范畴三"温室气体排放（在 2019 财政年基础之上）。

思科公司为了实现目标，正在将公司的循环经济目标整合到其经营业务的方式之中。思科要求所有的一级和二级供应商每年都向 CDP 汇报温室气体排放和能源消耗情况，公司试图通过同供应商们加强合作，推动创新，一起实现打造循环经济的目标。

6.2.2　绿色物流，冰山下的绿矿

采购对于气候的贡献，其实就是能就近采购的尽量就近采购，能不发生运输的就不要运输，能不需要包装就减少包装、循环使用包装材料等。

根据 2019 年国际交通论坛的数据显示，全球物流碳排放量将在不进行干预的情况下翻倍，到 2050 年将达到惊人的 62 亿吨二氧化碳排放量，而我国交通运输温室气体排放量更是高居全球之首，形势严峻。

绿色物流主要包括绿色运输、绿色仓储等方面，接下来解析物流的低碳

环保策略。物流的低碳环保策略通常可以通过切换运输模式（从空运或陆运到铁运或船运），使用更可持续环保的燃料（比如纯电、氢气、生物燃料），使用环保的或可回收的包装材料,使用新技术提高运营效率如车辆装载率提高、供应链网络优化等实现。

先进的物流技术能帮助我们规划和实施最优的绿色物流方案，涵盖从运输、仓储、装卸搬运、流通加工、包装、配送等作业流程的物流活动，能有效降低物流活动对环境的污染；同时选择合理的运输方式和工具能大幅降低对环境的影响，优先选择铁路运输、管道运输或船舶运输等大容量低排放的运输方式。当需要运输易燃、易爆等危险化学品时，企业需要在货物承运合同中明确运输过程的 EHS（环境、健康、安全）管理责任和要求，同时聘请有资质的第三方公司对危险化学品运输车辆进行全程监控和随机道路抽查，以确保危险物品安全送达目的地。

在包装材料方面，企业应当结合产品的自身属性、运输装卸等要求，要求供应商优先选用可再生或能够自然降解、无毒无害的绿色包装材料，同时鼓励供应商跟客户之间建立包装材料的回收、循环再利用机制，减少包装废弃物，降低成本。

在仓库管理方面，利用先进的库存管理软件，根据到货、需求时间科学规划装卸、搬运、配送活动，充分利用现有人力及设备，提高作业效率。在库物资根据物资属性、仓储特点合理布局,充分利用存储空间,减少资源浪费。

航空运输贡献的碳排放是最高的，见表 6-2，相比而言，使用水路运输最能帮助减少碳排放。当然即使在航空业，减碳的举措也在如火如荼地进行。美国通用电气公司（General Electric company，GE）为意大利航空公司的每架飞机上安装了数百个传感器，让实时采集发动机的运转情况、温度和耗油量等许多数据成为可能。通过软件对海量数据进行分析后，精准地给出理想的操控方法，意大利航空公司的 145 架飞机的燃油成本因此产生的年节约达1500 万美元。

表 6-2　按运输方式分列的货物排放系数矩阵

运输方式	常规运输 （千克二氧化碳，每吨公里当量）	温控运输 （千克二氧化碳，每吨公里当量）
汽车运输	0.2	0.2 到 0.66
铁路运输	0.05	0.06
海运 / 内河运输	0.01	0.02
航空运输	1.13	1.13

另外，与公路和航空相比，铁路是一种相对节能的运输方式，因此借助在高铁和地铁系统上的大力投资，中国也将在交通领域减少预期的能源总需求。航空运输的减排更依赖技术的进步，目前相对可行的就是采用低排放的生物燃料。

而数智技术涵盖的算法在运输方面的应用主要有以下四大方向。

一是计算机视觉，也就是机器人识别物品，尤其是在物品重叠时将其分割；

二个是机械臂的控制和运动规划，假设物品从 A 点移动到 B 点，算法会规划出最快、最短的一条路径；

三是移动和多机协作，移动机器人在给定的区域里自主移动、自主导航、自主避障、自主充电等；

四是人工智能技术的应用，在遇到新场景后，机器人会通过深度学习进行视觉训练，以便快速识别新的场景。

百威啤酒：绿色物流和绿色包装双管齐下

绿色物流是百威贯彻可持续发展策略过程中重要的一环，百威始终坚持将创新作为核心驱动力，积极探索实现绿色物流的新方式，采用创新科技驱动碳减排，推动清洁能源的发展；同时，让重型电动卡车前沿技术成为现实，进一步助力百威亚太降低整个价值链的碳排放。

百威亚太率先在中国启用重型电动卡车与智慧储能系统，并通过两者的结合来探索打造百威可再生电力闭环模式。百威啤酒武汉工厂通过一系列升级改造，于 2021 年成为该公司全球首家碳中和啤酒厂。除了绿色能源的使用、工艺改进等，该公司在物流和包装等方面的举措也值得借鉴。比如充电桩的应用，鼓励使用绿色能源生产的啤酒瓶包装等。百威集团宣布计划 2040 年实现"净零"目标，其中百威中国计划到 2025 年前实现 25% 的碳减排。

（1）预计 2025 年实现 100% 产品包装将是可回收的或大部分使用可循环材料生产，而新兴的电商和快递业的迅猛发展，使百威在物流包装的优化成了一个潜力无限的领域。

（2）百威预计到 2025 年新能源车辆的应用将超过 50%，超过 680 台，从 2014 年第一台液化天然气卡车的使用，到 2018 年电动重车的投放，再到 2021 年氢燃料重型卡车的使用，逐步构建该公司的绿色驱动体系。

6.2.3　绿色制造，大国"重器"

我国要求全面推行绿色制造，加快制造业绿色改造升级，推进资源高效循环利用，积极构建绿色制造体系，建设绿色工厂，壮大绿色企业。国家政策摆在前面，如何实现制造业工厂绿色低碳转型已经成为当下工业制造领域重要的发展战略。其实从目前来看，制造业工厂进行绿色发展的方式通常有如下几种：智能化转型、数字化升级、能源装备结构优化等。

绿色生产主要包括绿色工艺、生产设备、使用绿电等方面。数字化在绿色制造方面起到了很大的作用，近几年国内涌现了一大批"零碳工厂"。"零碳工厂"是指通过生产制造过程中的技术性节能减排等措施，使工厂拥有优秀的碳排放表现。

"零碳工厂"这么先进，那么我们如何打造"零碳工厂"呢？

节流、开源和数字化三者相结合是实现双碳目标的主要方式。节流，指引进先进的节能技术，通过各种手段减少碳排放。比如车间通过采用感应开关控制 LED 照明，使用变频器、低功耗等设备，使产品制造过程中的能耗更低。

开源指工厂在减少使用能源的同时，创造和利用更多的可再生能源。针对各个销售额数量级的公司，政府一般会分配一定指标的用电额度，但是当用电额度超标时，超出的部分采用可再生能源的方式来获得，例如，向电力公司购买绿电、搭建氢能燃料电池系统、屋顶光伏发电等。

数智化运营在加强工厂能耗管理方面起到了至关重要的作用。在工厂生产过程中，设备运转是能源消耗的大户。零碳工厂通过一套智慧厂房管理系统，并在厂区中铺设了数千个环境探测传感器，通过窄带物联网（NB-IoT）采集，全域厂房设备被 100% 在线监控，它们的状态参数都可以得到实时上传，数据可以实现快速交互。AI 系统通过计算这些数据，进行节能方案的优化，并为每台设备量身定制最优的运行参数，根据生产情况自动调节设备的功率，让它即符合生产条件要求，同时又确保节能。数智化技术和工具是"零碳工厂"必须具备的重要抓手。

西门子：建设绿色工厂，践行"零碳先锋计划"

2022 年初，上海西门子开关有限公司获得国家级"绿色工厂"和上海市五星级"绿色工厂"（此批全市仅有三家）荣誉称号！这是西门子在中国深入落实"零碳先锋计划"所取得的最新成果！为构建高效、清洁、低碳、循环的绿色制造体系，工信部自 2017 年起开展"绿色工厂"评选，只有符合在生产过程中运用尖端技术、推行环保措施、实施绿色制造工程、推进绿色产品供给、构建绿色制造体系等标准的企业才能获得此项权威认定。

西门子始终致力于建设"绿色工厂"，实现低碳运营与生产。目前，上海西门子开关有限公司的屋顶光伏项目是西门子在中国单体装机容量最大的屋顶光伏项目。在高峰季节，西门子的光伏发电系统的单月发电量最高可达 20 万度，产生的可再生能源（电力）可以立即用于生产运营，剩余功率可自动反馈至电网，实现余电上网，无须冗余操作，该项目不仅每年帮助厂区节省百万元级别的电费，还为电网提供了百万度电的清洁能源。

该项目中的光伏发电系统使用西门子数字化光伏运维平台进行日常运维，如图 6-10 所示。在机器学习算法的支持下，平台能够实现光伏组件级的监控和诊断，提升发电系统的安全性、运行效率和可用性。

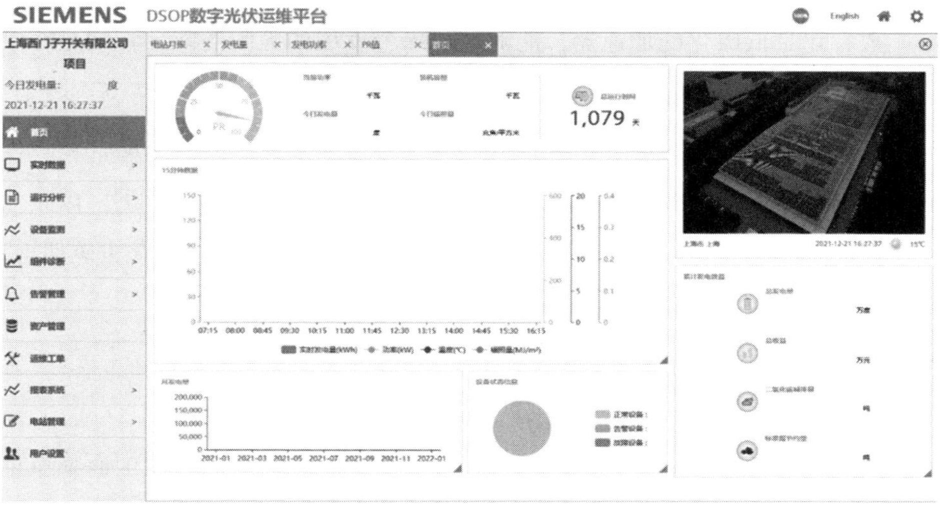

注：该图作了模糊处理，仅供参考。

图 6-10　西门子数字光伏运维平台

此外，从产品绿色设计和低碳持续改进，到生产精益化、自动化和智能化，从原材料采购的"绿色"门槛，到能源精准使用，以及余热和废弃物的回收利用，西门子找到了一条业绩增长和减排降碳双赢的可持续发展道路。

6.3　产品碳足迹量化方法及实例

企业建立绿色供应链运营框架往往与产品碳足迹相结合，基于产品全生命周期（LCA）进行管理优化。核心企业从产品设计出发，通过对采购、生产、销售、交付、消费和回收全过程进行改善，实现低碳目标。

企业如何应对减低能耗、降低排放的要求，打造绿色供应链，让经济、社会和环境协调发展？答案是通过供应链数智化转型，借助物联网和大数据技术，对能耗和排放进行监测和评估，通过行政和市场机制调控，实现绿色和高效的有机融合。只有在企业的供应链管理中融入绿色理念，才能真正实现可持续发展的目标，为未来留下一片蓝天和绿水。

数智化是低碳化的加速器，能够释放绿色发展的无限潜能，特别是在碳足迹方面。基于物联网、云计算、无线传感器、5G以及人工智能等新兴技术，我们能够优化均衡供应链上的碳排放和碳中和，实现碳中和效果的计量、评估和控制，以实现碳中和目标。以西门子的绿色能源管理咨询为例，该企业已经开始提供从数字运维、数字能源管理，到综合能源服务的一体化去碳架构，为企业提供绿色可持续发展的支持和帮助。

6.3.1 碳足迹概念及量化标准

由于供应链多节点多环节的复杂性，企业在供应链低碳转型中面临重重困难。如图6-11所示，绿色供应链运营实践框架包括上下游的协同，其中包括难以保证碳排数据的质量、计量方法的不准确以及减排成本过高等问题，因此，应用数智化手段加速供应链向绿色低碳转型成为企业探索的重要途径。在实践中，企业可以运用各种数智技术来推进碳减排。例如，物联感知技术可以实时收集碳排数据，大数据和云计算技术可以量化产品的碳足迹，区块链技术可以实现全链条数据溯源，数字化信息平台可以对全流程进行影响因素排查，自动化控制与可视化管理则可以提高运营效率，这些数智技术可以引领企业强化"双碳"管控，从而实现供应链运作的降碳增效。接下来，笔者将主要针对碳足迹进行详细介绍。

碳足迹在整个绿色供应链实施过程中起到了相当重要的作用，它与绿色消费、全球气候治理和国际贸易等活动紧密联系在一起，**那么到底什么是碳足迹呢？**

碳足迹是人类在生产、生活中，直接或间接排放二氧化碳和其他温室气体的总量。碳足迹又可分为直接碳足迹和间接碳足迹：直接碳足迹是生产生活中直接使用化石能源造成的碳排放量，如乘飞机、发电等；间接碳足迹是购买和使用商品，如消费一瓶瓶装水时，因为生产、运输、销售、回收等过程间接产生的碳排放量。

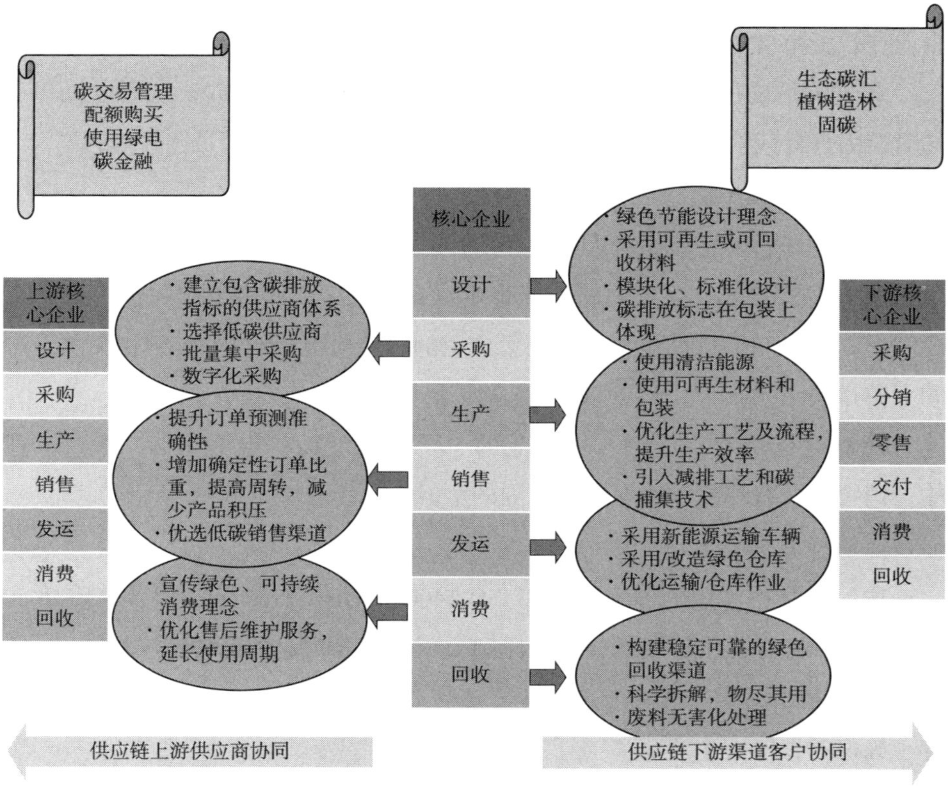

图6-11 绿色供应链运营实践框架

当我们计算一件产品的碳足迹数值时，我们不仅要考虑在原料、制造、运输、销售、使用、废弃和回收等全生命周期所产生的碳排放，同时也包括其上下游产业链的碳排放数值。

对于企业而言，碳足迹管理主要针对企业在生产、运营活动中所产生的直接和间接温室气体排放进行量化、评估和管理的过程，旨在帮助企业识别减排潜力，优化生产流程，降低环境影响。涵盖了产品整个生命周期的碳排放管理，包括原材料采购、生产制造、运输分销、使用阶段以至废弃处理等各个环节的碳排放量。通过详细分析和评估这些环节的碳排放量，企业可以识别主要来源和影响因素，了解碳排放的分布情况，并据此制定精准的降碳措施。碳足迹管理不仅有助于企业更好地向利益相关方披露信息，还能提高企业在投资市场上的吸引力。

通过碳足迹核算，企业不仅可以有效管理和减少碳排放，还可以提高市场竞争力，并应对国际绿色贸易壁垒。那么企业如何进行碳足迹管理呢？

1. 设定核算边界

确定组织边界：根据 ISO 14064 等相关准则，以"运营控制权"方式设定组织边界。这意味着需要明确包括企业自身运营中的所有直接排放（如燃烧化石燃料）和间接排放（如外购电力产生的排放），以及与供应链相关的上游和下游排放。

明确运营边界：详细界定企业的主要运营活动，包括采购、生产、运输、销售等所有环节，确保核算范围的全面性。

2. 选择核算标准

国际标准：常用的国际标准如 ISO 14064、GHG Protocol，以及 PAS 2050 等。这些标准提供了详细的指南和原则，用于指导企业进行碳足迹核算。

国内标准：参考《关于建立碳足迹管理体系的实施方案》等国内政策文件，确保符合国家相关要求。

3. 收集数据

数据类型：需要收集的数据包括能源消耗、原材料使用、废物产生等。这些数据应涵盖核算范围内的所有环节，确保数据的完整性和准确性。

数据来源：可以通过实地监测、调研或数据库资料获取数据。建议建立有效的数据收集系统，以保证数据的实时性和准确性。

4. 计算碳排放量

采用生命周期评价法（LCA 法）：这是一种全面评估产品从原材料采集、生产、使用到废弃整个生命周期中产生环境影响的方法。该方法能够帮助识别主要的碳排放源，并提出减排措施。

结合投入产出分析法（I—O 法）：这种方法主要用于分析产业间的相互依赖关系及其对环境的影响。它能够评估整个产业链的碳排放，包括间接排放。

5. 分析结果制定减排策略

识别主要排放源：通过对核算结果的分析，找出主要的碳排放环节，制定针对性的减排措施。例如，优化生产工艺、改进产品设计、提高能源利用效率等。

定期评估和监测：持续跟踪和评估减排措施的执行情况，确保其效果持续改进。

6. 披露信息

向利益相关方披露信息：包括投资者、供应链上下游企业、政府监管部门和消费者。透明的信息披露有助于提高企业的社会责任感，增强市场竞争力。

此外，在实际操作中，企业还需要注意以下方面：

- 数据更新和维护：确保数据的实时性和准确性，定期更新数据系统。
- 方法选择：根据自身业务特点选择合适的核算方法和标准，避免因方法不当导致结果偏差。
- 加强内部培训：提高员工对碳足迹管理的认识和操作技能。
- 与专业机构合作：获取权威指导和支持，提升核算的专业性和权威性。

6.3.2　产品碳足迹核算方法及工具

碳足迹的核算方法

生命周期评价方法（life cycle assessment，LCA），这种评估法主要用于评价和核算产品或服务整个生命周期过程中对能源的消耗和环境的影响。从摇篮到坟墓一般指的是从产品的原材料开采冶炼到生产加工、运输、消费使用及最终报废处置的过程。目前比较常用的生命周期评价方法可以分为下列三类：

过程生命周期评价（process-based LCA，PLCA）。该方法是最传统的生命周期评价法，也是目前最主流的评价方法。根据 ISO 颁布的《生命周期评价原则与框架》，该方法主要包括四个基本步骤。

a. 目标定义和范围的界定；

b. 清单分析；

c. 影响评价；

d. 结果解释。

每个基本步骤又包含一系列具体的步骤流程。过程生命周期评价方法是基于产品 BOM 清单分析，通过实地监测调查或者其他第三方数据库资料来收集目标产品或服务在生命周期内所有的输入及输出数据，并结合碳因子数据来核算研究对象的总的碳排量和环境影响。针对具体产品或服务方面的碳足迹计算，目前大部分都采用过程生命周期法，该方法能够比较精确地评估产品或服务的碳足迹和环境影响，而且可以根据具体目标设定其评价目标和范围的精确度，但是由于在计算过程中碳足迹边界设定带有一定的主观性和阶段误差等问题，其评价结果可能不够精确，甚至出现矛盾的结论。

投入产出生命周期评价（Input-output LCA，I-OLCA）。此方法在评估具体的产品或服务的碳足迹和环境影响时，首先需要先核算该行业层面的能源消耗和碳排放平均水平，此步骤需要借助于行业或者政府公开发表的行业投入产出数据，然后再根据平衡方程来估算和反映经济主体与被评价对象之间的对应关系，依据对应关系和总体行业能耗数据再对具体产品的碳足迹进行核算。该方法一般适用于宏观层面（如国家、部门、企业等）的计算，较少应用于评价单一工业产品。该方法优势在于能够比较完整地核算产品或者服务的碳足迹和环境影响。同时也克服了过程生命周期评价方法中边界设定和清单分析存在的弊端，但是该方法的评估受到行业投入产出数据的制约。因为这种行业数据一方面时效性不强，不能代表当前的实际情况；另外这些行业数据里面部分区域的数据不一定能够很好与评价对象相互对应，故而一般无法评价单个具体产品，同时也不能够完整核算整个产品生命周期的排放。

混合生命周期评价（Hybrid-LCA，HLCA）。此方法是将过程分析法和投入产出法相结合的生命周期评价方法，把两者结合后，可以按照其混合方式将其划分为三种生命周期评价模型：分层混合、基于投入产出的混合和集成混合。总体来讲，该方法的优势在于不但可以规避截断误差，还可以比较有针对性地评价具体产品的整个生命周期阶段碳足迹和环境影响。但是前两种模型易造成重复计算，并且不利于投入产出数据的系统分析功能的发挥；而最后一种模型则由于难度较大，对数据要求较高，尚且停留于假说阶段。所以，目前来说，评价单个产品或者服务碳足迹和环境影响，采用过程生命周期评价方法是相对合适的评价方法。

6.3.3　产品碳足迹核算五步法

如图 6-12 所示，产品的碳足迹核算可以整理为以下五步，称作五步法。

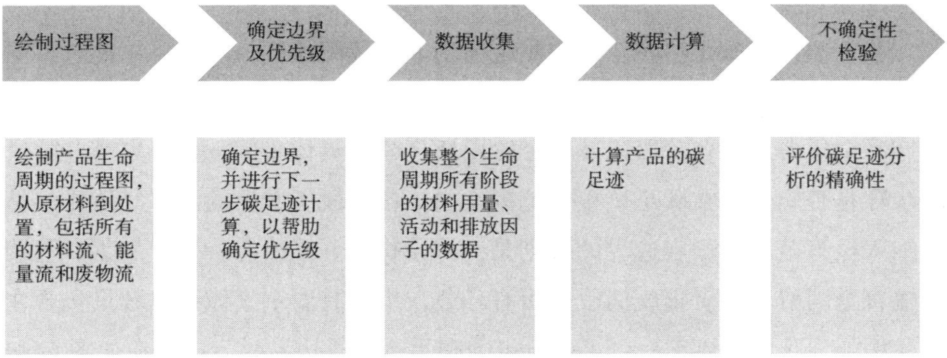

绘制过程图	确定边界及优先级	数据收集	数据计算	不确定性检验
绘制产品生命周期的过程图，从原材料到处置，包括所有的材料流、能量流和废物流	确定边界，并进行下一步碳足迹计算，以帮助确定优先级	收集整个生命周期所有阶段的材料用量、活动和排放因子的数据	计算产品的碳足迹	评价碳足迹分析的精确性

图 6-12　产品碳足迹核算五步法

1.生命周期过程图绘制（如图 6-13 所示）

生命周期过程图绘制是以进行碳足迹核算的产品为对象，将其生命周期各阶段以及各阶段所耗用的原材料、能耗情况等绘制出来，以便后续在计算过程中对活动水平数据进行查询，对核算结果进行分析。产品流程图又包括两类，一类是从商业到商业，即 B2B 产品，B2B 产品的生命周期只包括从原材料获取，经过生产加工环节，成品检验和包装后作为成品售至消费者，同时在下个环节可能又会被作为原材料用于下游产品的生产。B2B 产品生命周期一般不包含最终产品的零售、报废、回收等环节，计算 B2B 类产品的碳足迹时，不必考虑产品使用、处置回收等阶段的温室气体排放。

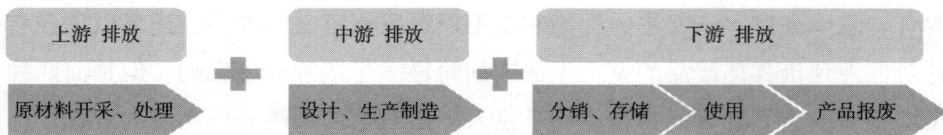

图 6-13　生命周期过程图绘制

另一类是从商业到消费者，即 B2C 产品，B2C 产品的生命周期包括从原材料开采、冶炼，到生产加工、检验测试、包装运输，再到分销零售至消费者、经消费者使用消耗后、最终报废或循环再利用。因此在计算 B2C 类产品的碳足迹时需要将产品使用、处置/回收阶段的温室气体包含在内，这是跟 B2B 类产品不同的地方。

2.划分并确定碳足迹系统边界

将需要进行碳足迹核算的产品生命周期过程图绘制完毕后，以此过程图为基础，确定碳足迹核算边界。确定边界，是指在进行碳足迹计算前，先列出产品全生命周期各阶段以及每个阶段所包含的具体步骤，再确定哪些阶段和步骤是否应包含在碳足迹核算范围之内，各阶段所产生的温室气体排放是否纳入核算范围。确定边界的原则是：从原材料开采冶炼，生产加工、包装运输直至消费者或者报废回收等所有环节，将所有温室气体排放数量包含在内。例如，我们在界定一台工业电机的碳足迹核算边界时，应该在如图 6-14 所示的几个环节定义边界。

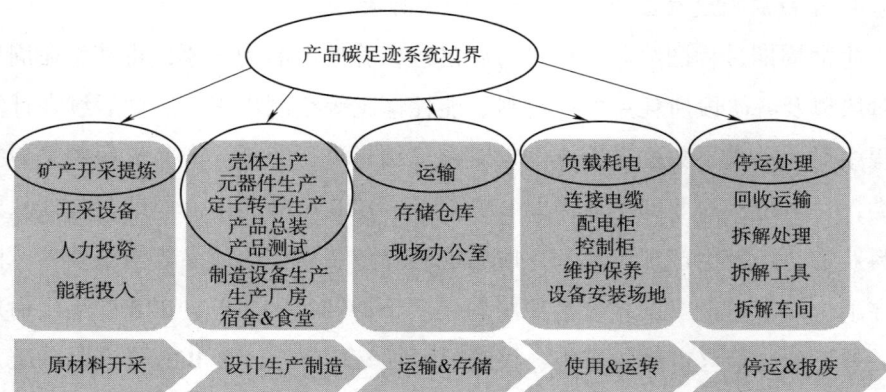

图 6-14　碳足迹系统边界

3. 数据收集

在绘制出产品全生命周期的过程图、确定碳足迹核算边界后，需收集计算碳足迹所需的两类数据：**活动水平数据与排放因子数据**。对于活动水平数据的收集，需结合绘制出的过程图和确定的边界范围，将产品全生命周期阶段划分为不同功能的单元，对于每一单元内所消耗的原料或是能源等排放源，例如运输耗油量、设备耗电量等，进行分析和数据收集，得到的数据便是活动水平数据。对于排放因子的收集，一方面可以直接参照第三方专业的排放因子数据；另一方面，也可以自行收集上述能耗单位温室气体排放数据，以将能耗转换为温室气体数据，也可以形成排放因子数据。

活动水平数据

活动水平数据代表的是产品生命周期内各阶段所耗用的原材料和能源的总数量。活动水平数据按照获得数据的来源的不同，划分为初级活动水平数据与次级活动水平数据。初级活动水平数据的获取来源或是产品生产制造企业内部，或者是供应链中上下游商家的直接测量，可谓一手数据。次级活动水平数据的获取则是并未针对特定产品进行测量，而是通过对同行业的同类产品进行平均测量，并将获得的平均数值作为所需数据，可谓二手数据。因此，在搜集活动水平数据时，应优先搜集初级活动水平数据，因为初级活动水平数据相较次级活动水平数据更加精确真实，计算结果更加真实准确，有利于分析碳足迹构成，并提出相应减排措施。若无法获取初级活动水平数据，只能使用次级活动水平数据时，可以参考第三方数据库中的数据、文献数据以及行业协会的行业报告或汇总数据。

排放因子数据

排放因子代表消耗每单位原料或能耗所排放的温室气体的量。排放因子是一种转换中介，将活动水平数据转换为温室气体排放量。目前主流的碳排放因子数据库有如下几个：

（1）Gabi 专业版数据库；

（2）中国产品全生命周期温室气体排放系数库；

（3）中国碳核算数据库；

（4）中国多尺度排放清单模型；

（5）全球实时碳数据；

（6）世界银行数据库；

（7）荷兰环境评估机构的全球大气研究排放数据库；

（8）全球碳预算数据库；

（9）欧盟委员会联合研究中心；

（10）联合国气候变化框架公约数据库。

以工业电机产品为例，在数据收集方面，利用专业的软件 TcPCM‑Green Digital Twin，把产品的材料清单（BOM）和加工工序清单（BOP）导入系统作为计算输入。

首先在原材料方面，先分析出此伺服电机 BOM 表中所有零部件的材质、数量及净重，通过跟供应商沟通原材料的损耗比例，再估算出毛重信息；

然后再在 Gabi 数据库中查找到对应原材料规格的碳因子数据（最好选取原材料实际生产地的数据），用毛重乘以这个碳因子，就可以得出原材料的碳足迹参数。像寻觅宝藏般挖掘数据，才能找到珍贵的宝石。针对加工过程的碳足迹数据计算，则是通过对所有零部件涉及的加工工序步骤；

每个工序的工艺参数。所使用的设备机台的参数，计算得出每一个工序所需实际的加工时间，再用这个时间乘以对应机台设备的功率，计算出这道工序所消耗的电量或者油量。然后再在 Gabi 数据库中查找到对应的当地用电（火电/绿电）或者燃油的碳因子数据。用实际消耗的电量或者油量乘以该碳因子数据，就可以得出生产制造环节的碳足迹数据。关于运输环节，主要考虑运输工具的选用及运输距离及相对一段时间内运输的产品数量（一段时间内取平均值），得出平均单个产品运输的距离数。再结合具体的运输工具，比如 40 吨厢式卡车，然后在 Gabi 数据库中找出该类型卡车的碳排放因子数据。然后将运输距离乘以碳排放因子，就可以得出运输环节的碳足迹数据。

4. 碳足迹计算

如果产品全生命周期的过程图绘制、边界确定和数据收集都没有问题，碳足迹计算简单来说就是各步骤活动水平和排放因子乘积的求和。仍以工业电机产品为例，利用之前已经收集到的数据进行计算，零部件碳足迹计算：所有零部件的重量乘以碳足迹因子等于原材料层面的碳排放数量，结合零部件加工及组装的工序及时间，并调取加工设备的功率参数乘以加工时间再乘以碳足迹因子得出生产制造环节所产生的碳排放数量。产品用的哪种运输方式被运到了客户现场呢？识别到后，结合该种运输工具在 LCA 内找到对应的碳因子，乘以路程可以算出运输环节所产生的碳排放。产品的运转使用，以功率乘以时间，可以计算整个生命周期内消耗的电能。

如果这些电能消耗都是来自绿电（绿电是指光伏，风能，水利等发电产生的电能），则该环节碳排放为 0。如果是非绿电，则将所有消耗的电能总量乘以碳因子。本章节核算，以消耗绿电为核算原则。拆解回收环节，可将电机拆解的步骤工序及所需的时间，以及拆下来的零部件重新清理归类回收等环节拆分后，再一一找出对应的碳因子进行相乘计算。这样基于产品生命周期的碳足迹核算结果基本就可以出来了。

5. 不确定性检验

不确定性检验是指针对产品碳足迹核算的原始数据、计算方法及计算结果进行评估，衡量计算过程中的不确定性因素并设法使其最小化，提高产品碳足迹核算结果的准确度，并为进一步更深入的研究提供有价值的参考。进行不确定性检验有如下两个方面的作用：

- 通过分析数据的精确度来提高碳足迹计算结果的准确性，有助于提高产品碳足迹数据的可信度；
- 通过分析计算方法的严谨性，不断提高和改进计算方法，有助于提高碳足迹核算结果的精确度。

不过，对于企业而言，不确定性检验并非必须完成的事项，PAS2050 中明确说明不确定性检查可由企业自行选择是否进行。企业如果前期已经自行做过多次不确定性检验，他的核算方法、数据收集等严谨性、准确性均提高到较高水平，可不进行不确定性检验。

计算完碳足迹的结果后，需要对结果进行盘查，针对 BOM 表清单中碳贡献值前三名的物料或者环节进行分析，研究解释其产生高碳排放量的原因，并有针对性地采取措施降低碳排放，比如更换原材料、更换加工工艺，选用循环再生材料等方式。这是企业做碳足迹的意义之一。

做产品碳足迹的意义，还体现在如下几个方面。

- 为新产品设计做参考。在产品设计环节就考虑低碳因素，设计节能环保的低碳产品；
- 为公司制定产品战略规划提供技术支持；
- 低碳产品可以提高市场竞争力。未来的产品的成本是一方面，产品碳足迹核算结果也将是产品的重要标签。

案例：德国化工巨头巴斯夫（BASF）的 SCOTT（斯科特）系统

作为一家源自欧洲的化工企业，巴斯夫在气候保护和可持续发展方面做出了诸多贡献，它通过自身的影响力采取措施减少产品碳足迹。不仅如此，该公司还定期遵循《温室气体核算体系》价值链（第三类）会计和报告标准模板，将排放报告进行公开。

据报道，巴斯夫公司自主设计和研发了一套独特的产品碳足迹计算方法，该方法经过由 TÜV 莱茵依据 ISO14067 标准的全面评估后获得认证，最终得出的结论是：巴斯夫设计研发的产品碳足迹计算方法（即 SCOTT 系统）基于科学，且体现了当前行业内最先进的技术水平。

通过利用这套认证的数字解决方案，巴斯夫在 2021 年计算了全球约 45,000 个销售产品的碳足迹，这样一来，通过对产品碳足迹的计算，巴斯夫不仅可以为客户提供更加透明的二氧化碳排放数据，还能够在可持续发展领域为行业树立标杆。

案例拓展

以西门子成都工厂已经完成的全生命周期的碳足迹可信精算与追溯的两款可编程逻辑控制器（programmable logic controller，PLC）产品为例，生产 PLC 过程产生的碳其实占据不到 1% 的比例，而供应链生产过程中产生的碳占据了 99%。另外，也有数据显示，电动汽车极星 2 在生产过程中产生的 26 吨碳排放中，其中塑料制品聚合物产生碳排放有 1.82 吨，而聚合物仅仅占据"极星 2 不同材料生产和加工中产生的碳排放"占比的 7%，占比最大依次是锂离子电池模组、铝、钢和铁，分别达到 29%、29%、17%。

以节能减排为目标的能源管理系统正在走向台前，而作为各种仪表的连接端，分布式控制系统（distributed control system，DCS）的数据采集重要性开始凸显，它的数据记录，不仅仅是数据的来源，而且很快会成为碳排放监测的一个界面。碳排放需要确保工艺数据的可透明、可访问、可监督，而现场数据采集与监视控制系统（supervisory control and data acquisition，SCADA）数据库的时序数据和事件数据都对碳足迹的追踪和碳增过程的评估起到了决定性的作用。如果说碳是小偷，那么数字化技术就是黑猫警长的跟踪器。

本章总结

气候变化已经严重影响人类生存，落实双碳任务应该高于经贸治理的既有规则，同时，谨防过度保护的贸易设障。欧盟碳边境调整机制法案的实施将对全球价值链重构有深远影响。

善弈者谋势，不善弈者谋子。从要我做，到我要做，格局不同，结局也会不一样。流水不争先，争的是滔滔不绝，企业若要基业长青，必须注重可持续性发展，而数智化让供应链每个环节的数据采集、分析和优化成为可能。

可持续价值主要体现在绿色环保价值、产业创新价值、社会发展价值三方面，即促进环境、产业、社会层面的可持续健康发展。

在绿色采购、绿色物流、绿色制造方面，企业可以通过精准定位和有效手段构建绿色供应链；在环境方面，数智化供应链可以通过传感器、摄像头等设备采集厂房、办公室、设备、车辆等区域和物体的能耗数据，从而利用人工智能等算法根据能耗实况建立专属算法模型，精准分析和定位能耗偏差，实现能效寻优，最大程度降低能源消耗；通过构建废气及废水排放在线监测、地下管道网络漏水检测等系统，全面监控企业排放物的循环利用程度，实现对污染物排放的全天候动态监测、精准控制和数字化管理，从而达到减少各类污染气体及液体的排放，实现绿色可持续发展的目标。

在社会方面，数智化供应链通过智能设备的投入降低员工工作难度，可以提高单位时间有效输出；通过数智化供应链绩效管理系统公平地为每位员工计算绩效，还可以促进员工工作积极性，提高员工满意度，促进社会公平发展。

碳达峰碳中和与贸易价值链关系的研究，将是若干年内全球经贸不可回避的难题。而数智化和低碳化是企业未来增长的双轮驱动器，存在结构性机会。数智化是低碳化的加速器，可以释放绿色发展的无限潜能；而低碳化则是数智技术发展的催化剂，为其提供更为广阔的应用场景。数智供应链具有数字化、可视化、可追溯、移动化等特点，它能帮助供应链合作伙伴获取实时信息并降低渠道运营成本，有助于减少碳排放。例如，在城市配送网络中，采用数智供应链技术可以减少无效运输，提高配送敏捷性和客户满意度，并最大限度地减少碳排放，它将通过优化资源配置来提高企业的运营效率并减少碳排放。

碳足迹在整个绿色供应链实施过程中起到了相当重要的作用，数智化的碳足迹软件和技术让整个产品的过程数据实现可记录、可追溯、可优化。数智化绿色供应链平台汇聚了以模型和算法的形式固化的工业知识、以系统流程的形式固化的管理经验，这些工业知识和管理经验可以在本行业及相似行业不断复用，避免了重复性开发工作，实现了规模经济和复用式的持续发展。

可持续发展已成为众多企业战略规划的核心议题。作为价值链的一环，无论是供应商还是客户，最终目标都是推动整个体系向可持续的方向转型，以此赋能整个生态系统。在内部管理方面，需要建立清晰的管理体系，包括明确的指标设定、信息的双向传递，以及上下游之间的相互支持与协作。无论是从产品全生命周期的碳足迹管理，还是企业的减碳减排措施，都需要在采购、生产、研发、销售和物流等各个环节采取行动，动员整个组织及全体成员共同致力于可持续发展目标的实现。

后　记

成长：一杯敬过去

我出生在江苏一个学霸云集的城市——启东，那是个有毛蔚、李真这样的才女、才子的地方。1978年是一个特殊的年份，十一届三中全会制定了改革开放政策，中国从计划经济走向市场经济。同时在那一年，我父亲从部队退伍后，被分配到苏中老家的供销社工作。1980年，托夫勒的《第三次浪潮》第一次向人类展示了信息化带来的影响。当时，全球前十大上市公司的总市值只有2 000多亿美元，十大上市公司中只有IBM一家数据科技公司。

五岁时，我随着父亲到了安徽蚌埠送货。那时我注意到供销员的职责不仅仅是销售和采购，他们还必须负责运输和送货。后来我参加工作后，才明白一岗多职或许就是众多初创企业的要求吧。

1995年，我读了尼葛洛庞帝的《数字化生存》，书中阐述了在数字化环境下人们的生活和工作方式。高中毕业后，我成功考入苏州大学工商管理系。记得当时参观苏州杜邦时，第一次看到了管理严谨的流程制造企业。苏州杜邦墙上挂着的各种规章制度，尤其是对EHS方面的严格要求，初见已令我心驰神往，可谓印象深刻。直到我参加工作后，才发现制造企业最有价值的是工艺配方。

在大学最后一年，我顺利通过面试和政审，被学院推荐到北京某协会担任秘书，作为学院唯一一个被推荐的人选，幸福难以言表。然而计划总是赶不上变化，突如其来的SARS打乱了我的计划，北京停止招聘。好在我也有了备选方案，除了主修课程之外，我还悄悄地辅修了法学、电子商务，并获得了 ISO 内审员证书。当年我还参加了创业大赛，和计算机系的几位学长一起制作的计划书赢得了奖项。正所谓技多不压身，有备无患。

俗话说，"好的铁要在火炉里烧，好的人才要在实践中磨炼"。近二十年来，我经历了流程工业和离散型工业。感谢我服务过的一些老东家，其中包括广达、富士康、英华达、霍尼韦尔和莱尔德等公司，他们让我学习和成长，让我主管和从事了物料计划和控制、战略采购、物流、客户服务、供应商质量管理、成本价值工程和全球价值采购等工作。

二十一世纪之初，很多中国台资代工企业在上海设厂，我顺利加入了广达电脑，成了一名产销工程师，负责的是苹果产品线。读了第一本 Excel 枕边书，成为"表哥"后，我就天天忙着产销计划，跑缺料表，穿梭于仓库和生产线之间。从计划经济走向市场经济的同时，供应链的计划也变得越来越重要。

之后，考虑个人的职业发展，我想要转岗到采购，然而那时却并不容易。于是我自降薪水去了国基电子，而后成了上海富士康的一员，终于实现了我做采购的愿望。我的第一个任务是催促客户提供雅虎项目所用的包材，第一次驻厂的同时，发现往往交不出货不是因为产能问题，而是因为质量问题。之后，我开始负责包括芯片在内的各种电子料。

而后我加入了英华达，这是我快速成长的时期，因为这是一个新建的工厂，我成了前十位员工之一。从新建供应商体系开始，我几乎参与了所有新品的开发，从电子料到机构料，短短几年几乎负责了全品类，这一段经历可谓是我实践采购知识的黄金时期。一方面，我通过对供应商的审核和考察学习了各种材料知识，QCDS（质量、成本、交付、服务）考察表可谓烂熟于心；另一方面，由于更容易与国际供应商交流合作，我还自学了英语口语。

在单位里，我与研发人员密切合作，讨论各种图纸、工艺，并对全国各地的供应链和产业链进行了全面的调研，甚至与台湾 PCB（printed circuit board，线路板）协会会长一起考察供应商，了解基础材料对于成品质量的影响。此外，我还有机会研究各种成本模型，包括成本结构和面积利用率的优化，以优化成本并加快产品上市时间。众所周知，消费类电子的产品生命周期较短，时间过得相当快。由于采购量相当大，我带领团队分秒必争。

之后，我加入了霍尼韦尔，这段时间拓宽了我的视野。由于工业品的多品种小批量，我的工作从国产化到自主研发，从硬件采购到软件采购，负责范围从研发中心到工厂，再到国际贸易。随着集团不断收购其他企业，从离散工业到流程工业。不同市场，要求开拓不同的供应商和产品，以丰富公司的产品线和提高竞争力，这让我忙碌但也快乐着。在 2008 年奥运会期间，我完成了许多项目，同时也完成了个人的六西格玛绿带项目，成了六西格玛黑带的候选人。同年，我还在同济大学就读了 MBA 课程，通过了美国供应管理协会（the instite for supply management，ISM）的注册采购经理人（certified purchasing manager，CPM）和注册供应管理专家职业资格认证（certified professional in supply management，CPSM）认证，乐思门的胡珉老师称我为"学霸"。

2010 年，上海地铁某线即将开通，但某供应商的一个芯片变更，导致了此项目的延迟。我利用自己多年积累的上游产业链的供应资源，一方面快速找到芯片现货，另一方面加速更改产品的上市时间，最终顺利让企业度过了危机，因此个人还斩获了"总裁奖"。

成功的企业通常都有先见之明，要么在吞并，要么在分拆，一直在分分合合的路上。有些企业能够把握时代的脉搏，无论是在细分行业如地铁般的蓬勃建设，还是产品诸如电梯的广泛使用，都有着敏锐的洞察力。为了抓住机遇，企业需要投入人才和技术，不断研发、生产符合市场需求的产品；同时，通过国产化不断缩短供应链条，提高控制力，以优化成本。为了实现战略目标，很多企业会不断转移阵地，霍尼韦尔也不例外。自 2008 开始，我所在的集团也开始了"去西部"战略的实施。2010 年，我也开始战略转移，加入了西门子。之后，我的工作范围依然在不断迭代，从原材料到成品，从工厂管理到解决方案，从采购到全球价值采购，从研发生产协同到项目管理。我开始重新思考个人规划，重新审视自己的优势和不足，进行了一次态势分析法（strengths 优势，weaknesses 劣势、opportunities 机会，threat，威胁）分析。随后，我一路实践管理，领悟领导力和影响力，领导的团队也被全球评估认证为"一流团队"（world class）。其间，我不仅管理采购，还负责物流部门，为供应链管理的完整度增添了更多色彩。

积累的丰富经验是我能够胜任数智化采购和供应链管理等项目的重要因素。我从信息化到数智化，从多个公司的 SAP key user 到实践数智化采购和供应链，从和 IT 进行各种报表自动化，从电子化询价、招投标到将流程从线下搬到线上，再到流程自动化，我在不停地学习和实践。另外，我参与的各种数智化和双碳数字化项目，也为我增分不少。

丘吉尔说过，"你能看到多久的过去就能看见多久的未来"。从第一次到第四次工业革命，是从蒸汽革命开始到电气化，再到计算机互联网和今天的数智化，历史铺就了未来的道路。以前的一代人或许只能经历一次革命，但现在情况不同，我们可能会经历多次革命。

市场变化也是这样的，每一次工业革命带来的第一个变化就是市场营销。从市场 1.0~4.0 到碎片化经济，全球经济一路飞奔。我们谈供应链不能离开市场，这就是我为什么在工商管理硕士（master of business administration，MBA）学习阶段读的是市场营销，而不再是供应链管理。

爱因斯坦曾说："如果给我一个小时解决一道决定我生死的问题，我会花55 分钟来弄清楚这道题到底在问什么，用剩下的 5 分钟来解答这个问题。"我们解决问题前，必须要搞清楚问题和界定问题的边界。而商业或生意的本质是什么？是价值交换，是买卖匹配，是供需匹配。在数智经济时代，数智技术让价值交换、买卖匹配、供需匹配变得更容易、更高效、更智能。我们很多时候是在改变条件或者创造条件，从而让自己的企业可以获得生态伙伴更多的支持。只是当数据越来越透明的时候，信任才变得越来越重要，这也要求我们更具战略眼光、预先布局，带领团队和合作伙伴一起前行。作为供应链从业人员，我们要经常询问下属，并且会被领导提问，只有提出正确的问题，才能找到正确的方向。

其实，很多时候人们都是在黑暗中前行，但凡有点光就能确定方向。现在，整个供应链的方向就是绿色。大家都知道人口结构的增长及人口结构的变化所带来的挑战，如何寻找解决方案以为双碳做出贡献，推动业务增长，是一个重要的课题。

道可道，非常道；名可名，非常名。数智化博大精深，我发现自己的知识比较碎片化，因此决定攻读数智化转型博士。在此过程中，我有缘结识了复旦大学、北京大学、清华大学、上海交通大学等知名高校的教授们。

有道无术，术尚可求也。有术无道，止于术。道就是激发人性善良与持续的能力进化。我明白"成就他人，共创价值"的重要性，利他是我的座右铭。

在人的一生中最重要的不是我们能得到什么，而是我们对社会能做什么，因而我经常参加各种供应链创新峰会。感谢西门子的支持，让我能赋能客户和供应商。我多次在高峰论坛和上海电视台分享知识和实践，与很多数智化专家一起成为用数智化改变未来的吹号人。数智化之路很长，需要水滴石穿的毅力，更需要志同道合的伙伴。

历程：一杯敬现在

若要确保自身能在日益激烈的竞争环境下更好的生存和发展，就需要数智化转型和员工技能的提升，这是后工业时代企业生存、创新和可持续发展的必由之路!

和多数人一样,多年前,我也对数智化充满了憧憬,希望勾勒出数智化美丽的画卷。为了弄明白工业 4.0 和物联网,我到处参加各种论坛,"学习"各门各派的武功,不断收集案例进行研究,和大学里的教授们一起论道。知易行难,好在我所在的企业也在进行转型,从传统的工业公司转向科技公司。其间,我有机会参与了国内很多前沿的数智化应用项目,真正体会了数智化科技的魅力,在企业转型中找到了突破困境的方法。与其在存量市场上与竞争对手拼刺刀,不如开辟一个前沿阵地,发挥企业在行业里多年积累的优秀经验,让沉淀的数据发光。正所谓"勇攀高峰,方显身手",数智化转型是需要奋斗出来的。只有在实践中不断摸索,才能发现并解决问题。

俗话说,实践出真知。重读一本书或许有新的领悟,但未必有好的结果,因而要向实践学习。在成书的过程中,我采访了许多企业管理者和供应链专业人士,发现许多人普遍关注以下几个问题:什么是数智化供应链,为什么要转型,转型需要钱吗?要多长时间方可有成效?如何转型?这些问题也是本书创作的主要框架,希望能够帮助读者更好地了解数智化转型的必要性和实施方法。

这是一本供应链人自己书写的数智化采购与供应链书籍,它集众家之所长,讲述的是企业的实践、见解和方法。感谢好友陈碧辉、闯宝宏、王千、黄滢、张世海、卫海星、陈京展、蓝添芸等在核稿过程中给予的支持和鼓励。

数智采购与供应链是我近些年来的一个主要研究课题,数年时间,我走访了众多企业。为了给读者找到答案,我采访了国内外企业的一些供应链管理人员,他们来自:华为、联想、中兴通讯、阿里巴巴、美的、联通、京东、菜鸟、延锋、微创、正大集团、金光、天陈、西域、苏宁、震坤行、苏泊尔、来伊份、锚云、杉数、嘉岩、瑞云、同仁堂、欧坚、甄云、宝洁、亚马逊、富士康、施耐德、宝马、博世、菲尼克斯、雀巢、艾默生、亿滋、阿科玛、佛吉亚、西门子、麦当劳、思科、SAP、霍尼韦尔、百威、伦茨、巴斯夫、利乐、法雷奥、罗氏、松下、赛诺菲、惠而浦、Coupa等企业。

在采访调研的过程中，我发现原来以产品为竞争力领先的企业，在从线下代理转向以最终用户为中心的过程中，需要改变的不只是技术，而是模式、认知和人才。心中有"数"，以数据驱动的业务才有了奔向数智未来的基础。

寄语：一杯敬未来

在供应链领域，供应和需求的平衡，在不同的经济周期和企业特定环境中就有不同的策略，而数智化可以帮助企业快速洞察商业机会，减少风险，从而领先竞争对手。

我们属于这个数智化的时代，这个时代也终将属于把握住机遇的成功者。悲观无用，不如思考蓝图，闯过布满暗礁的海。就像我们平时驾驶时的导航系统，每当堵车时，我们或许也会怀疑它的算法是否先进，数据节点是否足够多且可靠，网络是否通畅，以及自己是否行驶在最优线路上？供应链又何尝不是如此。我也经历了无数次的验证和碰壁，正如曼德拉所言"我没有失败过，要么赢得胜利，要么学到东西"。

我逐步发现采购与供应链数智化的实践，绝对不能仅站在技术的立场上思考问题，也绝对不是一个供应链部门所能解决的事情，因为其存在局限性和片面性，需要通过整体组织和文化的变革、结构性、场景化的方式才能寻求突破。只有构建绿色数智生态供应链，发挥组织内外的协同力，方能让供应链上下游各方"协奏"出美妙的乐曲。

没有成功的企业，只有时代的企业。未来不确定的事情的确太多，但可以确定，绿色、数智化是大势，是"锚"。千里之行，始于足下。供应链问题也很多，没有一种药能解决所有问题，但数智化是一剂良药，也是一剂苦药，因为需要大刀阔斧地变革。数智化也要打好根基，所谓"基础不牢，地动山摇"。企业从传统供应链到绿色数智化供应链演进是需要时间的，更需要企业投入资金、人才和精力。山积而高，泽积而长，只有持续不断地实践、创新、迭代，方得始终。

过去的采购工作侧重于资源匹配，谈判过程则像是表演艺术，依赖信息优势和个人技巧。随着大模型等技术帮助我们寻找供应商，并利用人工智能进行谈判及运用大数据进行价格预警，人们普遍认识到科技正在重塑一切。资源调度、科技应用、人性关怀以及认知升级，这些都将推动供应链专业人士达到新的高度。尽管需求管理和交付依旧是核心任务，但当每个人都配备了一个智能助手时，生成式人工智能能极大地提高从采购到付款的整个流程的执行力度和效率。然而，这并不意味着要求降低了；相反，它要求每个人不能只见树木，不见森林，都要具备技术基础和领导力，并促使供应链人从战术层面转向战略层面思考问题。个人和智能体需要协同合作，注重供应生态的透明度、洞察力和决策能力，以此增强整个价值链的竞争力。数智化与可持续发展将成为未来增长的双轮，因此知识和能力的迭代变得至关重要。

终章回响，生活中仅有10%是外界的风雨，其余90%是对风雨的态度与应对。如果说喜欢是一种冲动，那么，爱就是一种习惯，供应链人只有热爱这份职业，调整心态，才能让时间之河更加欢畅。价值共创，智享未来。

读 者 意 见 反 馈 表

亲爱的读者：

感谢您对中国铁道出版社有限公司的支持，您的建议是我们不断改进工作的信息来源，您的需求是我们不断开拓创新的基础。为了更好地服务读者，出版更多的精品图书，希望您能在百忙之中抽出时间填写这份意见反馈表发给我们。随书纸制表格请在填好后剪下寄到：北京市西城区右安门西街8号中国铁道出版社有限公司大众出版中心 王佩 收（邮编：100054）。此外，读者也可以直接通过电子邮件把意见反馈给我们，E-mail地址是：505733396@qq.com。我们将选出意见中肯的热心读者，赠送本社的其他图书作为奖励。同时，我们将充分考虑您的意见和建议，并尽可能地给您满意的答复。谢谢！

- -

所购书名：＿＿＿＿＿＿＿＿＿＿＿＿＿＿＿＿＿＿＿＿＿

个人资料：

姓名：＿＿＿＿＿＿＿＿　性别：＿＿＿＿＿＿　年龄：＿＿＿＿＿＿　文化程度：＿＿＿＿＿＿＿

职业：＿＿＿＿＿＿＿＿＿＿　电话：＿＿＿＿＿＿＿＿＿＿　E-mail：＿＿＿＿＿＿＿＿＿＿

通信地址：＿＿＿＿＿＿＿＿＿＿＿＿＿＿＿＿＿＿＿＿＿＿＿　邮编：＿＿＿＿＿＿＿＿＿

- -

您是如何得知本书的：

□书店宣传 □网络宣传 □展会促销 □出版社图书目录 □老师指定 □杂志、报纸等的介绍 □别人推荐
□其他（请指明）＿＿＿＿＿＿＿＿＿＿＿＿＿＿＿＿＿＿＿＿＿＿＿＿＿＿＿＿＿

您从何处得到本书的：

□书店 □邮购 □商场、超市等卖场 □图书销售的网站 □培训学校 □其他

影响您购买本书的因素（可多选）：

□内容实用 □价格合理 □装帧设计精美 □带多媒体教学光盘 □优惠促销 □书评广告 □出版社知名度
□作者名气 □工作、生活和学习的需要 □其他

您对本书封面设计的满意程度：

□很满意 □比较满意 □一般 □不满意 □改进建议

您对本书的总体满意程度：

从文字的角度 □很满意 □比较满意 □一般 □不满意
从技术的角度 □很满意 □比较满意 □一般 □不满意

您希望书中图的比例是多少：

□少量的图片辅以大量的文字 □图文比例相当 □大量的图片辅以少量的文字

您希望本书的定价是多少：

本书最令您满意的是：

1.

2.

您在使用本书时遇到哪些困难：

1.

2.

您希望本书在哪些方面进行改进：

1.

2.

您需要购买哪些方面的图书？对我社现有图书有什么好的建议？

您更喜欢阅读哪些类型和层次的书籍（可多选）？

□入门类 □精通类 □综合类 □问答类 □图解类 □查询手册类

您在学习的过程中有什么困难？

您的其他要求：